本书系国家社会科学基金一般项目
项目批准号 14BFX166

本书受上海市高水平地方高校(学科)建设项目资助

市场化背景下
国有资本运营公司
法律制度创新研究

胡改蓉 著

RESEARCH ON LEGAL SYSTEM INNOVATION OF
STATE CAPITAL OPERATION COMPANIES
UNDER THE BACKGROUND OF MARKETIZATION

法律出版社
LAW PRESS·CHINA
—— 北京 ——

图书在版编目(CIP)数据

市场化背景下国有资本运营公司法律制度创新研究 / 胡改蓉著. -- 北京:法律出版社,2025

ISBN 978-7-5197-9153-7

Ⅰ.①市… Ⅱ.①胡… Ⅲ.①国有资产法-研究-中国 Ⅳ.①D922.291.04

中国国家版本馆 CIP 数据核字(2024)第 098205 号

市场化背景下国有资本运营公司法律制度创新研究
SHICHANGHUA BEIJINGXIA GUOYOU ZIBEN YUNYING GONGSI FALÜ ZHIDU CHUANGXIN YANJIU

胡改蓉 著

策划编辑 田 浩
责任编辑 田 浩
装帧设计 贾丹丹

出版发行 法律出版社
编辑统筹 法商出版分社
责任校对 王 丰 郭艳萍
责任印制 胡晓雅
经　　销 新华书店

开本 710 毫米×1000 毫米 1/16
印张 20.5 **字数** 285 千
版本 2025 年 1 月第 1 版
印次 2025 年 1 月第 1 次印刷
印刷 北京新生代彩印制版有限公司

地址:北京市丰台区莲花池西里 7 号(100073)
网址:www.lawpress.com.cn
投稿邮箱:info@lawpress.com.cn
举报盗版邮箱:jbwq@lawpress.com.cn
销售电话:010-83938349
客服电话:010-83938350
咨询电话:010-63939796

书号:ISBN 978-7-5197-9153-7　　**定价**:88.00 元

凡购买本社图书,如有印装错误,我社负责退换。电话:010-83938349

序

PREFACE

改革国企、建设中国特色的现代企业制度已经走过了40多年的历程，其中的艰辛只有亲历者能够体会。近些年来，在党的领导下国有企业不断发展壮大，已经成为支撑我国国民经济的重要支柱，是十多亿人经济生活的重要依靠。坚持改革，做强做优做大国有企业已经成为当前国企发展的重要方向。自我国建立社会主义市场经济体制以来，国企改革就始终坚持着市场化之路，不断前行，并取得了诸多成效：国企改制上市日益增多、企业治理不断完善、管理者选任机制不断优化，政府监管逐步加强，内在发展潜力逐渐积蓄，国际市场竞争力日渐提高。党的二十届三中全会又再次提出，要“深化国资国企改革，完善管理监督体制机制”，为国企的长远发展提出了新要求。作为一个清醒的法律人，我们必须看到，国有企业与非国有企业一样都是社会产品的生产者和经营者，必须遵循市场规律，按照市场经营的一般规则参与竞争，这其中必然需要法律制度的规范与引导，因而，研究国有企业法，应当引起法学研究者的充分关注和重视。庆幸的是，法学界不仅越来越多的中青年学者对该领域产生了强烈的兴趣，而且已经涌现出一批具有学术价值的研究成果。

胡改蓉教授的新作《市场化背景下国有资本运营公司法律制度创新研究》是她十余年来坚持国有企业法律制度潜心研究的又一力作，是继《国有公司董事会法律制度研究》《地方政府融资平台公司法律制度研究》之后的又一本国有企业法领域的专著。对当前深化改革阶段的国企来说，这一研究主题具有非常强烈的现实意义和制度价值。可以说，国企改革最难的问题就是如何塑造市场化的国有资本运营主体，其既要与政府管理部门划清职责边界，又要与履行监管职责的机构厘清权责关系。该书从国有资本运营公司产生的逻辑基础和功能定位出发，就该类公司的出资人制度、经营决策机制、经营者管理以及监督体制等各方面进行了全面、深入的系统研究，力图对“政府——国有资本运营公司——国有企业”这一三级经营模式中，发挥承上启下的关键作用的国有资本运营公司的治理机制，尤其是对上与政府及代表政府履行出资人职责的机构、对下与身处市场的各国有企业，进行深刻剖析，以厘清各主体间的权责利边界，推动国资国企的长远发展。这一研究成果对我国国资国企的纵深化改革提供了强有力的理论支持。

胡改蓉教授的研究注重理论联系实际。这源于她很重视对国企法律制度的实施调研，经常与国资监管机构、国有企业进行交流；同时，她也利用自己担任国有企业外部董事的机会，深入国资国企改革的实践，对国企运营与管理中的现实问题有着直接的感受，因而，研究时更能有针对性地提出问题并寻求出契合我国国情的可行的解决方案。期待她能够在这一领域继续深耕，不断为国有企业法律制度的完善和国企改革的发展贡献自己的力量。

建设中国特色的现代企业制度——国有企业法律制度，需要更多的人为此而努力。我们期望法学界的同仁，尤其是民商法、经济法领域的同仁们，凝心聚力，聚焦国有企业法研究，让我们的国有企业在未来的发展中不仅越来越规范，而且会借助法治的力量发展的越来越好！

顾功耘*

二〇二五年元旦

---

* 顾功耘，华东政法大学教授、博士生导师，兼任中国法学会商法学研究会副会长、中国法学会经济法学研究会副会长。

目录
CONTENTS

绪　论 …… 1

一、研究背景与意义 …… 1

二、研究综述 …… 4

（一）国内研究综述 …… 4

（二）国外研究综述 …… 14

三、研究的基本思路与主要框架 …… 18

四、研究方法 …… 20

五、研究创新与不足 …… 21

第一章　国有资本运营公司产生的逻辑基础

——由“管资产”到“管资本”的理念转变 …… 23

一、“国有资产”与“国有资本”的内涵辨析 …… 23

（一）“国有资产”的界定 …… 23

（二）“国有资本”的内涵 …… 27

（三）“国有资产”与“国有资本”的辨析 …… 28

二、“管资产”到“管资本”折射国资监管体制的变革与演进 …… 29

（一）我国国资监管体制的改革历程 …… 29

（二）相关制度的演进 …… 39

（三）“管资产”到“管资本”的改革理念深化 …………………… 41
三、市场化语境下“授权”国有资本运营公司的应然理解 ………… 44
（一）“授权”国有资本运营公司的必要性 …………………………… 44
（二）“授权”内涵的阐释与解析 ……………………………………… 47

第二章　国有资本运营公司的功能定位及性质解析 …………………… 55
一、国有资本运营公司的功能分析 ………………………………………… 55
（一）国家投资与市场经营的对接与转承 ……………………………… 55
（二）适应国有资本人格化的制度需求 ………………………………… 57
（三）实现国有资本监管职能与经营决策职能的隔离 ………………… 59
（四）有力推动政企分开 ………………………………………………… 64
（五）提升国有资本运营效率 …………………………………………… 65
二、国有资本运营公司的类型化思考 ……………………………………… 66
（一）学界的不同认识 …………………………………………………… 67
（二）实务界的不同实践 ………………………………………………… 69
（三）域外经验启示 ……………………………………………………… 71
（四）国有资本运营公司的应然分类 …………………………………… 71
三、国有资本运营公司的法律性质分析 …………………………………… 79
（一）商事性国有资本运营公司的私法人属性 ………………………… 79
（二）政策性国有资本运营公司的特殊法人定位 ……………………… 81

第三章　国有资本运营公司出资人制度的设计 ………………………… 85
一、现行规则体系中国有资本运营公司出资人制度解读 ………………… 86
（一）现行政策中授权的不同模式：间接授权与直接授权 …………… 86
（二）不同授权模式彰显出资人制度差异 ……………………………… 88
二、国有资本运营公司出资人的确定 ……………………………………… 89
（一）人大作为出资人的检视 …………………………………………… 89

（二）国资委作为出资人的反思 …… 92
（三）财政部门作为出资人的质疑 …… 101
（四）政府作为出资人的合理性证成 …… 105
三、政府出资人权利的性质 …… 108
四、政府出资人权利的行使 …… 109
（一）战略管理权 …… 110
（二）财务预算管理权 …… 112
（三）收益管理权 …… 113
（四）管理者选任权 …… 113
五、政府出资人权利行使的合理限制 …… 115
（一）限制政府出资人权利的必要性 …… 115
（二）以“负面清单”模式明确政府出资人权利边界 …… 115
（三）强化政府出资人对董事会的授权 …… 117
（四）防止政府对国有资本运营公司所投资企业的延伸监管 …… 119

第四章 国有资本运营公司决策机制的优化 …… 121
一、国有资本运营公司决策权的现行制度安排 …… 122
二、国有资本运营公司决策权配置的模式选择 …… 124
（一）公司决策权配置的理论主张 …… 124
（二）董事会中心主义的确立 …… 127
三、董事会决策权的具体规范及其行使 …… 135
（一）经营事项决策权 …… 136
（二）对经理的选任权 …… 142
（三）对所投资子公司的经营管理权 …… 145
（四）董事会权力行使的制度保障 …… 152

四、党组织参与国有资本运营公司治理的路径阐释 …………………… 159
（一）党组织参与国有公司治理的法律与政策梳理 …………………… 159
（二）党组织参与国有公司治理的理论与实践困惑 …………………… 161
（三）党组织在国有资本运营公司治理机制中的“嵌入” ……… 162
五、经营决策机关的结构优化 ……………………………………………… 166
（一）董事会构成的多元 ……………………………………………… 166
（二）国有资本运营公司董事会架构的分类设置 …………………… 178

第五章　国有资本运营公司经营者管理机制的创新 ………………… 182
一、国有资本运营公司经营者选任机制的改革 ……………………… 183
（一）经营者的行政化选任制：现状与问题 ………………………… 184
（二）国企经营者行政化选任难以转变的缘由 ……………………… 190
（三）经营者选任由行政化转向市场化的制度推进 ………………… 192
二、分类考核机制的建构 ……………………………………………… 197
（一）商事性国有资本运营公司的考核内容 ………………………… 198
（二）政策性国有资本运营公司的考核维度 ………………………… 199
三、国有资本运营公司经营者激励机制的完善 ……………………… 204
（一）当前经营者激励机制的不足及主要原因 ……………………… 204
（二）现行激励措施的改进方略及评析 ……………………………… 207
（三）经营者激励机制的纵深化探索 ………………………………… 212
（四）经营者激励公允性的制度保障 ………………………………… 225
四、国有资本运营公司经营者约束机制的强化与限定 ……………… 228
（一）对经营者约束乏力引发的弊端 ………………………………… 229
（二）经营者约束机制的强化 ………………………………………… 231
（三）经营者责任的合理限定 ………………………………………… 237

第六章 国有资本运营公司监督机制的完善 …………………………… 250
一、国资经营中强化监督机制的缘由 ………………………………… 251
（一）监督与监督权的界定 …………………………………………… 251
（二）强化国资监督机制之必要 ……………………………………… 252
（三）监督的体系框架 ………………………………………………… 259
二、国有资本运营公司内部监督机制的优化 ………………………… 261
（一）国企监事会制度的确立与演进 ………………………………… 261
（二）国企监督机制的发展：审计委员会与监事会的模式选择 … 267
（三）国有资本运营公司监督机制的设计 …………………………… 274
（四）所投资子公司的监督机制安排 ………………………………… 279
（五）财务总监监督制度的撤销 ……………………………………… 281
三、国有资本运营公司外部监督机制的强化 ………………………… 284
（一）人大监督的精细化 ……………………………………………… 284
（二）国资监管机构监督的合理化 …………………………………… 285
（三）审计监督的有效化 ……………………………………………… 287
（四）信息公开与社会公众监督的强化 ……………………………… 290
（五）纪检与巡视监督的特定化 ……………………………………… 297

结 语 ……………………………………………………………………… 299

参考文献 ………………………………………………………………… 302

绪论

一、研究背景与意义

国有资本运营，在宏观上是政府及其授权的经营主体对其可以支配的国有资本按照特定目标进行配置和调整的一整套管理和运作机制；在微观上是承担国有资本专项经营或具体经营任务的企业实体，对其可以支配的国有资本进行的具体配置和安排。由于在国有资本运营中，真正所有者“全民”无法现实参加到管理活动中，因而需要政府作为全民代表进行国有资本的运营管理。而政府本身属于公法主体，不能直接进入市场进行资本运作，且政府本身的行政化管理体系及相应机制也无法适应资本市场化运作的要求，因而，国有资本的授权经营就成为国有资本运营制度设计的关键。我国国资国企改革的40多年探索，也始终是围绕“授权”机制在不断演进和发展，试图寻找出最有利于实现国有资本价值的授权经营体制。

2013年，党的十八届三中全会明确了我国的国资管理体制要从“管人、管事、管资产”向以“管资本”为主转变，并要求改组或组建国有资本投资、运营公司。这意味着新一轮的国资国企改革力图进一步明确国有资本运营中政府与国有企业之间的关系，进而构建出新的国有资产管理及授权运营体系。随后，中共中央、国务院《关于深化国有企业改革的指导意见》再次明确了上述思想，尤其是在国务院《关于改革和完善国有资产管理体制的若干意见》中，首次明确指出了国有资本投资、运营公司的改组组建方法，并阐述了国有资产监管机构与国有资本投资、运营公司以及所出资企业三者之间的权责分配和关系处理。为使国有资本投资、运营公司的运作更为规范，2018 年国务院专门出台了《关于推进国有资本投资、运营公司改革试点的实施意见》，全面阐述了国有资本投资、运营公司的具体运行规则。至此，中央层面关于国有资本投资、运营公司的方针政策基本制定完成，“政府—国有资本运营公司—国有企业”的三级经营管理架构逐渐形成。为进一步明确授权内容，国务院 2019 年还专门发布了《改革国有资本授权经营体制方案》，再次对国有资本投资、运营公司的“授权经营”进行了规则设定，提供了规则指引。

这一“授权经营”模式无形中契合了经济合作与发展组织（OECD）关于《国有企业公司治理指引》的原则与要求，即“确有必要在政府及政府官员代行国有所有权时，建立一个类似‘防火墙’的机制将政府职能与所有权主体权利安全分离”。在“政府—国有资本运营公司—国有企业”的三级经营管理体系中，政府将国有资本授权给处于中间层的国有资本运营公司，由后者通过股权投资等市场化资本运营方式进行国有资本专业运作。通过这种制度性变革，国有资本运营权最终被授予市场化运营主体，通过专业化经营，实现国有资本的价值功能；同时，通过以“资本”为纽带的授权，明晰政府、国有资产监管机构、国有资本运营公司以及国有企业四者间的关系。在这种关系下，国有资产监督管理委员会（以下简称国资委）与实体企业不再有直接的产权联系，也无权透过中间层的资本运营公司干预身处市场的国有企业。国资委监管的是“资本”，国有资本运营公司经营的同样是“资本”，整个国有资产管理体制便从“管企业”过渡到了“管资本”的状态。

在这一“授权经营”链条中，国有资本运营公司能否实现市场化的专业运作，对于从根本上提升国有资本运营效率至关重要，也直接关涉国企国资改革的成效。尤其是目前国资委是政府授权的履行出资人职责的机构，但其同时既是政策制定者，又是实际管理者，尽管被定位为特设机构，但国资委在本质上仍属政府行政部门，这就使得国资委对国有资本运营公司的管理很容易落入行政化的模式，而非市场化的运作机制。一旦如此，三级经营管理下“授权经营”的制度目标就会落空，又会转到低效的国资管理路径上。事实上，这种担心并非仅是理论层面的臆断，而是在实践中已经出现。目前，中央层面共有21家企业进入国有资本投资、运营公司试点；在地方层面，自国务院印发《关于推进国有资本投资、运营公司改革试点的实施意见》后，广西、内蒙古、安徽、辽宁、广东、河北、福建、青海、重庆、江西、甘肃、黑龙江、陕西、宁夏、四川、湖北、浙江、天津、湖南等诸多地方政府也相继公布了国有资本投资、运营公司改革试点方案，并已有143家企业被改组或组建为国有资本投资、运营公司。从这些试点企业的实际运行来看，有些地方国有资本投资、运营公司只是一个虚化的国资运营平台，地方政府或地方国资委只是在名义上将一些国有企业的股权划入国有资本投资、运营公司，但政府或国资部门仍穿越中间层的资本运营公司直接管理着国有企业，作为股东的国有资本投资、运营公司只是名义上的持股机构，并不真正行使股权，被投资的国有企业也并未将其视为真正股东。如此一来，不但没有实现国有资本的市场化运作，反而在政府或国资委与国有企业之间徒增了一个委托代理层级，增加了制度成本。这样的运行模式显然背离了改革初衷。

可见，如何尽可能使国有资本投资、运营公司不受行政干预，实现市场化运作，是此次重启国资国企改革的关键，也是从法律层面构建国有资本运营公司制度规则时需始终关注的核心问题。这也正是本项目研究的价值与意义。

在本项目研究中，需要特别说明的是，在现行国资国企改革政策下，国有资本授权经营体系的核心是国有资本投资、运营公司，它包含了国有资本投资公司和国有资本运营公司，二者都是国家授权经营国有资本的公司制企业。根据目前相关政策的规定，尤其是从国务院2018年出台的《关于推进国有资本投资、运营公司改革试点的实施意见》的划分标准来看，二者的不同主要体现在具体的经营方式上，即国有资本投资公司主要在关系国家安全、国民经济命脉的重要行业和关键领域，根据国有资本布局和结构优化要求，以对战略性核心业务控股为主，通过开展投资融资、产业培育和资本运作等，发挥投资引导和结构调整作用；而国有资本运营公司则主要以国有资本股权运营为主，进行持股管理，通过资本组合优化资源配置，提高经营效率，推进国有资本保值增值。但本质上，在“政府—国有资本运营公司—国有企业”的三级经营管理体制中，二者的法律地位相同，都是代表政府进行国有资本运作，尤其是通过股权投资等方式与身处市场的国有企业建立投资关系，进行国有资本经营，最终提升国有资本价值的专业化资本运作平台，因而，二者的法律功能定位本质上相同。基于此，在本项目研究中，如无特别声明，那么“国有资本运营公司”往往同时指代了现行政策中的“国有资本投资公司”与“国有资本运营公司”，指向的是三级经营管理体制中承上启下的专事国有资本运作的中间层平台公司。

二、研究综述

目前，理论界关于“国有资本运营公司”的直接研究成果多为经济学、管理学、金融学等学科，法学领域的理论研究成果非常少。如何在借鉴现有相关学科研究成果的基础上，针对性地就国有资本运营公司的法律制度进行深入、系统研究，是本项目研究的难点。为尽可能全面体现目前理论界有关“国有资本运营公司”的研究成果，本研究从我国国有资产管理体制、国有资本运营公司的分类、组建、治理等维度进行观点梳理，同时就域外理论界对国有企业的相关研究一并进行总结，进而吸取对本文有借鉴价值的研究成果。

（一）国内研究综述

1. 我国国有资产管理体制的总体研究

1992年党的十四大确立了社会主义市场经济体制改革的目标。陈清泰（2018）[①] 认为，在此之后我国国有企业改革的基本命题是围绕着在保持较大

① 陈清泰：《“管资本为主”改革的几个问题》，载《商业观察》2018年第6期。

份额国有经济的情况下，能不能实现政资分开、政企分开、所有权与经营权分离，构造出各自独立的市场主体，保障市场配置资源的高效率而展开。就我国国有资产管理体制的变革，郑海航（2008）[①]、何玉长与史玉（2016）[②]、王曙光与王天雨（2017）[③]、朱炜等（2022）[④] 等学者进行了回顾与梳理，郑海航认为，我国国有资产管理体制可以分为三个阶段：政企分开阶段（1978—1988 年）、政资分开阶段（1988—2002 年）以及资企分开阶段（2002 年至今）；朱炜等进一步认为，我国国资监管体制的核心要素（政资关系、政企关系及监管架构）几经变革后，国资监管体制经历了计划经济时期的直接管理、商品经济时期的两权分离和市场经济时期授权经营的"管企业""管资产""管资本"五个历史阶段。张晓文与李红娟（2016）[⑤]、薛有志与马程程（2018）[⑥]、李晓慧与敖小波（2018）[⑦]、胡迟（2024）[⑧] 等对我国国有企业监督制度的变迁进行了总结，其中薛有志与马程程认为我国国有企业监督制度变迁呈现出了"一元监督—简政放权—多元监督"的演进过程。

就我国现行国有资产管理体制，诸多学者，例如，刘纪鹏与黄习文（2014）[⑨]、

① 郑海航：《中国国有资产管理体制改革三十年的理论与实践》，载《经济与管理研究》2008 年第 11 期。

② 何玉长、史玉：《国有资产管理体制：改革、完善与优化》，载《人民论坛·学术前沿》2016 年第 1 期。

③ 王曙光、王天雨：《国有资本投资运营公司：人格化积极股东塑造及其运行机制》，载《经济体制改革》2017 年第 3 期。

④ 朱炜、李伟健、綦好东：《中国国有资产监管体制演进的主要历程与基本特征》，载《经济学家》2022 年第 2 期。

⑤ 张晓文、李红娟：《国有资产管理体制的变革：从管理到监管》，载《经济与管理》2016 年第 5 期。

⑥ 薛有志、马程程：《国企监督制度的"困境"摆脱与创新》，载《改革》2018 年第 3 期。

⑦ 李晓慧、敖小波：《国有资产监管：演变历程、理论逻辑与改革方向》，载《扬州大学学报（人文社会科学版）》2018 年第 4 期。

⑧ 胡迟：《健全以管资本为主国资监管体制 优化调整国有资本布局结构——国有资本投资运营公司十年改革成效分析》，载《国有资产管理》2024 年第 1 期。

⑨ 刘纪鹏、黄习文：《组建国有资本运营公司——国资改革突破口》，载《首都经济贸易大学学报》2014 年第 1 期。

李昌庚（2014）[①]、胡云鹏与殷坤（2004）[②]、王新红（2016）[③]等都认为国资委职能冲突和角色错位现象比较明显；李昌庚进一步提出企业国有资本出资人划分标准还不明确；何小钢认为我国当前还存在着国资监管架构不清晰的弊端。对于今后改革中可能存在的问题或困境，杨瑞龙（2018）[④]认为在试图遵循既是国有又是市场主体的改革逻辑下，将不可避免地会遇到两个难题：一是如何在国有制的框架内实现政企分开？二是如何在国有制的框架内解决所有权的可转让问题？

就现阶段的国企改革进路，陈清泰（2018）[⑤]认为有三个要点，即建立现代企业制度、调整国有经济结构和功能、建立适应市场经济的国有资产管理体制，并认为各要点相互关联。杨瑞龙（2018）[⑥]认为，国有资产监管模式有待进一步完善，应进一步加快国资委从“管资产”向“管资本”的转变。陈清泰认为，这次国企再改革的命题不是政府机构“如何改进对国有企业的管理”，而是由“管企业”转变为“管资本”，它将从根本上理顺长期困扰我们的政府、市场和企业的关系，化解体制转轨中的诸多矛盾，使市场在资源配置中起决定性作用。对于如何转变，桑朝阳（2021）[⑦]从理论层面进行了深度阐释，王志强（2019）[⑧]认为应基于“保持距离型”理论构建“管资本”为主的国资监管新框架。

---

① 李昌庚：《企业国有资本出资人：国际经验与中国选择》，载《法学论坛》2014年第2期。

② 胡云鹏、殷坤：《“三层模式”：一种理想的国资管理体制新构架》，载《市场论坛》2004年第5期。

③ 王新红：《〈企业国有资产法〉若干法律问题初探》，载《福建师范大学学报（哲学社会科学版）》2016年第1期。

④ 杨瑞龙：《国有企业改革逻辑与实践的演变及反思》，载《中国人民大学学报》2018年第5期。

⑤ 陈清泰：《“管资本为主”改革的几个问题》，载《商业观察》2018年第6期。

⑥ 杨瑞龙：《国有企业改革逻辑与实践的演变及反思》，载《中国人民大学学报》2018年第5期。

⑦ 桑朝阳：《如何理解国有资产监管从“管企业”到“管资本”的新转变？——基于马克思的资本理论》，载《理论月刊》2021年第5期。

⑧ 王志强：《基于“保持距离型”理论的以“管资本”为主的国资监管新框架》，载《江西社会科学》2019年第5期。

在“管资产”到“管资本”理念的转变中，华国庆（2012）[①] 对国有资本与国有资本收益的概念进行了区别；李峰与韩立民（2018）[②] 从管理学价值观层面出发，对“管资产”到“管资本”的理念转变进行了分析；陈庆与安林（2014）[③] 对“国有资产”与“国有资本”在监管方面的不同要求作出了总结。

2. 国有资本运营公司在我国国资监管体制演进中的作用

为实现国资管理体制从“管资产”到“管资本”的转变，改革国有资本授权经营体制，组建国有资本运营公司是一项重要内容。胡迟（2024）[④] 认为国有资本投资、运营公司作为国有资本授权经营体制改革政策设计的重要载体，在构建以管资本为主的国资监管体制、优化调整国有资本布局结构方面发挥了积极作用。马志春（2022）[⑤] 认为国有资本运营公司是国家为了尽力均衡提升政府和市场两个方面的资源配置能力和效率作出的一种制度安排。陈清泰（2018）[⑥] 认为，政资分开、政企分开、所有权与经营权分离主要通过投资运营机构的隔离与衔接来实现。马忠等（2017）[⑦] 认为，要使国有资本投资运营公司发挥市场化的非政府部门代理人的效用，需要构建“国有资本监管部门—国有资本投资运营公司—国有企业”的授权经营代理链条，使国有资本投资运营公司既成为国资监管机构与国有企业的纽带，又同时成为二者的“隔离带”。肖红军（2021）[⑧] 认为，国有资本运营公司为独立市场主体，专门从事国有资本运营，是国资能够有效、高效运转的关键。王曙光与

---

① 华国庆：《我国国有资本收益若干法律问题研究》，载《法学论坛》2012 年第 1 期。

② 李峰、韩立民：《混合所有制改革视角下国有企业“管资本”研究：内涵与体系》，载《山东大学学报（哲学社会科学版）》2018 年第 3 期。

③ 陈庆、安林：《完善国有资产管理体制研究》，载《首都经济贸易大学学报》2014 年第 1 期。

④ 胡迟：《国有资本投资运营公司改革探索及成效分析》，载《现代国企研究》2024 年第 1 期。

⑤ 马志春：《国有资本运营公司为何是一家特殊的国企——关于国资运营公司功能定位的初步思考》，载《上海国资》2022 年第 8 期。

⑥ 陈清泰：《“管资本为主”改革的几个问题》，载《商业观察》2018 年第 6 期。

⑦ 马忠、张冰石、夏子航：《以管资本为导向的国有资本授权经营体系优化研究》，载《经济纵横》2017 年第 5 期。

⑧ 肖红军：《国有资本运营公司改革进展与深化方向》载《改革》2021 年第 11 期。

王天雨（2017）[①] 认为，国有资本投资运营公司的改组或组建推进了国有资产管理方式的转变，提升了国有资本的流动性与竞争力。肖土盛与孙瑞琦（2021）[②] 认为国有资本投资运营公司通过构造“人格化”股东进一步发挥了股东积极主义。

3. 国有资本运营公司的分类

分类改革有助于我国国有企业的功能定位与价值实现。中共中央、国务院《关于深化国有企业改革的指导意见》明确将国有企业分为公益类与商业类，并推行分类管理和分类考核。基于此，胡迟（2017）[③] 认为，要把国有企业的分类改革与改组组建国有资本投资、运营公司相结合，并予以分类监管。许光建与孙伟（2018）[④] 认为，应组建三类国有资本平台公司，即产业型国有资本投资公司、多元型国有资本投资公司以及国有资本运营公司。王怀宇等（2015）[⑤] 在总结域外制度经验的基础上认为，国有资本投资运营公司可分为三类基本形态：一是以新加坡淡马锡控股公司为代表的综合类投资运营公司；二是以挪威政府全球养老基金为典型的基金类投资运营机构；三是类似法国电力公司的实业控股类公司。马忠等（2017）[⑥] 认为，根据国有企业分类，可以将国有资本投资运营公司分为商业性和政策性两类。其中，商业性国有资本投资运营公司又可分为完全竞争类和特殊功能类。就国有资本是否还应存在于纯商业性领域，是否应退出一般竞争性行业，学界有不同

① 王曙光、王天雨：《国有资本投资运营公司：人格化积极股东塑造及其运行机制》，载《经济体制改革》2017 年第 3 期。

② 肖土盛、孙瑞琦：《国有资本投资运营公司改革试点效果评估——基于企业绩效的视角》，载《经济管理》2021 年第 8 期。

③ 胡迟：《国有资本投资、运营公司监管的新发展与强化对策》，载《经济纵横》2017 年第 10 期。

④ 许光建、孙伟：《国有企业混合所有制改革的五个关键问题》，载《宏观经济管理》2018 年第 1 期。

⑤ 王怀宇、张永伟、贾涛：《国有资本运营机构的国际经验》，载《中国经济时报》2015 年 2 月13 日。

⑥ 马忠、张冰石、夏子航：《以管资本为导向的国有资本授权经营体系优化研究》，载《经济纵横》2017 年第 5 期。

观点。黄群慧（2013）[①] 认为可以缩减国资委的管理范围，让国有资本从一般竞争性领域逐步退出，这有利于明确国有企业的产业定位与使命。但诸多学者提出了反对观点。蒋大兴（2016）[②] 认为，坚持国企私有化，从根本上否定国企的一个重要原因在于“官不与民争利”的传统，而这是似是而非的判断，国家毫无疑问可以参与商事经营，在一些紧急情势下，国家参与市场更是调控和保护市场的重要手段。刘纪鹏等（2014）[③] 认为国有资本在一般竞争性行业的全面退出是对我国国有经济主导作用与公有制的主体地位的否定，这既违背了基本经济制度，又否定了30多年来的改革成就。

4. 国有资本运营公司的组建

就我国国有资本运营公司的具体组建方式，刘纪鹏（2014）[④] 认为，抛开现有集团公司新设一批国有资本运营公司的做法不可取，只会造成委托代理链条的无意义扩展及国资监管成本的无谓增加，极有可能出现其与现有集团公司争地盘、争利益、与国资委撞车的混乱格局。张宇（2014）[⑤] 提出，改组或组建国有资本投资运营公司有三条路径：一是巩固和完善现有的国有资本运营公司和投资公司；二是将更多的国有企业集团公司改造成为国有资本运营公司和投资公司；三是打造一批新的产业投资公司和金融投资公司。邵宁（2014）[⑥] 认为不宜简单否定“管人、管事、管资产相结合”的原则，汇金公司不是国企改革的体制样板，授权大企业作为国资运营公司比较稳妥。从目前我国改革实践来看，根据有关机构的不完全统计[⑦]，80%以上的省级国有资本投资公司都是由不同行业内或者跨行业的产业集团改组而来，而非直接新建。

---

① 黄群慧：《论国有企业的战略性调整与分类改革》，载《人民论坛·学术前沿》2013年第22期。

② 蒋大兴：《超越国企改革的观念谬误》，载《中国法律评论》2016年第2期。

③ 刘纪鹏、黄习文：《构造新型国资管理体制》，载《现代国企研究》2014年第5期。

④ 刘纪鹏：《不宜新设国有资本运营公司》，载《中国经营报》2014年1月6日。

⑤ 张宇：《国有企业新改革论》，载《北京日报》2014年2月24日。

⑥ 邵宁：《国企改革亟须厘清五大问题》，载《企业观察报》2014年4月28日。

⑦ 胡迟：《进一步深化国有资本投资运营公司改革的建议》，载《现代国企研究》2024年第4期。

5. 国有资本运营公司的治理

内部治理直接关乎国有资本运营公司的有效运作，而内部人控制问题则是所有国有企业在复杂委托代理链条下的通病。早在青木昌彦与钱颖一(1995)[①] 分析转轨国家的公司治理时就提出了该问题，认为在转轨国家中，企业仍为国有的情况下，在企业的重大决策中，内部人的利益得到了有力强调。该问题产生的主要原因在于“所有者缺位”，由此也引发了对国有资本运营公司出资人制度的思考。作为政府设置的国有资产监管机构，国资委兼具国有资产出资人和监管者的双重身份，这也是学界对其诟病的重要原因之一。荣兆梓（2012）[②] 认为这种双重身份导致了竞争领域政企分开不到位与垄断领域政府规制不到位的矛盾；同时，国资委会强化国有企业的营利动机以追求资产保值增值的管理目标，这会造成国有企业利用行政垄断地位与民争利。就此，李曙光（2009）[③] 提出了五人定位的国资管理体制，认为应以国资委为出资人代表，新设一个政府部门承担监督人职责。以此为基础，袁东明与陶平生（2015）[④] 分析了国有资本投资运营公司的运行与治理机制，认为在国资委与国有资本运营公司的关系上，国资委为该类公司的出资人，依公司法规则行使股东会职权。但与该观点不同的是，刘纪鹏等（2020）[⑤] 认为，应以国资委为监管人，由国有资本运营公司作为出资人代表。郭春丽(2014)[⑥] 也持相似主张，认为应当将国资委改组为专门进行国有资本监管的独立机构，剥离其出资人职能，令其专司对国有资产运营公司的监管。

关于国有资本运营公司内部治理的完善，何小钢（2017）[⑦] 指出要从两

---

① ［日］青木昌彦、钱颖一主编：《转轨经济中的公司治理结构：内部人控制和银行的作用》，中国经济出版社1995年版，第21–28页。

② 荣兆梓：《国有资产管理体制进一步改革的总体思路》，载《中国工业经济》2012年第1期。

③ 李曙光：《论〈企业国有资产法〉中的“五人”定位》，载《政治与法律》2009年第4期。

④ 袁东明、陶平生：《国有资本投资运营公司的运行与治理机制》，载《中国经济时报》2015年1月19日。

⑤ 刘纪鹏、刘彪、胡历芳：《中国国资改革：困惑，误区与创新模式》，载《管理世界》2020年第1期。

⑥ 郭春丽：《国有资产管理体制改革的总体思路和实现路径》，载《宏观经济管理》2014年第10期。

⑦ 何小钢：《国有资本投资、运营公司改革试点成效与启示》，载《经济纵横》2017年第11期。

个方面进行优化，一是理顺国有资本运营公司决策体制；二是健全国有资本运营公司内部董事会制度体系。就决策机制的理顺而言，目前理论界普遍认为行政化干预不利于国有资本运营公司的市场化运作。郑石明（2012）① 指出要转变政府在公司治理中的角色，使政府能够正确履行其职能。王曙光等（2017）② 提出本轮国企改革的关键依然是避免两者之间的行政化管理模式，在着重落实国资委出资人与监管人职责的同时更要注重国有资本投资运营公司独立法人的市场主体地位。何小钢（2017）则从监管的角度进一步指出，国有资本运营公司难以摆脱行政干预是其无法真正实现市场化运作的主要原因。对此，如何设计出良好的决策权安排非常重要。王建文（2018）③ 认为，除出资人、经理层履行的经营决策权之外，原则上都由董事会行使，同时隔断出资人、监管部门对公司经营决策事项的过分干预，维护董事会的独立性和公正性。麦磊等（2016）④ 认为应当明确国有资本投资运营公司董事会享有并行使混合所有制国有企业中国有资产所赋予的出资人权利，包括选择和聘任企业经营者、收益权和重大项目的投资决策权等，这不仅拒绝了行政机构的过分干预，也控制了下属国有企业的内部人控制，是完善国有资产监管部门和国有资本投资、运营公司之间产权的重要措施。

就国有资本运营公司内部治理制度的构建，大多研究还是集中于董事会层面，并从董事的选任、考评、激励等方面进行了探讨。就机制构建的法律依据，王建文（2018）⑤ 认为应当将国有资本运营公司的董事会制度立法化，在《公司法》《企业国有资产法》中专章规定董事会的选任程序、人员结构、

① 郑石明：《公司治理中的政府角色研究——基于我国国有控股上市公司的分析》，经济管理出版社 2012 年版，第 44 页。

② 王曙光、王天雨：《国有资本投资运营公司：人格化积极股东塑造及其运行机制》，载《经济体制改革》2017 年第 3 期。

③ 王建文：《论淡马锡董事会制度在我国商业类国有公司改革中的运用》，载《当代法学》2018 年第 3 期。

④ 麦磊、王广亮、顾棽：《国有资本投资运营公司与国企改革》，载《现代经济探讨》2016 年第 8 期。

⑤ 王建文：《论淡马锡董事会制度在我国商业类国有公司改革中的运用》，载《当代法学》2018 年第 3 期。

职权范围、机构设置等内容。潘泽清（2022）认为[①]应当加强董事会建设，包括董事会的独立性、董事的选任标准和董事人才库等方面。就国有资本运营公司董事的选任问题，潘泽清认为在平台公司，独立董事应占绝对多数，同时应准确界定独立董事内涵，彻底解决独立董事不独立的问题。胡俊(2019)[②] 进一步认为国有资本投资运营公司的董事会构成应当包括政府董事与社会化董事，社会化董事有利于缩短国有资本的委托代理链条，减少行政干预，提高决策效率。所谓社会化董事，蒋建湘（2014）[③] 认为是指政府或国资委作为股东对委派到国有公司董事会外部董事的“社会化”，从本质上说就是以体现“全民”性质的董事取代通过行政任命的董事，其可以站在企业利益本身和企业管理专业技术的立场进行决策，从而在股东董事与外部董事之间形成有效的监督与制衡。

对于国有资本运营公司董事的考评制度，郭立民（2010）[④] 认为由于我国高素质的董事人才稀缺，董事会文化发育不健全，我们对董事会和董事的评价需要股东的积极参与，必要时也可引入专业中介机构参与评价。就具体的考核机构而言，刘纪鹏等（2014）[⑤] 认为，董事会下应设提名与薪酬委员会，由股东董事和独立董事组成，由独立董事担任召集人，主要负责对高级管理人员的工作进行评估，决定现有高管是否有资格留任；制定独立董事、执行董事和高管层业绩考核标准与薪酬方案，并直接参与独立董事、执行董事和高管层经营业绩的评定。就考核标准来讲，郑海航等（2010）[⑥] 提出，国有控股公司对其子公司产权代表（包括董事与监事）的考评，应主要包括

① 潘泽清：《完善国有资本投资运营公司治理结构的建议——基于对淡马锡模式的分析》，载《财政科学》2022 年第 12 期。

② 胡俊：《授权视角下国有资本投资运营公司特殊治理的法律改进》，载《法学杂志》2019 年第 7 期。

③ 蒋建湘：《委托代理视角下国企公司治理的改进》，载《法律科学（西北政法大学学报）》2014 年第 6 期。

④ 郭立民：《淡马锡模式对我国国有独资公司改革的启示》，载《特区经济》2010 年 4 月。

⑤ 刘纪鹏、黄习文：《构造新型国资管理体制》，载《现代国企研究》2014 年第 5 期。

⑥ 郑海航、戚韦东、吴冬梅等：《国有资产管理体制与国有控股公司研究》，经济管理出版社 2010 年版，第 252 页。

其执行母公司战略意图和战略目标，落实年度目标及所在公司经济运行情况，母公司所投资产保值增值情况等。此外，王曙光与徐余江（2016）[①] 认为，不同类型的投资运营平台及国有企业应采取有区别的分类绩效考核，同时绩效考核体系应与国有资产管理委托代理关系中激励机制形成互相促进、互相兼容、闭环修正的关系，以提升绩效管理的有效性与权威性。

就国有资本运营公司经营者的激励机制而言，高明华与杜雯翠（2014）[②] 认为，在市场化运营理念的指导下，要实施市场化的选聘机制和薪酬机制，建立形式多样的激励机制并注重长期的激励形式。在薪酬激励应遵循的原则上，罗新宇（2014）[③] 认为，实证表明企业的活力及经营绩效与企业经营者的分配激励机制息息相关，对经营者的激励机制应遵循责任、风险与利益相一致，短期与中长期分配激励相结合，物质激励与精神激励相结合，效率与公平相结合四个原则。在具体的激励方式上，潘泽清（2022）[④] 通过研究淡马锡控股公司的制度经验认为，淡马锡控股公司采用年度现金奖金、财富增值奖金和投资共享计划作为短期、中期和长期的报酬制度，兼顾了短、中、长不同时期的激励强度，给国联企业董事和员工施加了持续的激励。在我国如何借鉴和构建国有资本运营公司的长期激励机制方面，王怀勇与王鹤翔（2021）[⑤] 认为，在外部董事中，政府董事先不纳入股权激励计划，其工资薪酬全部由政府股东决定并发放；但对于独立董事，在政策将平台公司纳入股权激励范围后，可以逐步构建与固定津贴并列的股权激励机制，由法律确定股权激励的各项边界，明确激励方式为虚拟股票、在职分红、股票增值权分

① 王曙光、徐余江：《混合所有制经济与国有资产管理模式创新——基于委托—代理关系视角的研究》，载《中共中央党校学报》2016 年第 6 期。

② 高明华、杜雯翠：《国有企业负责人监督体系再解构：分类与分层》，载《改革》2014 年第 12 期。

③ 罗新宇主编：《国有企业分类与分类监管》，上海交通大学出版社 2014 年版，第 235－237 页。

④ 潘泽清：《完善国有资本投资运营公司治理结构的建议——基于对淡马锡模式的分析》，载《财政科学》2022 年第 12 期。

⑤ 王怀勇、王鹤翔：《描述与重构：国有资本投资运营公司外部董事独立性研究》，载《商业研究》2021 年第 3 期。

享等，使受激励的独立董事仅享有分红权利，同时限制股权激励的最低条件、最高比例与最长期限等，综合保证平台公司的国有绝对控股。袁东明与陶平生（2015）[①] 也提出了类似主张，认为国有资本投资运营公司不应采取限制性股票、股票期权等中长期激励机制，但要探索与绩效挂钩的延期支付、虚拟股票等激励方式。

通过对国内研究文献的梳理和总结可以发现，当前针对国有企业改革的相关研究较为广泛。这些理论研究为国有资本运营公司的制度构建奠定了坚实基础，既提供了理论参考，又不断修正和深化了我们的研究思路和改进方向。但应当指出的是，虽然我国在政策上已经确立了从“管资产”到“管资本”的市场化治理理念，但就如何授权国有资本运营公司，如何使其在实现国有企业目标与功能的同时有效发挥政企分开的隔离作用，还缺乏更加深入系统的研究；此外，虽然目前在政策层面已经提出了分类改革的理念，但对于国有资本运营公司的具体分类改革模式仍较为模糊，理论支撑不足，这就造成在实践层面，如何针对不同类型的国有资本运营公司设计出合理的分类聘任、分类监管、分类考核、分类激励制度等仍待深入研究。

（二）国外研究综述

1. 国有企业的目标与功能

市场是竞争的经济，是资源配置的有效手段。但是市场在提供公共产品、防止自然垄断、保证社会公平、解决外部性问题以及保证宏观经济稳定发展等方面存在“市场失灵”的固有缺陷。西方经济学的传统观点认为国有经济的存在就是为了解决市场失灵问题，国有企业也就自然成为政府解决该问题的重要手段之一。Rees（1988）[②] 认为就国有企业功能而言，其主要就是推

---

① 袁东明、陶平生：《国有资本投资运营公司的运行与治理机制》，载《发展研究》2015 年第 6 期。

② Rees R., Inefficiency, Public Enterprise and Privatization, *European Economic Review*, 1988, 32 (2-3).

动社会福利与弥补市场失灵。Jefferson 和 Rawski（2000）[①] 也认为国有企业可以在一定程度上弥补市场发育不全造成的资源配置效率不足。Shapiro 和 Willig（1990）[②] 认为如果让私人来经营自然垄断行业，其对利润最大化的追求导致社会福利的净损失；但若让国有企业来经营，政府可以要求其以社会福利最大化目标设定垄断产品的价格。Vagliasindi（2008）[③] 研究发现试图通过私人所有加政府管制的方式来对自然垄断企业进行管制的国家并没有达到预期的理想效果。

除了弥补市场不足外，域外学者研究也发现，国有企业对于一国经济发展尤其是产业结构优化非常必要。Andrew D 和 Trebilcock（2001）[④] 认为在经济发展初期通过设立国有企业可以保护国内幼稚产业和促进产业结构优化，以免受外部冲击，实现国家和地区经济的发展。Taylor 和 Warrack（1998）[⑤] 认为从产业关联角度来说国有经济具有产业“溢出效应”，国有经济的发展对于宏观经济具有正的外部性。Maw（2002）[⑥] 对国有企业的风险分担效应进行了分析，并认为在市场机制并不健全的国家产业中，作为风险中性的国有企业可以与私有企业共同拉动高风险产业的发展。

2. 国有企业治理的效率问题

就政府干预企业经营所带来的负效应，Vickers 和 Yarrow（1991）[⑦] 认为

---

① Jefferson G., Rawski T. et al., Ownership, Productivity Change, and Financial Performance in Chinese Industry, *Journal of Comparative Economics*, 2000, 28 (4).

② Shapiro C., Willig R. D., On the Antitrust Treatment of Production Joint Ventures, *Journal of Economic Perspectives*, 1990, 4 (3).

③ Vagliasindi M., *Governance Arrangements for State - owned Enterprises*, Policy Research Working Paper No. WPS 4542, 2008.

④ Andrew D. & Trebilcock J., State - owned Enterprises in Less Developed Countries: Privatization and Alternative Reform Strategies, *European Journal of Law and Economics*, 2001, 12 (3).

⑤ Taylor D. W., Warrack A., A Privatization of State Enterprise: Policy Drivers and Lessons Learned, *International Journal of Public Sector Management*, 1998, 11 (7).

⑥ Maw J., Partial Privatization in Transition Economies, *Economic Systems*, 2002, 26 (3).

⑦ Vickers J., Yarrow G., Economic Perspectives on Privatization, *Journal of Economic Perspectives*, 1991, 5 (2).

无论是“仁慈的政府”还是“自私的政府”，政府干预总会导致企业经济效率的降低。Buchanan（1986）[①] 指出政府干预经济的时候，也有可能产生政府行为的外部性问题，即“政府失灵”（government failure），诸如权力寻租、政府低效、信息不对称等，从而导致国有资产低效使用或大量流失。

就政府的多重目标与多重角色对治理效率的影响，Lin 等（1999）[②] 认为，国有企业与非国有企业的主要区别就是在于其存在政策负担，同时，国有企业股东与政府的双重身份带来的软预算约束降低了国有企业公司治理的规范性。Williamson（1985）[③] 认为由于政府同时扮演多重利益冲突角色，因而政府的治理存在“角色错位”的问题。Henry Hansmann 和 Reinier Kraakman（2000）[④] 认为政府产权对企业目标的定义除了利润与股东财富最大化外，还有许多别的目标，这自然会影响国有资本的运营效率。

就政府作为国有企业股东对公司的干预与控制而言，学界对国有股权的作用主要有“帮助之手”以及“掠夺之手”两种观点。“帮助之手”认为国有股权的存在有助于企业的经营与发展。David 等（1998）[⑤] 认为在公司治理结构不完善、缺乏有效外部监管的情形下，政府作为混合所有制企业的大股东对公司管理人员进行的政府监管能有效防止内部人控制现象的产生。而“掠夺之手”认为国有股权对公司的治理结构与经营效率都有消极影响。Shleifer 和 Vishny（1997）[⑥] 认为国有企业公司治理的主要特征就在于政府的

---

① James Mcgill Buchanan, *Liberty*, *Market and State - Political Economy in the* 1980*s*, Wheatsheaf Books Ltd., 1986.

② Lin Justin Yifu, Guofu Tan, Policy Burdens, Accountability and the Soft Budget Constraint, *The American Economic Review*, 1999, 89 (2).

③ Williamson O. E., *The Economic Institutions of Capitalism*: *Firms*, *Marlcets*, *Relational Contracting*, New York: Free Press, 1985.

④ Henry Hansmannn, Reinier Kraakman. The Essential Role of Organizational Law, *The Yale Law Journal*, 2000, 110 (3).

⑤ Davis J., Schoorman F., Donaldson L., Toward a Stewardship Theory of Management, *Academy of Management Review*, 1997, 22 (1).

⑥ Shleifer A., Vishny R., A Survey of Corporate Governance, *The Journal of Finance*, 1997, 52 (2).

控制与干预会降低国有企业的效率。Roman Frydman（1997）[①] 等认为，国有企业缺乏效率的一个主要原因在于允许低效益的企业依赖政府资助，导致预算软约束。

除了政府控制与干预以外，Shirley 和 Walsh（2001）[②] 基于代理理论，从监督机制、收购兼并机制、合同约束机制和破产机制四个方面对政府控股在公司治理中的消极作用进行了总结。Alchian（1965）[③] 认为国企委托代理问题产生的主要原因是由于国有股权的分散，所有者无法或者不愿意实现对经营者的真正监督。

为提升国企经营效率，学者们进一步对国企私有化改革的必要性和可行性进行了研究，当然也产生了不同的观点。Shleifer 和 Vishny（1994）[④] 认为应该对国有企业进行私有化改革。Jean – Jacques Laffont 和 Jean Tirole[⑤] 等学者从实证角度证明了私有企业效益高于一般公有企业，并以此说明对国企进行私有化改革的必要性；但 Sappington 和 Stiglitz（1987）[⑥] 对此则不赞同，认为企业是否有效率，关键在于是否有充分的市场竞争，与企业是国有企业还是私有企业并无直接关系。可见，域外理论界对于国企经营效率的观察结果及相关原因尚未形成共识。

需说明的是，对国企问题的研究具有极强的本土化色彩，在我国更是如此。社会主义公有制的政治经济体制决定了我国关于国资国企的研究不可能

---

① Roman Frydman, Cheryl Gray, Marek Hessel, Andrzej Rapaczynski. *Private Ownership and Corporate Performance*: *Some Lessons from Transiti on Economies*, Policy Research Working Paper No. WPS 1830, 1997.

② Shirley Mary, Walsh Patrick, Public vs. Private Ownership: The Current State of the Debate, *World Bank Policy Research Working Paper*, 2001, No. 2420.

③ Alchian A., Some Economics of Property Rights, *II Politico*, 1965, 30 (4).

④ Shleifer A., Vishny R. W., Politicians and Firms, *The Quarterly Journal of Economics*, 1994, 109 (4).

⑤ ［法］让 – 雅克·拉丰、让·梯若尔：《政府采购与规制中的激励理论》，石磊、王永钦译，上海人民出版社 2004 年版。

⑥ David E. M. Sappington & Joseph E., Stiglitz: Privatization, Information and Incentives. *Journal of Policy Analysis and Management*, 1987, 6 (4).

直接采取域外的“拿来主义”，域外国企的存在领域、政府干预机制均与我国明显不同，这很大程度上根源于政治经济体制的差异。故而，本研究对于域外的研究成果仅能进行有限的参考。

三、研究的基本思路与主要框架

本研究以国资管理由“管资产”到“管资本”的理念转变为契机，探究市场化背景下国有资本运营公司法律制度设计的突破与创新。本研究解析了国有资本运营公司的功能定位及其法律性质，以出资人制度的设计为国有资本运营公司“市场化”构建的基点，以投资决策权的配置、高管人员的选任及激励约束机制、监管体系的建构为主要内容，对国有资本运营公司的市场化运作，依据“谁设立—谁决策—谁管理—谁监督”的逻辑思路展开研究。

第一章主要分析了国有资本运营公司产生的逻辑基础。尤其是对“国有资产”与“国有资本”的内涵进行了辨析，阐释了从“管资产”到“管资本”的理念转化，并对如何适应“管资本”的改革要求，提升国有资本的运营效率进行了剖析，引出了设立“国有资本运营公司”并“授权”其经营国有资本之必要。

第二章主要分析了国有资本运营公司的功能定位及其法律性质。国有资本运营公司的功能主要是基于如下五方面：实现国家投资与市场经营的对接与转承；适应国有资本人格化的现实要求；确立国有资本经营者的身份，实现国有资本经营者与监管者身份的分离；推动政企分开；提升国有资本运营效率。对于国有资本运营公司的法律性质认定，应当基于国有资本的不同价值追求进行分类设计。对以资本逐利为目标的商事性国有资本运营公司应定性为私法人属性；而对以追求社会目标为本位的政策性国有资本运营公司则应定性为特殊法人。不同的法律性质决定了不同类型的国有资本运营公司在具体规则上的不同。

第三章主要探讨了国有资本运营公司的出资人法律制度。现行有关国有资本运营公司的政策实际上确定了两种国有资本运营公司的出资人：一是政府；二是国资委。而在现有的理论研究和实务界观点中，对于谁才是适格的国有资本运营公司出资人，形成了至少四种观点，即人大、政府、国资委、财政部。在这四个选项中，政府最为适当。政府作为国有资本运营公司的出资人，理应享有必要的决策权，主要有战略管理决策权、财务预决算管理决策权、收益管理决策权以及国有资本运营公司董事的选任权。同时，为防止政府对国有资本运营公司进行过度干预，在承认其出资人权利的同时，应对其行权予以特别限制，并借鉴“负面清单”的管理方式明确其出资人权利范围，防止其越权。

第四章主要分析了如何优化国有资本运营公司的决策机制。通过对普通商事公司的治理机制分析并结合我国国有企业治理的特殊性考虑，国有资本运营公司应建立“董事会中心主义”的治理模式。除上述政府出资人享有的必要决策权外，经营事项决策权（该决策权基于商事性国有资本运营公司和政策性国有资本运营公司应进行差异化安排）、对经理的选任权等应以“概括式”立法模式授权给公司董事会。此外，基于国有资本运营公司专事国有资本运作的国有独资性质考量，应特别关注党组织在国有资本运营公司治理中的合理“嵌入”，优化其参与国有资本运营公司治理的路径。除决策权配置外，本部分也探讨了如何优化经营决策机关的结构，尤其是应当基于国有资本运营公司的不同类型设计不同的董事会成员架构。

第五章主要就国有资本运营公司经营者的制度规则进行了针对性探讨和分析。为实现国有资本运营公司市场化经营的目标，对于国有资本运营公司经营者的选任应当尽快从行政化转向市场化，创新党管干部与董事会选任高管之间的协调机制；同时，针对不同类型的国有资本运营公司应建立不同的考核与评价机制，并基于考核结果，结合国有资本运营公司的不同类型以及经营者选任的不同路径，优化现行国有资本运营公司经营者的激励与约束机制。

第六章主要构建了对国有资本运营公司的多维监督机制。在国有资本授权经营体制下，既要充分“授权”，实现国有资本的市场化运作，又要加强

“监督”，防止国有资产的不当流失。为此，通过内部监督和外部监督的双管齐下，强化对国有资本运营公司的监督极为必要。内部监督主要集中于董事会下设的审计委员会机制；外部监督则主要依托人大、国资监管机构、审计部门、社会公众以及专门针对国企党员干部的纪检与巡视。通过这些内外并济的多维监督机制，共同确保国有资本运营的安全，维护真正所有者“全民”的合法利益。

四、研究方法

1. 历史分析法

所有制度的形成都是基于特定的历史。自改革开放以来，我国的国资国企改革已经走过了40余年的历程。其中国资管理体制和国企治理模式发生了诸多变化，总结以往的经验和不足，对于理解现行制度，探索今后制度的改革方向非常重要，因而，历史分析法对于研究我国国资国企改革问题，尤其是国有资本授权经营体制问题极为必要。

2. 规范分析法

本研究始终坚持法学的规范分析方法，对当前我国有关国有资本运营公司的政策法规以及有关国有企业的法律法规进行了细致的制度分析。尤其是对《企业国有资产法》、《公司法》、《企业国有资产监督管理暂行条例》、中共中央、国务院《关于深化国有企业改革的指导意见》、国务院《关于改革和完善国有资产管理体制的若干意见》、《改革国有资本授权经营体制方案》、《关于推进国有资本投资、运营公司改革试点的实施意见》等进行了详细的制度解读，以发现现有法律制度或政策对国有资本运营公司市场化运营的困扰，并寻求可行的制度突破和创新。

3. 实证分析法

本项目在研究过程中，相继赴上海、江苏、四川、江西、福建等地国资监管机构及具有代表性的试点国有资本运营公司进行调研，了解到了国有资本运营公司在实践运作中出现的难题和困惑，以使本书的研究内容具有针对性，研究成果具有可行性。

4. 比较研究法

尽管本研究具有明显的本土化色彩，但是国资国企问题毕竟是各国都会存在的客观现实。尽管各国的政治经济体制不同，但国有资本的价值和国有企业的功能总有一定的相通性。尤其是，我国正在力推国有企业的公司化改制，域外成熟的现代企业治理理论和实践经验当然具有参考价值。因而，本书在研究中也查阅、翻译了域外学者对于国有企业市场化运作的研究成果，尤其是极富借鉴意义的新加坡国有控股公司的相关制度经验，通过比较国内制度、政策与域外规范之间的异同，吸收域外可供借鉴的研究成果和制度规则。

五、研究创新与不足

本研究的创新主要在于如下几方面：

一是，在选题上，紧紧抓住国资管理由“管资产”向“管资本”转化的契机，以市场化理念为指导，对国有资本市场化运营的枢纽——“国有资本运营公司”进行系统的法律制度研究。目前学界尤其是法学界对该问题的关注还非常欠缺，但是在我国国有经济和国有资本仍占国民经济主导力量的背景下，该问题的研究无论对我国市场经济建设还是对国有资本的价值实现都具有非常重要的现实意义。

二是，在具体制度设计上，本研究进行了如下四方面的探索：（1）重塑了国有资本运营公司的出资人制度，论证了由政府直接代表“全民”作为国有资本运营公司出资人的合理性，这也符合当前“政府直接授权模式”的改革思路；（2）为防止政府出资人对国有资本运营公司的过度干预，参考借鉴“负面清单”的管理模式，严格限定政府股东对国有资本运营公司的决策权范围，并明确了“董事会中心主义”的治理机制，将国有资本运营公司的决策权原则上配置给公司董事会，并确立了政府股东对国有资本运营公司董事会“概括式授权”的立法模式，且根据商事性和政策性国有资本运营公司的不同进行了“分类授权”；（3）为适应国有资本运营公司市场化经营的内在需求，创新了党管干部与董事会选任高管之间的协调机制，促进了经营者选任的市场化改革；同时，为了降低代理成本，针对不同类型的国有资本运营公司构建了不同的经营者考核与评价机制，并基于评价结果，结合经营者行政化选任和市场化选任的不同路径，优化了激励与约束机制；（4）基于国有资本“授权”与“监管”并重的理念，完善了对国有资本运营公司内外并济的多维监督体系，同时，通过信息披露制度的加强，增强了国有资本运营公司经营的“透明度”，强化了社会监督，最终形成专门针对国有资本运营公司的“出资—决策—管理—监督”的完整法律制度体系。

三是，全文的制度设计始终贯穿了一条主线，即国有资本运营公司的分类管理。国有资本运营公司如何分类，理论界与实务界并无统一看法，这就造成实践中，无论中央还是地方在国有资本运营公司试点改革中，对于如何厘定其与政府的关系，如何实现或者在多大程度实现政企分开，缺乏清晰的思路。本研究基于国企分类改革的背景，基于国有资本自身的收益性功能和政策性功能划分，将专事国有资本运营的平台公司划分为商事性国有资本运营公司和政策性国有资本运营公司，基于两类公司不同的功能目标，对其决策权配置、经营者管理、监督方式和措施等针对性地设计了不同的法律制度。

本研究的难点和不足也同样存在。一是，目前法学领域对国有资本运营公司的研究成果非常少，大多是经济学、管理学、金融学等其他学科的研究资料，如何借鉴其他学科的研究成果，并回归到法学领域的研究范式，是一个难题。二是，该问题具有较为明显的本土化色彩，域外制度也只能做有限的参考，因而，比较研究法的运用在本研究中有一定的难度。三是，实证调研的资料还有所欠缺。尽管在研究过程中，研究者对代表性的国资监管机构和国有资本运营公司进行了实地调研访谈，但获取的信息还不充分，且各地的实践也存在差异，这对本书的研究也带来一定难度。

第一章　国有资本运营公司产生的逻辑基础

——由“管资产”到“管资本”的理念转变

“以管资本为主加强国有资产监管，完善国有资本投资运营的市场化机制”成为近年来国企改革的基本思路。由“管资产”到“管资本”，尽管只有一字之差，却在体现我国国资管理体制变革的同时，明确了国有资本运营公司组建和经营的基本方向。

一、“国有资产”与“国有资本”的内涵辨析

（一）“国有资产”的界定

“国有”即“国家所有”，是国家作为特殊主体在民法上享有的所有权，即占有、使用、收益和处分的权利。根据《宪法》第6条的规定，我国社会主义经济制度的基础是生产资料的社会主义公有制，即全民所有制和劳动群众集体所有制。社会主义全民所有制是社会主义国家所有权在法律上的必然表现，其本质为社会全体成员对社会生产资料的共同占有。全体人民只有通过国家这一共同代表者才能共同支配全民生产资料并使生产资料在分配使用上从属于全社会的共同利益。如果全民财产的所有权直接交由占有全民财产的组织或个人而非交由能代表全民的国家来行使，那么全民财产也就不复存在，全民所有制也就不复存在。

“资产”是会计学和经济学中的一个重要概念。在会计学上，资产的核心特征有两个：其一，资产是一种经济资源；其二，资产能给控制者带来未来的经济利益。我国2014年实施的《企业会计准则——基本准则》在第20条

即对“资产”予以了明确规定[①]，并从由企业拥有或者控制、能给企业带来预期经济利益两方面进行了定义。在经济学上，“资产”同样也被界定为能够带来经济利益的资源，它表现为一定时点的财富存量，由一定数量的物质资料和权利构成。但与会计学中“资产”概念不同的是，经济学上的“资产”概念还考虑到了资产的社会属性，其对资产的“稀缺性”进行了强调。由于资源的稀缺性，使得特定主体在获得其控制权时，必须付出代价，这在市场经济中表现为价格的形式，此时经济资源才成为资产。[②] 在法学界，资产主要体现为财产，是可以作为生产要素投入生产经营过程中并能带来经济利益的财产和财产权利。[③] 美国经济学家约翰·康芒斯就指出，资产的法律意义是财产，而财产的经济利益是资产。[④]《牛津法律大辞典》认为，“property”即财产，主要有三层含义：（1）被拥有或者可能被拥有的事物，如财富、财物和土地；（2）所有权，即唯一拥有、享有和使用某物的权利；（3）归某人合法所有之物，即受法律保护而私人享有的有形财产权和无形财产权。[⑤]《布莱克法律词典》认为，“财产是指占有、使用和收益的一切外在事物，包括物质财富、非实物形态的债权、知识产权等其他权益”。[⑥]

在境外，立法者一般基于财产的来源对“国有资产”做出定义。例如，《日本国有财产法》第 2 条第 1 款规定，本法所称的国有财产，是根据法律规定国家负担的国有财产，或根据法律规定赠予而成为国有的财产。[⑦]《韩国国有财产法》第 3 条第 1 款规定，本法中的“国有财产”是指符合相关规定的财产，是由国家行使权力或国家接受捐赠的财产，或根据法律或条约的规

---

① 《企业会计准则——基本准则》第 20 条第 1 款：“资产是指企业过去的交易或者事项形成的、由企业拥有或者控制的、预期会给企业带来经济利益的资源。”

② 陈国辉、孙志梅：《资产定义的嬗变及本质探源》，载《会计之友》2007 年第 1 期。

③ 屈茂辉：《中国国有资产法研究》，人民法院出版社 2002 年版，第 2 页。

④ 秦醒民主编：《国有资产法律保护》，法律出版社 1997 年版，第 2 页。

⑤ ［英］戴维·M. 沃克主编：《牛津法律大辞典》，北京社会与科技发展研究所译，光明日报出版社 1988 年版，第 729 页。

⑥ *Black's Law Dictionary*, Seventh Edition, 1999, p. 1232.

⑦ 《日本国有财产法》（1948 年 7 月 1 日施行，2002 年修订版）。

定成为国有的那一部分财产。①

我国也主要是基于财产来源视角对国有资产进行界定，即国家以各种形式对企业投资及收益、接受馈赠形成的，或凭借国家权力取得的，或依据法律认定的各种类型的财产和财产权利。② 相较于私人资产而言，国有资产具有如下特征：一是，国有资产的所有者具有唯一性。国有资产尽管为全民所有，但“全民”并非一个严格的法律概念，不能作为产权主体。在现代社会中，国家在法律上是全民的代表，所以，对全民所有的财产可以在法律上充当所有者的只能是国家。二是，国有资产所有权的界定具有法定性。即法律会直接规定国有资产的各种取得方式，包括凭借国家权力取得，等等。三是，国有资产权利的行使具有特殊性。国家作为国有资产所有权主体是通过具体的国家机关来行使权利，其中存在着多层委托代理关系。③ 这也就决定了对国有资产监管的特殊性。

在现实经济生活中，国有资产有广义和狭义两种理解。广义的国有资产与“国有财产”同义，既包括自然资源性国有资产、行政事业性国有资产等非增值型或非经营性国家财产，又包括增值型或经营性国家财产；而狭义的国有资产则仅指增值型或经营性国家财产。我国2003年通过的《企业国有资产监督管理暂行条例》以及2008年通过的《企业国有资产法》均采用了狭义的国有资产概念。

实际上，在《企业国有资产法》的立法过程中，国有资产法应当调整的范围是存在争议的，并形成了“大、中、小”三种不同意见。“大”国有资产法提倡者认为，该法应该将经营性、行政事业性和自然资源性三类国有资产都规定在内，并制定一部完整的《国有资产法》，使各种国有资产有统一的章法可循，国资立法能够切实起到规范国有资产管理、使用并加以有效保

① 《韩国国有财产法》(2001年12月31日修订)。

② 谢次昌：《国有资产法》，法律出版社1997年版，第3页。

③ 郭广辉、王利军：《我国所有权制度的变迁与重构》，中国检察出版社2005年版。

护的作用；[①] 提倡“中”国有资产法者认为，该法适用范围应该包括行政事业性国有资产和经营性国有资产，原因在于这两类国有资产有所重合并可相互转换，因而，可一并调整；而提倡“小”国有资产法者则认为，该法应该以当时亟需解决的经营性国有资产问题为主，仅以经营性国有资产为调整对象。该观点实际上是对我国关于国家所有权的认识和统筹管理水平不高、部门权力和利益难以协调的现实的一种妥协，认为寄希望于一部法律解决国有资产存在的所有问题不现实，制定难度大，可操作性也不强。1993 年，国有资产法草案作为八届全国人大常委会立法规划之一，曾采取“大”国有资产法概念，意在调整全部三类国有资产；但后续提交给十届全国人大常委会审议的草案则将调整范围缩小到仅限定于经营性国有资产。从立法者角度看，这种变化主要是因为用一部“大而全”的法律全面调整各类在功能、监管方式等方面均存在巨大差异的国有资产是十分困难的；此外，我国对资源性国有资产已经有了相关的专门法律予以调整，如《矿产资源法》《煤炭法》《森林法》《土地管理法》等，而行政事业性国有资产的管理方面也有《事业单位国有资产管理暂行办法》《行政单位国有资产管理暂行办法》等制度。相比之下，对国家出资企业中的国有资产的管理却缺乏相应的专门立法。因而，立法机关决定先单独制定仅适用于经营性国有资产的法律，以便在维护企业国有资产的合法权益的同时保障国有资产安全，并促进国有资产的保值增值。[②] 经过多年的制度运行，2023 年 12 月全国人大常委会在 2024 年度立法工作计划中，再次将《国有资产法》列入预备审议项目[③]，启动了新一轮“大国资”的立法进程，并且同时启动了对《企业国有资产法》的修订，今后我国调整国有资产的法律制度很可能形成“总分结构”的规则体系，即由

---

① 史际春、冯辉：《论物权关系的法律调整——以经济法与民商法的功能协调为视角兼评〈物权法〉及其相关条款》，载史际春、袁达松主编：《经济法学评论》（第八卷），中国法制出版社 2008 年版，第 309 页。

② 《〈企业国有资产法〉主要是确保企业国有资产的保值增值》，载金融界网，http://finance.jrj.com.cn/people/2008/10/2817132497137.shtml，最后访问日期：2013 年 5 月 4 日。

③ 《全国人大常委会 2024 年度立法工作计划》，载 http://www.npc.gov.cn/c2/c30834/202405/t20240508_436982.html，最后访问日期：2024 年 7 月 29 日。

《国有资产法》作为总括，对各类国有资产制度进行共性规定，然后由企业国有资产法、各自然资源法、行政事业单位国有资产法分别对不同类型的国有资产进行针对性调整。当然，本书所讨论的仅限于经营性国有资产。

（二）“国有资本”的内涵

资本是一种生产要素，在与其他要素相结合的过程中往往能为所有者带来价值上的增值，从而实现所有者的投资利益最大化。因而，资本具有增值性、逐利性、运动性和多样性的特点。① 在早期全民所有制企业和国营企业的体制下，国有资本的概念基本不存在，国有资产直接体现在企业资产中，甚至1993年《公司法》仍在第4条第3款中规定，“公司中的国有资产所有权属于国家”。但随着国企改革的推进，特别是现代企业制度的逐步建立，国有资产逐渐以出资人为取得股权所支付的对价的形式被投入企业，并相应转化为出资人手中一定份额的国有股权，此时这种形态的权益被称为“国有资本”。② 与此相应，我国在2005年修订《公司法》时，也坚决删掉了原第4条第3款的规定。因而，作为国有经济基础的国有资本便指向了由国家出资，作为生产要素用于生产经营，并在经营中获得收益和增值以及相应权益的资产③；是国家直接或间接出资形成的资本，及其凭借资本所有权所享有的权益④。

关于国有资本的范畴，有学者认为，因国有资本具有资本的一般属性，能带来价值增值，因而决定了其只能存在于那些以资本增值为目的的营利性企业中。⑤ 这一观点虽然符合“资本”的属性，但是，却忽略了“国有”的特色。国有资本除具有资本的一般属性外，同时由于所有权归属的特殊性，

---

① 文宗瑜、袁媛：《经营性国有资产管理》，经济科学出版社2010年版，第5页。

② 李郡：《改革国有资本授权经营体制的时代内涵》，载《上海市经济管理干部学院学报》2018年第5期。

③ 顾功耘：《国有经济法律制度构建的理论思考》，载《毛泽东邓小平理论研究》2005年第4期。

④ 陈少晖、廖添土等：《国有资产管理：制度变迁与改革模式》，社会科学文献出版社2010年版，第44页。

⑤ 齐艺莹：《国有资本效率论》，经济科学出版社2005年版，第35页。

即“公有”，其在一定程度上突破了资本的利润目标局限，即不以追求利润为唯一目标。除要保值增值外，还要实现一定的社会公共目标和政治目标，而且有时往往是后者优于前者。这便是国有资本的二重属性。一方面，其具有资本的一般属性，不断实现自身价值增值；另一方面，其所有者是国家，要按照国家利益的需要，借助于企业的生产经营活动，达到国家对社会经济活动实行有效调节或实现其他政策的目的。该二重性在现实经济生活中体现为国有资本的“资本性”和“公共性”，前者是在市场经济活动中作为一般资本参与谋取利润的经济活动；后者则是生产或提供社会公共产品，例如公用事业建设、基础设施建设等。前一职能的公有性质体现在收益的归属上，后一职能的公有性质体现在为国民经济提供“外部性”条件上。也正是这种二重性导致了对国有资本运行效率进行评价时既评价经济效率又评价社会效率的复合性。

国有资本的这种二重性也彰显了其固有的两种功能，即收益性功能和政策性功能。也有学者将其归结为三种功能，即社会积累的功能、维系社会经济基础的功能以及市场经济宏观调控的功能。① 在社会经济发展的不同阶段，国有资本的收益性功能与政策性功能的比重会有所不同。在经济发育程度较低的阶段，政府主导往往是经济增长的主要方式，此时国家会更加重视国有资本的政策性功能，作为政府调控经济的工具和配置资源的方式；但随着市场经济的发展，市场逐渐成为资源配置的决定力量，政策性功能就应被限定在某些市场失灵的领域，并经过充分论证和法定程序列入“负面清单”，随形势发展逐步减少。②

（三）“国有资产”与“国有资本”的辨析

国有资本是由国有资产中的经营性国有资产转化而来。从马克思的劳动价值理论来看，这种经营性国有资产的经济实质便是国有资本。“国有资本

① 齐艺莹：《国有资本效率论》，经济科学出版社2005年版，第45-46页。

② 陈清泰：《国有企业“再改革”八论》，载《现代国企研究》2014年第7期。

是国有资产的价值形态，而国有资产则是国有资本的实物形态。在现实经济生活中，国有企业是国有资本的主要载体，国有资本是国家投入企业的资本形态的国有资产，即企业中属于国家部分的所有者权益。"①

尽管"国有资产"与"国有资本"密切相关，但二者也有明显不同。国有资产关注具体企业组织的直接管理，更侧重于实物形态范畴；而国有资本则更强调保值增值功能，因而从属于价值形态范畴。正如有学者所说，"国有经济的基本存在形式从国有资产转变为国有资本，其根本意义就是要把大量沉淀于生产领域的国有资产从单纯生产要素的地位中解脱出来，还其资本的本质属性，使其不断保值增值；此外，由于资本是一个可流动的概念，国有资本也将是一个流动的财富量，在不断过渡和交易的流动过程中，国有资本或者还原其以利润最大化为目标的资本本性，或者向真正需要其行使国有经济管理职能的领域集中，发挥其对整个国民经济的支配力和控制力作用。"② 可见，相较于"国有资产"而言，"国有资本"更有利于实现国有经济的战略布局调整，能够更好地发挥国有经济在国民经济中应有的作用。

二、"管资产"到"管资本"折射国资监管体制的变革与演进

（一）我国国资监管体制的改革历程

"作为公有制代表的国有经济如何与市场经济体制融合一直是国有经济改革需要破解的根本性问题。"③ 我国的国有资产监管体制形成于计划经济时期，并随着社会主义市场经济体制的建立与发展以及国有企业改革的深化而不断演进，其中经历了如下几个代表性阶段：

---

① 齐艺莹：《国有资本效率论》，经济科学出版社2005年版，第4页。

② 顾功耘：《国有经济法律制度构建的理论思考》，载《毛泽东邓小平理论研究》2005年第4期。

③ 中国社会科学院工业经济研究所课题组：《论新时期全面深化国有经济改革重大任务》，载《中国工业经济》2014年第9期。

1. 以企业扩权为重点的国资监管体制探索

这一阶段，国家对国有企业的管理仍然是行政控制主导，各主管部门多头管理，主要是从微观层面出发，以企业扩权为重点，尚未深层次涉及国有资产管理体制改革以及国企的产权制度改革。这一阶段又可分为两步，即“放权让利”阶段和承包经营责任制阶段。

（1）“放权让利”改革阶段（1979—1984 年）

放权让利改革旨在扩大企业在经营层面的自主权，其主要是将本属于企业却被政府控制的权力予以“归位”，并通过利改税、拨改贷等方法增加企业的财务自主权。1979 年 7 月，“放权”改革在全国范围内进行初步推广，并在一年内取得了巨大成效，到 1979 年底，试点企业已达 4200 家，到 1980 年 6 月又增加至 6600 多家。① 1984 年，随着中央政策性文件②的进一步支持，“放权”改革正式从试点阶段转入全面推行阶段。此外，“让利”改革也在全国范围内同步推行。1979 年国务院《关于国营企业实行利润留成的规定》与 1980 年《国营工业企业利润留成试行办法》（已失效）两份文件的施行推进了利润留成制度改革。直到 1980 年底，已有 6000 多家国有企业试行新利润留成制度。③ 该制度的实施调动了企业的积极性，使企业有更强的财务自主权意识与营利意识。

与此同时，“利改税”和“拨改贷”政策也同步推进。实践中，“利改税”是分步实施，即通常所谈的“两步利改税”。1983 年 4 月《关于国营企业利改税试行办法》（已失效）决定对所有大中型国有企业进行第一步利改税；随后，1984 年 9 月，国务院又发布了《国营企业第二步利改税试行办法》。“由于利改税实际上带有很强的不规范性，国有企业除了按照统一规定

① 《中国改革与发展报告》专家组编：《中国改革与发展报告（1978—1994 年）：中国的道路》，中国财政经济出版社 1995 年版，第 84 页。

② 如《中共中央关于经济体制改革的决定》《关于进一步扩大国营工业企业自主权的暂行规定》等文件的出台。

③ 吴天宝、武宜达、陶晓林等：《国有企业改革比较法律研究》，人民法院出版社 2002 年版，第 86－88 页。

的比例缴纳税金外，还要根据各自的营利状况缴纳比例不同、随意性很大的调节税，而且所得税的税率太高，导致了国有企业对利润的分享减少，利改税的作用未得以充分发挥。”① 除“利改税”外，国家与国有企业之间经济利益分配关系的调整还体现在“拨改贷”上。1983 年 6 月，“拨改贷”制度开始实行。这强化了国有企业的资金成本意识，对国有企业的利益分配体系产生了深远影响。

虽然上述改革措施具有明显的积极意义，但从总体来看，“放权让利”改革仍然是在计划经济体制下进行的，实质仍然是国有国营。其虽然授予企业收益权，但并未授予国有企业真正独立的法人财产权，没有从本质上改变政企不分的问题。国有企业离真正的独立法人和市场经济主体的目标还很远。

（2）“两权分离”的承包经营责任制阶段（1984—1988 年）

“两权分离”是国家在保有财产所有权的前提下，授予国有企业经营权的国资经营模式。1984 年 10 月，党的十二届三中全会提出了“两权分离”思想。在该思想指引下，所有权和经营权可以适当分开，国有企业只要不改变国家所有制，在企业经营上，就有权选择灵活多样的经营方式，有权拥有并支配自留资金，自主安排产供销活动，并在允许的范围内自主确定产品价格；在人员管理上，其有自主选任企业工作人员并决定其用工与激励模式的权力。即国家只要求保持所有权，不再要求把持企业的经营决策权，不再全面干预企业的经营活动，同时，也不再承担国有企业的经营结果，以使企业成为自主经营、自负盈亏、具有一定权利和义务的法人。1988 年 4 月，《全民所有制工业企业法》正式确立了两权分离的基本改革思路，② 对后续的国有企业改革产生了深远影响。

承包责任制是我国两权分离改革中采取的一种经营机制创新。它是指所

---

① 张文魁、袁东明：《中国经济改革 30 年：国有企业卷》，重庆大学出版社 2008 年版，第 22 页。

② 《全民所有制工业企业法》第二条：“全民所有制工业企业是依法自主经营、自负盈亏、独立核算的社会主义商品生产和经营单位。企业的财产属于全民所有，国家依照所有权和经营权分离的原则授予企业经营管理。企业对国家授予其经营管理的财产享有占有、使用和依法处分的权利。企业依法取得法人资格，以国家授予其经营管理的财产承担民事责任。”

有者将自己的财产通过合同形式交给承包人经营以换取固定的收益，而超额部分的利益将依据合同约定进行分配，或按一定比例在双方之间进行分配或归承包方所有。承包责任制的基本内容包括：保护企业的合法权益；按照责权利相结合的原则确定国家与企业的分配关系。1986 年 12 月，国务院提出“推行多种形式的承包经营责任制，给企业经营者以充分的经营自主权”，承包经营责任制作为一种主要的改革形式被迅速运用到大中型企业中。到 1987 年底，全国国有企业已有 78% 实行了这一经营模式。①

然而，承包制的弊端在其被推广的同时也逐步暴露。承包制无法避免承包人的“道德风险”，国有企业普遍出现了重当期生产、轻长期投入的“短期行为”，同时，在与承包人的谈判中，信息不对称将政府置于了劣势地位。因而即使国有企业不出现亏损，国家仍然难以获得所期望的承包利益。该制度实行至 1993 年后基本终止。②

2. “所有者职能”与“社会管理职能”分离的国资监管体制初探（1988—2002 年）

第一阶段的改革对于增强国有企业活力，提高国有企业的经营效益发挥了积极作用，但不可否认的是，这些改革措施基本上围绕国有企业层面展开，并未触及国有资产监管体制这一深层次问题。国有资产监管体制的固化使得政府在本质上仍紧紧控制着国有企业，国有企业名义上享有的经营自主权在实践行使过程中往往受到政府的影响与干预，国有企业难以真正独立；加之，长期不变的国有资产监管体制在应对迅速变化的国有企业改革时，也显得有些力不从心，导致对某些问题监管失控。为进一步解决国资国企问题，国家开始从宏观层面探讨国有资产所有者职能与政府社会管理职能相分离的国资监管体制。

在境外，许多国家在其国有资产比重较大的发展阶段，都曾设有专门机构对国有资产行使选择经营者、财务控制和重大决策等权利，如意大利的国

① 王政、原国锋：《三十年国企三大转变》，载《人民日报》2008 年 12 月 15 日。

② 张文魁、袁东明：《中国经济改革 30 年：国有企业卷》，重庆大学出版社 2008 年版，第 47 页。

家参与部、巴西的国营企业控制署、英国的工业部和国有企业局等。① 可以说，“设立专门管理部门作为企业国有资产的产权管理人，行使出资人权利，剥夺政府有关主管部门的所有者职能，实现企业国有资产的所有者职能与政府社会公共管理职能的分离，已成为世界各国的发展趋势。”② 从监管角度看，这些专职管理部门只行使出资人的监管职能，而政府的相关职能部门则行使其他监管职能，二者有着明确区分。我国借鉴上述经验，对此也进行了不同阶段的探索：

（1）国资监管机构初建阶段（1988—1997 年）

1988 年，国家国有资产管理局设立，行使“国家赋予的国有资产的所有权、监督管理权、国家投资和收益权、资产处置权”，在机构层面实现了政府对社会经济活动的管理职能与国有资产所有者职能的分离。

但对于这一改革举措，国务院的行业管理部门存在不同看法。有观点就认为，“行业管理部门若不能对国有资产进行有效管理，就谈不上行业管理。”③ 基于部门利益和现实需要，行业主管部门并不愿放弃对国有资产的监管权力。对此，国有资产管理局则认为：“由于国有资产管理部门的职能还未到位，社会经济管理部门在政府授权范围内，对部分国有资产负有监督管理责任。但是，政府各社会经济管理部门分工监管的国有资产工作，必须纳入国有资产管理的统一体系，贯彻执行统一的国有资产管理的各项方针政策。”④ 但在实践中，一方面，国有资产管理局与其他行业主管部门对国有资产的监管是专门监管和分工监管的关系，且国有资产管理局的行政级别低于其他行业主管部门，因而当二者的监管意见出现分歧时，行业主管部门往往会越界行使对国有资产的监管权力，在某种程度上使国有资产管理局的监管权力被“虚置”；另一方面，由于部门利益的惯性以及认识的局限性，国有

① 国务院直属机关团委：《国内外国有资产管理的理论和制度比较研究》，载 http://www.sasac.gov.cn/n4470048/n9369363/n9388852/n389973/c9403360/content.html，最后访问日期：2024 年 9 月 27 日。

② 银晓丹：《企业国有资产监管法律制度研究》，中国社会科学出版社 2017 年版，第 66 页。

③ 邢玉久等主编：《产权管理体制改革》，中国工人出版社 1993 年版，第 25 页。

④ 潘岳：《国有资产管理教程》，经济科学出版社 1997 年版，第 98 页。

资产管理局认为管理国有资产就必须管理国有企业，这种管理权的介入与行业主管部门对国有企业的管理权又发生新的竞合，使得国有资产管理部门与其他行业主管部门在企业管理方面的冲突日益激烈。

上述争论和冲突加剧了政府对企业的多头管理，在某种程度上影响了国资管理的改革进程。1994 年，国有资产管理局从国务院直属局降格为财政部下属局，“一体两翼”① 的国有资产监管体制逐渐形成。在该模式下，国有资产监管被完全纳入到财政体系中。② 1995 年，国务院又授权了 31 家经济管理部门和行业总公司作为企业国有资产的监管部门，分别对其所属企业国有资产加以监管。这加大了企业国有资产多头管理的程度，从某种意义上说是我国国有资产监管体制改革的一种倒退。最终，国家国有资产管理局在 1998 年国务院的机构改革中被完全撤销。

相较于国资监管机构的设置，这一阶段有关国有企业的立法总体上值得肯定。我国《宪法》修正案将“国营企业”改为“国有企业”，并先后颁布了《全民所有制工业企业转换经营机制条例》、《国有企业财产监督管理条例》和《公司法》等，从立法上逐渐明确了国有企业的法人财产权及其独立法人地位，这是企业国有资产走向市场化管理的前提和基础。

（2）国有资产监管权分散行使阶段（1998—2002 年）

国有资产管理局被撤后，国有资产所有者的职能分别由不同的政府部门和党的人事部门行使，在中央一级形成了所谓的“五龙治水”体制③。这一体制的最大弊端在于职能的分割造成了国有资产所有者代表的多元化。在权力的行使层面，各部门均可对国有资产经营、使用者发号指令。这种政出多

① 即以政府财政部门为主体，国有资产管理局和税务局为其“两翼”隶属于财政部门的模式。

② 沈志渔、林卫凌：《国有资产监管体制的制度变迁及目标模式》，载《新视野》2005 年第 1 期。

③ 其中，财政部作为国有资产所有者的代表，在宏观层面对国有资产进行管理，负责国有资产产权的界定与登记、对国有资产产权收益进行监督，并会同有关部门批准国有企业在设立、合并、分立、终止中的财务处理和产权变动等重大问题；国家经济贸易委员会对国有企业、国有控股企业的重大生产经营决策进行监管，会同有关部门批准所属国有企业的改制、重组等工作；党委组织部与企业工委任免所属国有企业、国有控股企业的领导班子，并管理派驻国有独资企业的监事会主席；原国家计划委员会管立项；原劳动和社会保障部门管劳动与工资。

门、多头管理的局面往往造成权力利益之争，使国有资产经营、使用者无所适从；在企业绩效与监管层面，由于各部门都只行使部分而非全部权能，根据权责对等原则，其相应地也只承担对国有资本绩效监管的部分责任，这种责任承担的模糊与无法量化分配造成了各部门实际上只行使权力却无须承担责任的局面，并直接导致了较低的监管积极性。学界对这种“分而治之”的国有资产监管体制的反对之声也颇为强烈，称其“既不利于国有资本的集中统一管理，也混淆了社会经济综合管理职能与国有资本所有者职能及公共财政与国有资本的界限，是一个明显的退步。”①

3. 国有资产出资人代表构建阶段（2003 年至今）

该阶段是国有股东权与公司法人财产权相分离的国有资产监管体制全面创新阶段。这一阶段又可细分为两步：

（1）国资委的建立

这一改革阶段的主要特点是2003 年国资委的成立，这标志着国有资产监管体制进入了以构建国有资产出资人代表为主的创新阶段。②“进入 21 世纪后，面对日趋激烈的市场竞争，国有企业在引入以两权分离为基本特征的现代企业制度后产生了职责交叉、权责不明的新问题，基于此，理论界和实务界再次展开了有关国有企业出资者、经营者区分以及二者所享有权利与承担义务的讨论，这就引出了国有资本出资人概念。”③ 2002 年 11 月，党的十六大报告指出，要在坚持国家所有的前提下建立中央政府和地方政府分别代表国家履行出资人职责，享有所有者权益，权利、义务和责任相统一，管资产和管人、管事相结合的国有资产管理体制，并将在中央政府和省、市（地）两级地方政府设立国有资产管理机构。2003 年，经第十届全国人民代表大会第一次会议批准，国务院成立国有资产监督管理委员会，将财政部有关国有

---

① 张文驹：《国有资本管理体制改革的若干基本原则》，载《经济界》2002 年第 4 期。

② 张晓文、李红娟：《国有资产管理体制的变革：从管理到监管》，载《经济与管理》2016 年第 5 期。

③ 王曙光、王天雨：《国有资本投资运营公司：人格化积极股东塑造及其运行机制》，载《经济体制改革》2017 年第 3 期。

资产管理的部分职责、原国家经济贸易委员会行使的指导国有企业改革和管理的职责、中共中央原企业工作委员会的职责、原劳动和社会保障部管理中央直属企业工资分配的职责划入国资委，授权其代表国家履行出资人职责，并将监管范围明确为非金融类中央所属企业的国有资产。① 由此，国资委承担起了国有资产的出资人代表职能，并履行着对国有资产的监管职责。

（2）国有资本运营公司的构建

国资委成立后，在关于国资委自身身份确认与自身职能定位上，尤其是在国资委与政府、国资委与监管企业之间的关系定位上，无论是在理论界还是在实践中都存在一些认识模糊甚至偏差的问题。受“大政府”观念以及政府统辖国有资产的传统体制主导而组建的国资委，虽界定为“特设机构”，但其政府部门属性并没有改变，这种制度安排使得人们在对国资委身份的确认上产生了困扰，在政府机构和“出资人”间交错混杂，摇摆不定。② 因此，虽然“政资分开使得国有资产授权经营体系能够独立存在、独立运行，使企业从过去面向政府开始转到面向市场，实践证明这一管理体系确实为国有资产带来了良好的效益。然而，由于国资委直接管人、管事、管资产，又产生了国资委与国有企业之间的权力界定不清的新问题。”③

对此，理论界与实务界开始探讨国资管理体制的进一步改革，并提出了三种可能的改革方案：第一，监管与决策相分离的模式，即通过新设机构“中国企监会”，将政府国资监管机构所有监管职能、国家授权给非国资委系统的其他政府部门行使的出资人职能以及全国各级涉及国有资产交易的部门机构收归其统一管理，而各级国资委仅履行出资人职责。第二，监管、决策与执行相互分离、相互制衡的管理模式，即在人民代表大会层面组建“国有资产管理委员会”作为国家最高层面管理国有资产的决策机构；在执行层面

① 参见《国务院办公厅关于印发国务院国有资产监督管理委员会主要职责内设机构和人员编制规定的通知》（国办发［2003］28号）2003年4月25日。

② 马克：《国企的逻辑与改革的彼岸》，载《南方周末》2009年8月20日。

③ 李晓慧、敖小波：《国有资产监管：演变历程、理论逻辑与改革方向》，载《扬州大学学报（人文社会科学版）》2018年第4期。

组建若干国有资本投资运营公司，从事业务的市场化运营；而将现有的国资委改组为独立的国资监管机构，作为监管层。由此，使国资委“管人、管事、管资产”的多重身份得以清减。第三，“三层三类”的管理模式，即在区分国有企业基本功能的基础上将国有企业分为三类，并自上而下设立国有经济管理委员会、国有资产投资运营公司、经营性国有企业的三层次管理架构。[①] 上述模式尽管具体设想不同，但都是希望改变既有的国有资产管理模式，有效分离相关权责，实现国资监管和国资运营的合理配置。

2013 年，新一轮国资国企改革重启。《关于深化国有企业改革的指导意见》《关于国有企业功能界定与分类的指导意见》《关于改革和完善国有资产管理体制的若干意见》《关于推进国有资本投资、运营公司改革试点的实施意见》《改革国有资本授权经营体制方案》《关于以管资本为主加快国有资产监管职能转变的实施意见》等政策相继出台，确立了分类分层改革的思想。政策制定者一方面认识到应对不同类型的国有企业分别设计不同的公司治理机制、监管机制并调整战略性方向；另一方面也明确了“政府（或国有资产监管机构）[②] —国有资本投资公司、运营公司—国家出资企业”的三层国有资产管理构架，从宏观、中观和微观三个层次分别对国有资产进行管理，从而实现国有资产保值增值，即宏观层面改革国有资产管理体制和授权经营机制，进一步明晰国资监管部门的职能定位；中观层面组建改建国有资本投资运营公司，规范出资人主体资格，提升履行出资人职责和国有资本运作的能力；微观层面依法落实国有企业法人财产权和经营自主权。[③] 其中，政府

---

① 王曙光、王天雨：《国有资本投资运营公司：人格化积极股东塑造及其运行机制》，载《经济体制改革》2017 年第 3 期。

② 中共中央、国务院《关于深化国有企业改革的指导意见》：“国有资产监管机构依法对国有资本投资、运营公司和其他直接监管的企业履行出资人职责，并授权国有资本投资、运营公司对授权范围内的国有资本履行出资人职责。……开展政府直接授权国有资本投资、运营公司履行出资人职责的试点。”国务院《关于推进国有资本投资、运营公司改革试点的实施意见》：“按照国有资产监管机构授予出资人职责和政府直接授予出资人职责两种模式开展国有资本投资、运营公司试点。”

③ 徐文进：《“管资本”功能视角下国有资本投资运营公司研究》，载《东吴学术》2020 年第 5 期。

（或国有资产监管机构）负责国有资产管理，代表出资人与投资公司、运营公司发生授权经营关系并监督考核其经营活动；国有资本投资公司、运营公司位于“三层模式”的中间层，是依法设立或根据授权负责国有资本经营的机构，主要通过对国有企业的投资获取企业股权，再依据股权参与所投资企业的管理，从事国有资本的市场化运作；第三层次是国家出资企业，其接受国有资本投资公司、运营公司的投资，根据市场需要自主安排生产，利用投资财产进行生产经营，实现投资回报。

我国国资国企改革的这一体制非常类似于新加坡的国资管理模式。新加坡的国资管理也是实行分类管理与分层管理相结合的方式，即三个层次和两个分离。所谓三个层次是指“政府部门—法定机构和政府控股公司—国联公司”。政府作为国有资产管理的第一层次，主要制定经济发展战略，控制公司发展方向，使公司活动与国家长远目标相一致，保障国家利益实现。第二层次是法定机构与政府控股公司，其主要按照经济战略制订各自的发展计划，实施经营活动。法定机构是按照议会立法建立和运作的独立法人，其不以营利为目标，隶属于政府部门，具有一定的管理职能，主要任务是通过在基础设施及公共服务领域的经营活动营造良好的市场环境，保障经济活动的正常运行。其创立资金和必要的流动资金来自所属政府部门的拨付，拓展业务所需资金主要通过财政部担保的贷款方式筹集，而不靠股票与债券的发行。政府控股公司则是完全由政府投资，依据公司法成立并运作，不从事具体的生产经营活动，以利润最大化为目标，采用专业化的管理方式进行资本经营，实现国有资本增值的市场主体。在法律属性上，其不受政府特殊照顾，不具有行政色彩。第三层次是国联公司，即各国联企业（国有企业），其依据公司法成立并运作，主要围绕经济目标经营与发展，参与市场竞争。该类企业绝大部分处于竞争性行业，也有部分涉及社会基础设施、公共设施等领域，并由法定机构管理。所谓的两个分离：一是指政府部门与法定机构或政府控股公司的分离；二是指处于中间层的法定机构或政府控股公司与国联公司的分离。新加坡通过这种分类管理与分层管理相结合的方式，有力地实现了政企分开，明确了国有资本的社会功能与经济功能，推进了国有资本运营目标的实现。

我国在采取以国有资本运营公司为中间层的三级国有资产管理构架后，也将会产生三方面的深刻变化：一是管理体系的变化，由原先的两级架构变为三级架构，进一步降低政府直接的行政干预；二是管理内容的变化，由原先的“管企业”变为“管资本”，以保护国有企业的自主经营权；三是管理主体的变化，国有资本运营公司通过构造“人格化”股东可以进一步发挥股东积极主义，缓解“所有者缺位”引起的代理问题。①

（二）相关制度的演进

国资管理体制改革要跟进市场经济发展的时代需求。通过对上述主要法律和政策性文件的梳理，以及对我国国资管理体制的发展历程分析，可以得出如下几方面的规律性认识：

其一，国有企业的法律地位逐渐独立。“放权让利阶段”的改革逐步改变了国有企业作为行政单位附属物的状况，并开始向相对独立的商品生产经营者和法律主体转变。这是国家与国有企业之间一次带有突破性意义的变革。② 在改革开放前，国有企业作为“企业”所固有的法人独立性与自主性在高度集中的计划经济体制下被完全抹杀，进而成为行政机关的附属物。可以说，从人、财、物到产、供、销都由政府直接掌控。“放权让利”在一定程度上改变了旧体制下国有企业纯粹被动完成指令性计划的状况，使国有企业在一定范围内开始具有相对独立的利益和财产权利。“而企业自主权的扩大和利润留成制度的建立，使企业具有超额完成计划要求和增产增收的积极性，发展意识和盈利意识大大提高”③；与此同时，企业也在一定范围内和一

① 肖土盛、孙瑞琦：《国有资本投资运营公司改革试点效果评估——基于企业绩效的视角》，载《经济管理》2021 年第 8 期。

② 吴天宝、武宜达、陶晓林等：《国有企业改革比较法律研究》，人民法院出版社 2002 年版，第 88－89 页。

③ 王文杰：《国有企业公司化改制之法律分析》，中国政法大学出版社 1999 年版，第 14－16 页。

定程度上承担着因管理不善所带来的风险，具有相对独立的责任。因此，国有企业成为了具有相对独立地位的法律主体。在“两权分离”阶段，国有企业的经营权进一步扩大。《全民所有制工业企业法》规定，国家依照所有权与经营权相分离的原则授予企业经营管理财产的权利，企业有权对其财产占有、使用、收益和依法处分。这是立法对国有资产所有权与经营权分离的首次肯定，有力保障了国有企业的经营自主权。这种经营权比“放权让利”阶段企业的经营自主权更为明确和广泛。随后，到了公司化改造阶段，现代企业制度的建立使国有企业成为独立的法人实体和市场主体，并明确获得了法人财产权。此时，政府对国有企业的行政管理权和股东权实行了有效分离。

其二，政府的出资人职能与社会经济管理职能逐渐分离。在传统的高度集中的计划经济体制之下，之所以出现政府作为国有资本出资者而享有的所有权与作为社会经济管理者而享有的行政权混同行使现象，根本原因在于传统计划经济体制强调社会经济资源由国家作为一个大工厂来进行集中统一配置，国有企业是行政机关的附属，政府基于行政权力的路径依赖，对企业进行直接的指挥管控。这样，政府作为社会经济管理者的行政权过度膨胀，掩盖了政府作为企业国有资产出资者而享有的所有权。政府作为国有资产出资者的所有权与作为社会经济管理者的行政权不加区分，也与国有企业无多元化产权主体约束有关，在社会生产资料只能由国家作为唯一的所有者来掌管的观念的制约下，国有企业也只能有唯一的出资者，即代表全体人民的国家或其政府。这就是说，国有企业的产权主体是唯一的，国有企业的形式也是唯一的，即国有独资企业，排除了国有企业中其他产权主体对政府这一国有资产产权主体的制衡力量，方便了政府行政权力在国有企业中的控制。经过改革，该现象逐步发生了变化：在“放权让利”阶段，利改税政策的施行初步改变了政府在国有企业中的所有权与行政权不加区分的现象。“利”，即利润，意味着政府作为企业的国有资产出资者所享有的资产收益权，代表的是所有权；“税”，即税收，意味着政府作为社会经济管理者所享有的国民收入再分配权力，代表的是行政权。这样，在国有企业的一定领域内形成了政府的出资者所有权与社会经济管理者行政权的初步分离的状况。[①] 此后，在“两权分离”阶段，政府的所有权和行政管理权进一步分离。在企业依据《全民所有制工业企业法》具有更多生产经营自主权的同时，政企进一步分离，主管部门减少了对企业不必要的行政干预。在公司化改造阶段，政府对所投资国有企业的所有者权和社会经济管理权基本实现了分离。2008 年的《企业国有资产法》，将国资委规定为“出资人代表”，不再执行社会管理职能，也是对该思想的再次明确。

其三，国有企业治理从行政型治理向经济型治理逐渐转变。纵观我国国企改革 40 年的历程可以发现，国有企业治理走的是一条“行政型治理”向“经济型治理”逐步转变的转型之路，即从政企不分、所有权与经营权高度统一、政府直接管理的模式逐渐向政企分开、所有权与经营权分离、内部管理与外部监督协同发展的转变道路，具有显著的渐进性。国有企业管理体制的行政化主要表现在企业的重大经营决策及投融资决策由政府决定、高管人员由政府任命等诸多方面；而市场化则主要表现为企业的重大经营决策及投融资决策由企业根据自身发展自主决定，高管人员通过公平竞争由企业自主选拔。当然，这种转型目前尚未完成，国有企业在“经济型治理”的形势下，仍然存在着“行政型治理”的色彩，造成“经济型治理”与“行政型治理”并存，国有企业治理随之也表现出“双重性”特征。[②]

（三）“管资产”到“管资本”的改革理念深化

通常情况下，资本对应出资者，资产对应企业，因而出资者自然应该管资本，而非与企业相对应的资产。然而，由于企业的盈利能力和风险大小受资产结构和质量的影响，于是出资者也就有了管资产的必要。当出资者不愿

---

① 吴天宝、武宜达、陶晓林等：《国有企业改革比较法律研究》，人民法院出版社 2002 年版，第 89－90 页。

② 李维安、邱艾超：《国有企业公司治理的转型路径及量化体系研究》，载《科学学与科学技术管理》2010 年第 9 期。

或不能亲自经营企业时，委托代理关系应运而生，以期实现所有权与经营权的分离。出资人即所有者拥有对资本运作、监督和收益的权利，经营者则行使资产运用权。[①] 在国有资本的问题上，由于国资所有者本身的特殊性，委托代理关系成为必然，并且不仅代理层次多、链条长，而且事实上不可能由真正的所有者即全体国民来履行委托能力，所以缺乏人格化、具体化的委托人。事实上，国资委建立的初衷就是解决国有资产管理“五龙治水”局面下的出资人缺位问题。在国资委模式下，国资委统一行使国有资产出资人权利，对中央企业进行产权、人事管理以及业绩考核等多项事务。但是，从管理内容和方式来看，其重点是管企业而不是管资本，尤其是在推进产业布局调整时，主要通过交由企业执行而非资本运作的方式来调整国有经济的布局结构；从管理的实际效果来看，政企不分的问题没有得到根本解决。虽然一些国有企业按照现代企业制度的要求建立了董事会和监事会，并聘用外部董事和职工代表进入董事会，但国有企业的财务管理、战略决策、投资管理、资产转让、党政工团、人事任免、薪酬标准等事项往往还需国有资产监管部门来决定。由于国资委管理的企业数量众多、行业分布广泛，加之国资委内部成员的能力与精力有限，国资委事实上难以对各个企业发展和业务经营提出理性的建议，从而陷入了管得越多越细，效果越不尽如人意的窘境，最终使得国有企业发展难以适应市场化需求。

从“管资产”到“管资本”的转变，实质上就是针对国资委“管人、管事、管资产”的原职能定位所提出的。这种转变涉及三个核心问题：一是处理好国有资本出资人属性与行政属性之间的矛盾，即解决国资监管干预过多、政资不分的问题；二是进行国有资本优化配置；三是构建出以管资本为导向的国资管理体系、运作机制和监管方式。[②] 通过向“管资本”的转变，希冀

---

① 张屹山、赵立文、刘玉红等：《论国有企业改革的基本方向》，载《吉林大学社会科学学报》2018 年第 2 期。

② 李有华、马忠、张冰石：《构建以管资本为导向的新型国有资本监督考核体系》，载《财会月刊》2018 年第 5 期。

能够实现三个目标：一是，促使国有企业进行整体的公司制改制，国家从拥有企业转向拥有资本（股权），并委托专业投资运营机构持有和运作；二是，国有资产资本化、证券化后，国有投资机构的所有权与企业法人财产权分离，解脱国有资本与特定企业的捆绑关系；三是，政府在管资本不管企业的体制下，基于超脱地位，有利于正确处理与市场的关系。①或许正是基于上述考虑，2013年党的十八届三中全会明确提出，要完善国资管理体制，以“管资本”为主加强国资监管，并改革国有资本授权经营体制，且从自此之后的国资国企改革实践看，授权经营一直贯穿其中，重要的国资国企改革政策都明确强调以管资本为主改革国有资本授权经营体制。

那么，到底应当如何理解“管资本”？有两种不同的看法。一种观点认为，“管资本”是指国家所有权机构直接监管的对象由“企业”转变为“资本”。实现这个转变的前提是国有资产必须由实物形态的“企业”转换成价值形态的“资本”。资本化后，出资人监管的对象就是国有资本投资运营机构的资本运作，与实体企业不再有直接的产权关系，也无权穿越投资运营机构干预其投资的公司，有助于实现政企分开。另一种观点就是在继续强化对未转制企业管人、管事、管资产的同时，把监管扩展至这些企业可以运作的“资本”，包括重点管好这些企业的“国有资本布局”等。后者的实质是不改变当前监管机构管企业的体制，且将监管范围进一步扩展，这显然无法解决长期困扰我们的体制性问题，会继续陷于“一管就死、一放就乱”的怪圈。因而，前一理解才是制度设计的初衷。

具体而言，“管资产”到“管资本”的转变主要体现在如下三方面：其一，从内涵来看，国有资本从属于价值形态范畴，而国有资产则从属于实物形态范畴，前者是一种价值管理，后者是一种对实物资产的管理。其二，从管理的侧重点来看，国有资本管理从事的是资本运营，而国有资产管理则是从事业务经营，前者侧重于股权管理，后者侧重于企业管理。有学者就鲜明

① 陈清泰：《“管资本为主”改革的几个问题》，载《商业观察》2018年第6期。

指出，管资本的实质就是管股权[①]，我国国资监管体系改革的基本方向应该就是“去监管、行股权；降比重、搭便车”。[②] 其三，从管理方式来看，管资产更多是依赖行政手段规范国有资产使用单位的生产经营活动；而管资本则更多是采用市场手段，通过企业并购、资产重组、产权转让、参股控股等方法调节生产要素，优化资源配置。总之，“管资本”重在管投资活动，而“管资产”重在管企业生产经营。[③]

要实现“管资产”向“管资本”的转变，就必须进一步改革国有资产管理体制，使之适应市场经济的要求，一方面注重国有资产实现形式的资本化，另一方面应建立起有效的国有资本委托代理体制。[④] 此时，组建国有资本运营公司便成为政府对国有企业从“管人、管事、管资产”的“硬监管”（直接干预企业具体经营和决策）向“管资本”的“软监管”（行使股东权益）过渡的良好选择。

三、市场化语境下“授权”国有资本运营公司的应然理解

（一）“授权”国有资本运营公司的必要性

在“管资本”理念下，谁更适合作为国有资本的运营者？在《企业国有资产法》中，国资委被授予了出资人代表的身份，有学者也认为其应当作为“干净的出资人”[⑤]，但《企业国有资产法》颁布施行后，国资委的身份和所享有的权力却一直受到质疑。尤其是近年来，国资委的职责相较于《企业国有资产法》的“干净出资人”定位，在政策层面已经被明确拓宽，监管职责得到进一步强化，并逐渐形成了出资人职责、国资监管职责、党建职责三位

---

① 于成水：《国有资本运营公司授权经营研究》，南京大学出版社2021年版，第31页。

② 张文魁：《国资监管体制改革策略选择：由混合所有制的介入观察》，载《改革》2017年第1期。

③ 谢志华：《国有资产授权经营体系：理论和框架》，载《北京工商大学学报（社会科学版）》2016年第4期。

④ 陈清泰：《“管资本为主”改革的几个问题》，载《商业观察》2018年第6期。

⑤ 李曙光：《〈国资法〉定位本质是政府定位》，载《21世纪经济报道》2008年6月27日。

一体的职责体系。[①] 对此，有观点进一步提出“国有企业出资人职责与国有资产监管职责是密切相关、不可分割、有机统一的，因此，必须要有一个主体来履行这两项职责。”[②] 而理论研究对此则持不同看法，学者常常认为“国资委集出资人代表、监管者和规则制定者三重身份于一身，同时履行出资人职责、监管职责及相关规则制定职责，存在身份错位和职责冲突。”[③] 这些冲突造成了国有资产监管过多和监管越位，使得改制后的国有企业虽然形式上建立起了“董事会”“监事会”“经理层”等机构，但仍存在较为严重的治理行政化问题，许多应由内部治理机制完成的事项却由外部完成。[④] 长期形成的政企不分、所有权与经营权合二为一的局面尚未从根本上得以有效解决。基于此，学者不断强调，从国有资产授权经营体系有效运转的角度看，至少必须实现国有资产监管主体与国有资产经营主体的分离。[⑤]

如此一来，在遵循市场化和现代企业制度的基础上，国有企业要想真正实现政企分开、政资分开，就需要一个市场化的非政府部门来行使具体的经营权与决策权，因而也就需要构建新的国有资产“授权经营”体制。2013 年 11 月，党的十八届三中全会首次提出，要改革国有资本授权经营体制，组建若干国有资本运营公司，支持有条件的国有企业改组为国有资本投资公司；2015 年 8 月，中共中央、国务院在《关于深化国有企业改革的指导意见》中再次强调，要以管资本为主推进国有资产监管机构职能转变，以管资本为主改革国有资本授权经营体制，同时改组组建若干国有资本投资、运营公司，

---

① 参见国务院国资委《关于以管资本为主加快国有资产监管职能转变的实施意见》：“（十四）统一思想认识，凝聚系统共识。牢牢把握国资监管机构职责定位，全面履行好中央企业出资人职责、国有资产监管职责和中央企业党的建设三方面职责，按照以管资本为主的要求，强化重点职能，调整履职方式。”

② 许保利：《坚持国有企业出资人职责与国有资产监管职责有机统一》，载《经济参考报》2021 年 7 月 22 日。

③ 王新红：《〈企业国有资产法〉若干法律问题初探》，载《福建师范大学学报（哲学社会科学版）》2016 年第 1 期。李昌庚：《企业国有资本出资人：国际经验与中国选择》，载《法学论坛》2014 年第 2 期。

④ 李维安：《深化国企改革与发展混合所有制》，载《南开管理评论》2014 年第 3 期。

⑤ 谢志华、胡鹰：《国有资产管理：从管资产到管资本》，载《财务与会计（理财版）》2014 年第 7 期。

探索有效的运营模式；2015 年 10 月，国务院在《关于改革和完善国有资产管理体制的若干意见》中再次强调，应尊重市场经济规律和企业发展规律，正确处理好政府与市场关系，以管资本为主加强国有资产监管，改革国有资本授权经营体制，真正确立国有企业的市场主体地位，推进国有资产监管机构职能转变。为使上述改革思想更具可操作性，2018 年 7 月，国务院专门出台了《关于推进国有资本投资、运营公司改革试点的实施意见》，明确将国有资本投资、运营公司确定为国有资本投资、运营主体，实现国有资本所有权与经营权分离，通过国有资本的市场化运作，促进国有资本合理流动，提高国有资本配置和运营效率。随后，国务院发布《改革国有资本授权经营体制方案》，从授权的基本原则、授权的方式和内容等维度对国有资本投资、运营公司的“授权经营”进行了相对具体的规则设定。2021 年 3 月，全国人民代表大会通过的“十四五”规划（即《国民经济和社会发展第十四个五年规划和 2035 年远景目标纲要》），以及 2024 年 7 月党的二十届三中全会通过的《中共中央关于进一步全面深化改革 推进中国式现代化的决定》均再次明确了“深化国资国企改革，完善管理监督体制机制”“深化国有资本投资、运营公司改革”的要求，尤其是“十四五”规划着重强调了应“科学合理界定政府及国资监管机构，国有资本投资、运营公司和所持股企业的权利边界。”综上可见，当前改革国有资本授权经营体制，已经是深化国企改革、完善国有资产管理体制的重要内容，构建科学合理的“政府—国有资本运营公司—国有企业”的授权经营模式，已经成为我国新一轮国资国企改革的基本方向。

在“管资本”理念下，国有资本运营公司在授权经营体制中，既是政府与国有企业的纽带，又是二者间的“隔离带”：隔离了政府对从事具体生产经营的国有企业经营决策的直接干预和延伸管理，同时也能使政府意图通过国有资本运营公司间接传导到国有资本控股企业并延伸到市场中去，更加谨慎和规范地协调了政府与市场间的关系，在一定程度上有利于减弱政府对市场的过度干预。“这是目前我国国资管理体制改革中的一般架构，也是已经开展国资投资运营公司试点的普遍结构。"[①]

从委托代理理论视角看，这样的架构在政府与具体从事生产经营的国有企业之间新增了一个委托代理层级。一般来说，随着委托代理层级增加，代理成本随之上升，因为从信息传递的角度考虑，信息传递的层级越多，信息传递过程的滞后和丢失情况越严重，信息不对称的问题就越突出；同时，随着信息传递层级的增加，监督成本和监督难度越大；加之，由于每一级的代理人也是下一级的委托人，在考虑自身约束和激励限制的同时，还需要考虑为下一级的代理人制定约束和激励政策，而激励和约束政策作为间接约束，总是会带来信息失真，随着委托代理层级增加，这种间接的信息失真也会加重，最终引发代理成本的相应提升。但是，在国有资本运营领域，与传统的委托代理理论中代理层级增加导致代理成本增加的结论相反，新增的委托代理层级——"国有资本运营公司"并不会增加国有资本的代理成本，反而有助于降低制度性的交易费用，从而降低代理成本。[②] 这主要是因为所有权共同体的分解将使初始委托人的监督积极性和最终代理人的工作能力水平严格增加。[③] 从公有制经济的委托代理关系出发，国有资本运营公司的成立，使得国有资本的代理人由过去的大国资委分解为若干个小的国有资本运营公司，促使国有资本出资人代表相对明确和具体，且各国有资本运营公司具有明确的市场定位和投资价值取向，通过设置不同类型的国企业绩考核，可以加强对受托人的监督，从而提升国有资本最终代理人的履职尽责程度。

（二）"授权"内涵的阐释与解析

在国资监管由"管资产"向"管资本"的理念转变后，管资本、授权经营与国有资本运营公司三者之间就具有了层次递进、内在一致的逻辑关系。一方面，授权经营是"管资本"为主的国资监管体制的核心；另一方面，国

① 马忠、张冰石、夏子航：《以管资本为导向的国有资本授权经营体系优化研究》，载《经济纵横》2017 年第 5 期。

② 李炳堃：《国资改革与混合所有制——基于委托代理理论视角》，载《经济问题》2017 年第 12 期。

③ 张维迎、吴有昌、马捷：《公有制经济中的委托人—代理人关系：理论分析和政策含义》，载《经济研究》1995 年第 4 期。

有资本投资运营公司是国有资本授权经营体制实施的重要载体。[①] 科学界定“授权”法律关系，成为授权经营体制有效运行的关键。

关于“政府—国有资本运营公司”之间的“授权经营”法律关系，有人将其理解为委托代理关系，有人将其理解为是信托关系。实质上，委托代理关系的观点为经济学层面的理解，并非法律上对“授权经营”的解释。理由在于，按照法律规则体系中“代理”的基本概念，代理是代理人在代理权限范围内以被代理人名义从事的民事法律行为，其后果由被代理人承担。尽管我国《民法典》也规定了间接代理，但法律后果最终仍然是归属于被代理人。反观我国国有资产的授权经营，被授权的国有资本运营公司拥有合法的不受代理范围限制的经营自主权，以自己的名义进行法律行为并独立承担相应后果。若按照委托代理关系进行解释，被授权的国有资本运营公司就仍然要受到政府的行政干预，而无法根据市场竞争的需要成为自主经营、自负盈亏的市场主体。可见，委托代理关系说并不恰当。信托关系说认为，二者因授权建立的是“信托关系”。但该观点同样值得商榷。信托是委托人基于信任将其财产权委托给受托人，由受托人按照其意愿为特定目的或为受益人的利益以自己的名义对信托财产进行管理或者处分的活动。信托关系成立后，信托财产具有独立性，与委托人和受托人的财产相分离；受托财产产生的收益应归属于信托财产，受托人只享有管理的报酬。反观我国国有资产授权经营体制，被授权企业在实践和法律上都为具有独立财产的法人实体，其对政府“授权经营”的财产享有充分的支配权，财产产生的相应收益也属于国有资本运营公司。因而，信托说也难以成立。那么，到底应如何理解“授权经营”？还是需要回到国资国企改革的语境下进行分析。

1. “授权经营”本质为经营决策权在国有资本运营公司出资人与董事会之间的分配

从法律关系上看，在国有资产三级管理体制下，政府与国有资本运营公

① 胡迟：《健全以管资本为主国资监管体制 优化调整国有资本布局结构——国有资本投资运营公司十年改革成效分析》，载《国有资产管理》2024 年第 1 期。

司之间首先形成的是股权投资关系，即国有资本运营公司是政府作为唯一股东投资设立的专司国有资本运营的平台。此时，所谓的“授权经营”就不是作为行政管理主体的政府与作为市场主体的国有资本运营公司之间的授权，而是在国有资本运营公司内部，基于企业治理的需要，由作为股东或出资人代表的政府与国有资本运营公司的董事会之间的授权，其本质上是企业内部的治理机制问题，是国有资本运营公司自身的经营决策权在企业内部由作为出资人的政府授权给公司董事会的内部授权，实质是《公司法》第172条的具体制度适用，即“国有独资公司不设股东会，由履行出资人职责的机构行使股东会职权。履行出资人职责的机构可以授权公司董事会行使股东会的部分职权”。因此，在“政府—国有资本运营公司—国有企业”的三级管理体制中，“授权”法律关系的双方是作为国有资本运营公司唯一股东的政府和作为公司经营管理和决策机构的董事会，授权的内容是政府作为股东对国有资本运营公司所享有的出资人权利。

对“授权”法律关系的上述理解在我国目前有关“国有资本运营公司”的相关改革政策文件中也能够得到一定体现。例如，国务院出台的《关于改革和完善国有资产管理体制的若干意见》在第（八）部分就规定，“国有资产监管机构按照‘一企一策’原则，明确对国有资本投资、运营公司授权的内容、范围和方式，依法落实国有资本投资、运营公司董事会职权。”2019年国务院国资委发布的《国务院国资委授权放权清单（2019年版）》也专门针对国有资本运营公司的授权清单进行了特殊规定，所规定的6个特殊事项也是明确将国资监管机构的出资人权利授权给公司董事会行使。[①]

总之，由于国有资本运营公司本身是独立的市场主体，其经营决策权的

---

① 参见《国务院国资委授权放权清单（2019年版）》中“三、对国有资本投资、运营公司试点企业的授权放权事项”，具体包括：1. 授权董事会按照企业发展战略和规划决策适度开展与主业紧密相关的商业模式创新业务，国资委对其视同主业投资管理。2. 授权董事会在已批准的主业范围以外，根据落实国家战略需要、国有经济布局结构调整方向、中央企业中长期发展规划、企业五年发展战略和规划，研究提出拟培育发展的1－3个新业务领域，报国资委同意后，视同主业管理。待发展成熟后，可向国资委申请将其调整为主业。3. 授权董事会在5%－15%的比例范围内提出年度非主业投资比例限额，报国资委同意后实施。……

配置是给股东还是董事会，实质是公司内部治理的问题，在不违反法律强制性规定的前提下，政府作为唯一股东，如更希望将原本属于出资人或股东的权利授权给董事会行使，应予认可，这也符合国有企业市场化改革的价值导向。

2. 对“授权经营”关系外部行政化理解的矫正

在我国国资国企改革政策中，对“授权经营”的“授权对象”以及“授权内容”的表述一直存在偏差，在诸多改革政策的表述中也存在模糊不清，进而使得国企治理的行政化问题难以得到良好解决，影响了“管资本”理念下国有资产三级管理体制的实施效果。例如，原国家经济贸易委员会在2000年颁布的《国有大中型企业建立现代企业制度和加强管理的基本规范（试行)》中规定，国有资产实行授权经营，即政府与被授权的大型企业、企业集团公司或国有资产经营公司等签订授权经营协议，建立国有资产经营责任制度；被授权企业应当有健全的资产管理、股权代表管理、全面预算管理、审计和监督管理制度，对授权范围内的国有资产依法行使资产收益、重大决策和选择管理者权利，并承担国有资产保值增值责任。国资委成立后，2003年国务院颁布的《企业国有资产监督管理暂行条例》第27条规定，国有资产监督管理机构可以对所出资企业中具备条件的国有独资企业、国有独资公司进行国有资产授权经营。被授权的国有独资企业、国有独资公司对其全资、控股、参股企业中国家投资形成的国有资产依法进行经营、管理和监督。从上述各规定来看，“授权经营”主要是强调政府或国资监管机构将其对处于市场的国有企业的出资人权利授权给处于政府和国有企业中间层的集团公司行使，更多体现的仍是一种自上而下的行政性授权思维。这种“授权经营”虽然也是为了解决国有资产的政资分开，但在法律上却难以达到理想效果。因为既然是授权，那么授权与否、授予的权限范围就都是由政府或国资监管机构决定，同时，如果作为受托人的集团公司在执行授权事项时，不符合政府的意愿，那么，作为委托人的政府还可以随时解除这种授权或改变授权的内容，这就会影响政企分开的效果。而且，既然是授权，处于中间层的被授权公司就无法依据《公司法》规定对其持股的处于市场的国有生产经营企业行使完整的出资人权利。[①] 我国当前仍然广泛存在的国资监管机构以及企业集团对集团内各级子公司进行的穿透式监管，尤其是在业务经营、投资并购、财务与资金管理等各方面的强“集团化管控”，实则是这种外部自上而下的行政化授权的思想体现。

党的十八届三中全会重启新一轮国企改革后，政策层面对“授权经营”的表述依旧没有清晰厘定“授权对象”和“授权内容”。在国务院出台的《关于改革和完善国有资产管理体制的若干意见》中，“授权经营”被界定为，“将国有资产监管机构行使的投资计划、部分产权管理和重大事项决策等出资人权利，授权国有资本投资、运营公司和其他直接监管的企业行使”，“国有资本投资、运营公司对授权范围内的国有资本履行出资人职责，作为国有资本市场化运作的专业平台，依法自主开展国有资本运作”。国务院专门出台的《关于推进国有资本投资、运营公司改革试点的实施意见》也强调的是“授权国有资本投资、运营公司履行出资人职责”，“国有资本投资、运营公司均为在国家授权范围内履行国有资本出资人职责的国有独资公司。”随后，在《改革国有资本授权经营体制方案》中，国务院规定，“出资人代表机构根据《关于推进国有资本投资、运营公司改革试点的实施意见》（国发〔2018〕23 号）有关要求，……向符合条件的企业开展授权放权，维护好股东合法权益。授权放权内容主要包括战略规划和主业管理、选人用人和股权激励、工资总额和重大财务事项管理等，亦可根据企业实际情况增加其他方面授权放权内容。”在这些政策文件的行文中，有两个关键问题始终存在表述上的模棱两可：其一，国资监管机构授予的出资人职责到底是其对国有资本运营公司的出资人职责，还是对处于市场的国有企业的出资人职责？如果是后者，那么与前述党的十八届三中全会之前的“授权经营”并无本质不同。其二，授权的对象到底是国有资本运营公司还是国有资本运营公司的董

---

① 王鸿：《国有资产管理体系构建论——经济与法律视角的制度分析》，人民出版社 2007 年版，第 177 页。

事会？这其实与第一个问题紧密相关，如果授权的内容是国有资产监督管理机构对处于市场的国有企业的出资人职责，那么授权对象就是国有资本运营公司，而如果授权的内容是国资监管机构对国有资本运营公司的出资人职责，那么，授权的对象其实应当是国有资本运营公司内部的董事会。就区别而言，前者的授权是一种外部授权，且因国资监管机构事实上的行政机构地位，使其具有行政化色彩；而后者的授权则是企业内部治理机制设计中，作为出资人或投资人的股东与公司经营管理机构董事会之间就公司经营决策权的内部划分。对于上述两种不同的授权观点，不乏有学者支持前者。例如，有观点就认为，从监管模式上看，国资委通过行政授权委托两类公司（国有资本投资公司、国有资本运营公司）代理国资委行使部分国有资产职权，从而形成国有资本所有者（代表）与国有资本经营者的关系，国资监管部门不再越过两类公司直接管理经营性国有企业。① 当然，也有学者对此明确表示担忧，认为在现行体制下，国资委与国有资本投资运营公司之间可能出现行政化的委托代理关系，而本轮国企改革的关键依然是避免二者之间的行政化管理模式。②

总之，如果将“授权经营”理解为政府或国资监管机构将其原来对处于市场的国有企业的出资人权利授权给中间层的国有资本运营公司行使，则仍是行政化管理思维，不利于国资管理体制的市场化改革，因其随时可以根据自己的需求，改变对国有资本运营公司的授权，或者要求作为受托人的运营公司按照其委托人的意志履行对国有企业的出资人职责。相较而言，在“管资本”理念下，将“授权经营”理解为是政府作为国有资本运营公司的唯一股东，将其对国有资本运营公司的出资人权利授权给国有资本运营公司董事会行使，更为合理。授权的本质其实是向公司董事会授予出资人权和下放经营权。③ 这既符合国资国企的市场化改革方向，契合国资经营中“政府—国

---

① 李晓广：《国有资本投资运营公司管理机制研究》，载《中国产经》2020年第2期。

② 王曙光、王天雨：《国有资本投资运营公司：人格化积极股东塑造及其运行机制》，载《经济体制改革》2017年第3期。

③ 胡俊：《授权视角下国有资本投资运营公司特殊治理的法律改进》，载《法学杂志》2019年第7期。

有资本运营公司—国有企业”三级管理体制的设计初衷，也符合公司法原理。在公司法视域下，无论是股东会还是董事会本身都是公司内部机关，无论股东会决策还是董事会决策都不影响国有资本运营公司对自身资产享有完整的财产权，只是因为“公司”毕竟是拟制的法律主体，其内心效果意思的形成需由内部机关作出，而基于经营决策对市场化、专业化、效率化的需求，股东会逐渐将越来越多的经营权授权给董事会行使。因此，公司法语境下的授权是公司内部组织机构之间的自治权划分，不涉及外部力量的干预，更不存在政府与企业之间的经营决策权分配。

一旦将政府的“授权经营”认定为是国有资本运营公司内部的经营决策权在唯一股东与董事会之间的分配后，国有资本运营公司将基于自己与所投资企业的股权投资关系，对所投资企业行使股东权利，与政府不再有关。即国有资本运营公司应当依据《公司法》和公司章程对所出资企业行使与股权投资份额相对应的股东权利，并以其出资额或所持股份为限承担相应的风险和责任，减少甚至取消对所出资企业的直接管理，真正成为积极但有限的股东。① 这将有力制约一直以来国资监管中的延伸监管问题，即政府只能基于股权投资关系通过履行出资人职能，监管到被投资的国有资本运营公司，而不能再延伸监管至国资运营公司对外进一步投资的企业。这一点在目前国有资本投资公司的试点企业中已经得到体现。例如，国资委在《关于中粮集团有限公司有关授权事项的复函》中已明确指出，今后将延伸到子企业的管理事项原则上归位于一级企业。②

这里需要强调的是，国有资本运营公司与其所投资企业之间的股权关系必须为实际投资关系，相应而言，国有资本运营公司应当是所投资企业的真正股东，拥有真正的股东权益（如投资决策权等），而不是名义持有人，或者说不能仅是为了满足改革的要求，代政府持有所投资企业的股权。在实践

---

① 肖红军：《国有资本运营公司改革进展与深化方向》载《改革》2021年第11期。

② 胡迟：《改革国有资本授权经营体制扩大深化两类公司改组组建》，载《现代国企研究》2018年第11期。

中，有些地方政府及国资监管机构在关于“授权关系”的理解和操作上，就是把对所投资企业的投资权益名义上划转到国有资本运营公司，以契合改革的要求，但实际上，国有资本运营公司常常被架空，所持股企业的经营管理、人员选任仍然是政府决定，这就使得国有资本运营公司仅仅是代政府名义上持有所投资企业的股权，国有资本运营公司和政府之间形成了对下级所投资企业的股权代持关系，真正对所投资企业行使股东权利的并非国有资本运营公司，而是背后的政府。这就造成国有资本运营公司的“隔离层”作用发挥不足①，国资监管机构及其他政府部门穿透中间层的国有资本运营公司，通过“穿透式”管理对国有资本运营公司持股企业直接行使股东权利。② 这样的操作只是在形式上符合了市场化的要求，却背离了国有资本授权经营机制的改革初衷，也违反了国务院《关于推进国有资本投资、运营公司改革试点的实施意见》的基本要求，即国有资本投资、运营公司要对所持股企业行使股东职责，维护股东合法权益。

① 马莹：《地方国有资本运营公司改革发展路径探析》，载《国企管理》2023 年第 7 期。

② 马骏、袁东明、项安波等：《推动国有资本投资运营公司全面转型》，载《中国经济时报》2020 年 9 月 7 日。

第二章　国有资本运营公司的功能定位及性质解析

国有资本运营公司的提出是伴随着以“管资本”为主转变国有资产监管体制开始的。① 在“管资本”理念下，国资监管机构将不再直接管理身处市场的国有企业，而是通过国有资本运营公司的资本运作，提高资源配置的效率，同时，增进国有资本的有序流动。2018 年 7 月 30 日发布的国务院《关于推进国有资本投资、运营公司改革试点的实施意见》明确了国有资本运营公司是国有资本市场化运作的专业平台。这一认定符合市场化背景下政企分开的改革需求。

一、国有资本运营公司的功能分析

（一）国家投资与市场经营的对接与转承

我国《宪法》第一章第七条明确规定：国有经济，即社会主义全民所有制经济，是国民经济中的主导力量。国家保障国有经济的巩固和发展。从法理上讲，“全民”应是国有资产的所有者，是国家股或国有法人股的唯一股东。然而，“全民”概念过于泛化，不是一个人格化的主体，自然也就不能成为国有资本实际的控制者。同时，代表全体人民利益的另一非人格化主体——“国家”，也不可能直接行使对全部国有资本的所有权。因此，在我国国有资本的经营过程中，必然存在着多层委托代理关系。有学者甚至将其归纳为四

① 胡迟：《国有资本投资运营公司改革探索及成效分析》，载《改革》2024 年第 1 期。

重，即：第一重委托代理关系：全体人民与全国人民代表大会；第二重委托代理关系：全国人民代表大会与国有资产监督管理委员会；第三重委托代理关系：国资委与国有资本投资运营公司；第四重委托代理关系：国有资本投资运营公司与国有企业。[①] 尽管这种归纳并非完全准确，但确实彰显了我国国有资本运营制度的特殊性与复杂性。

按照公法理论，全国人大是全体人民利益的代表，是全民的第一受托人；而政府及其部门是执行机构，可以被人大授权，进行具体的国有资产管理，故而，政府及其部门又可成为第二受托人。在实践中，政府依据国家经济发展战略，拟定包括国有资产投资在内的预算方案，然后由人大通过，再由政府具体负责执行。在上述法律关系中，体现的都是行政性的委托代理关系，有着强烈的公法色彩，属行政法的调整范畴。

然而，国家一旦将预算方案确定的经营性资产投入企业，那么企业作为市场主体，是依靠市场经济规律进行运作的，投资经营活动都是以市场为资源配置的主要方式，遵循的主要是私法制度。

如此一来，政府在具体执行人大通过的国有资产经营预算方案时，如何将这种公权力性质的国家投资转为私法上的市场经营模式？这种国家投资与市场经营的对接与转承如何实现，是国有资本是否能够高效运作的关键。经济学的“公地悲剧理论”揭示出，产权不明意味着个人与企业使用资源的成本小于社会所要承担的成本，从而导致资源被过度使用。具体到国有资产，由于“全民”概念缺乏人格化，造成了“人人所有，却又人人没有”以及“谁都应负责，又谁都不负责”的状况，因而，要走出“公地悲剧”，提高国有资产的运作效率，最根本的方式就在于合理地界定私有产权。主张所有权改革的学者也大多认为产权不清、所有者缺位等问题是制约国企有效运营的关键，改革应当依照“所有权—市场—交易—竞争”的市场经济逻辑，进行

① 王曙光、徐余江：《混合所有制经济与国有资产管理模式创新——基于委托—代理关系视角的研究》，载《中共中央党校学报》2016 年第 6 期。

企业产权改革。[①] 但，如何使国有经济这一“公地”能够在不改变本质的前提下，达到“私有产权”之目的？如何通过产权制度安排来降低市场运行的交易成本，提高资源配置效率？这是亟待解决的难题。

国有资本运营公司的设置便是解决问题的“钥匙”，即政府设立国有资本运营公司，然后由国有资本运营公司以市场化的模式将国有资产通过股权投资方式交由下级国有企业根据市场规则进行运作。此时，国有资本经营公司与被投资企业之间并非行政性法律关系，而是典型的商事法律关系。这样一来，国有资本运营公司承担了将行政机构的行政权力转化为对市场主体的经济权利的中介职能[②]，成为了行政性委托代理制转化为商事性委托代理制的载体，或者说成为国有资本与市场经济相融合的新平台。[③] 正是借助于这一平台，国有资本经营被纳入市场经济轨道，解决了国有资本市场化运行、与市场经济相融合这一难题。

（二）适应国有资本人格化的制度需求

“资本人格化规律的核心是，出资人利益通过人格化行为得以维护和放大。”[④] 从个人独资企业、合伙企业到公司，“人格化”也从“出资人自身行为”向“出资人行为和代理人行为的组合”转变。在公司制下，代理人基于自身私益的追求，往往会偏离出资人委托的初衷，但出资人为了追求资本流动性效益和投资效益，可以采用健全的法人治理结构尽力制衡、约束并监督代理人，以减少损失。这说明，人格化行为的实现形式会随着企业组织形式的演进和生产社会化程度的提高而改变，即由单纯的出资人行为转变为依赖代理人的行为。

---

① 张志平、罗昕：《国有资本管理的实施机制与对策研究——基于以“管资本”为主的视角》，载《商业会计》2017 年第 4 期。

② 麦磊、王广亮、顾棽：《国有资本投资运营公司与国企改革》，载《现代经济探讨》2016 年第 8 期。

③ 张晖明：《新国资经营公司的新定位》，载《上海国资》2008 年第 4 期。

④ 王国平：《探索有效的国有资产管理体制和方式》，载左学金、程杭生主编：《中国国有企业改革治理：国际比较的视角》，社会科学文献出版社 2005 年版，第 7 页。

就国有资本而言，“人格化”尤为必要。由于国家政治实体的主权特性以及法律人格的抽象性，使得“国家”难以满足公司股东人格具体化要求。企业中的国有资产虽名为全民所有，但这仅仅是理论上的阐述而已，实际上，“全民”不可能真正履行企业中的所有者权益。这是国有资产的固有本性所决定。故而，国家以国有资产投资，尽管可以作为出资人，但却难以成为民商法域的“股东”，不能作为股东参加股东大会，不能行使对公司的切实管理。为解决该问题，国有股权必须人格化、具体化，也就是说“国家作为出资人的职能承担与权利行使问题，必须通过立法的功能创设，通过制度建构进行法律拟制。”① 当国有资产经过出资转化为国有股权后，客观上就需要塑造一个主体，以股东的角色依法进入国家出资企业，并形成有效的法人治理机制。

而要实现国有资本的“人格化”，要么是由政府机构去管理，要么是由市场化的投资主体去承担。相较而言，后一种形式能更好地适应市场要求，更为合理。其采用公司化的组织形式运作，以投融资为主营业务，通过更专业化的资本经营和管理实现国有资本的保值增值，并逐步减弱市场上国有企业对政府的依赖程度，增强其责任意识及竞争意识。针对公有投资主体存在的人格化功能的弱化问题，例如，代理成本高，则可以通过私人资本运作来弥补，如在下级国有企业的投资结构中允许私人资本同时进入，从而形成混合型出资结构，以达到整体强化和提升“人格化”功能的效果。这也是新一轮国企改革强调混合所有制的主要缘由。可以说，人格化积极股东的出现，既有利于宏观层面国资监管机构方针政策的“市场化”传导，又能在微观层面有效解决国有资本所有者虚置的问题。② 当然，对于这种人格化，也有学者认为这只是“相对到位”。③ 因为信息不对称、契约不完备、目标不一致、

① 胡良才：《国有资产出资人法律制度研究》，西南政法大学2015年博士学位论文，内容摘要部分。

② 窦晴身、王鸿鸣：《国有企业公司制改造中所有者虚置问题探析》，载《法学》2002年第1期。

③ “相对到位”的观点参见顾功耘等：《国有经济法论》，北京大学出版社2006年版，第194页。

考核和监督高成本等因素存在，使得市场化的投资主体很难本着国家和人民的最大利益运营国有资产。但是，制度设计或许没有最优而只有次优，相较而言，国有资产运营的考核和监督机制能促使市场化的投资主体在本着自身利益最大化的同时，尽可能使国家和人民的利益最大化，这样就接近了出资人到位的状态。在制度设计上，为了促使市场化的投资主体自身利益与国家利益一致，降低代理成本，国有资本运营公司应当由政府独资设立，属于国有独资公司。

总之，国有资本运营公司作为独立的市场主体，是政府“人格化积极股东”的市场代表，在“政府—国有资本运营公司—国有企业”三层国资管理体制中发挥着至关重要的作用，不仅有效分离了政府行政管理与国有资本出资人的两种职能，实现了国有企业的去行政化，而且塑造出了名正言顺地参与市场竞争、按照市场化模式运作的人格化的积极股东，建立起国有企业的公司法人治理结构。

（三）实现国有资本监管职能与经营决策职能的隔离

2003 年国务院国资委成立后，改变了以往形成的国有企业大多由行业主管部门多头管理、但却无人负责的格局，形成了“管人、管事、管资产相结合”的国有资产管理体制。在国务院颁布的《企业国有资产监督管理暂行条例》中，从 2003 年该条例制定通过到 2019 年最近一次修订，对国资委的职能界定始终是复合性的，既要求国资委履行出资人职能，又要求国资委“通过统计、稽核等方式对企业国有资产的保值增值情况进行监管”，并“制定企业国有资产监督管理的规章、制度”，履行对国资的行政监管职能。多年来，国资委也事实上承担着国有资本监管者与经营者的双重身份。但随着时间的推移，国资委职责上定位的二重性导致了国资管理和国企经营无法有效实现政企分开、政资分开和企资分开。[①] 该体制已经不能适应国有企业发展

① 麦磊、王广亮、顾棽：《国有资本投资运营公司与国企改革》，载《现代经济探讨》2016 年第 8 期。

的需要。这主要是基于如下几方面原因：

其一，尽管《企业国有资产法》试图将国资委塑造为是“干净的出资人”，不履行公共管理职能，但从国资委的组织机构设置、人员产生方式、运作机制等各方面考量，其具有浓重的政府背景和色彩，实质上完全等同于行政机关。国资委虽身兼经济管理职能和履行出资者职能，但缺乏市场运作机制，行政性仍是其本质所在。由于国有资本运营公司从事的是资本运作，而在竞争激烈、高速运转的商业社会中，资本经营和管理复杂且专业，因而，往往需要由专业化的机构和人员来从事。正如世界银行政策分析报告所指出的：国有资产管理机构的工作人员应当经过商业培训或拥有商业经验，能够对国有企业的营销、生产、财务和其他商业计划和成果进行综合评估。① 而在现有体制下，国资委工作人员多为党政机关人员，他们普遍缺乏运营国有资本所必需的能力。② “从道理上讲，出资人拥有重大决策等三项基本权利。但对于国资委，我们认为这样的重大决策权显然应当受到限制，因为国资委不可能比企业更了解市场，不可能比企业有更高效的决策。”③ 由于政府机构自身不是市场主体，难以直接应对复杂多变的市场，进而适应市场的专业性要求，因而，也就难以对具体市场决策做出快速反应。

其二，国资委成立后，建立了权利、义务和责任相统一，管资产和管人、管事相结合的国有资产管理体制，但国资委直接监管的企业数量众多，行业多样、规模巨大，其本身的行政机构属性是否有能力管好所有监管企业本身就存疑。在人员构成上，国资委作为政府机构编制数量有限，且难以按照企业所需的人才标准招聘工作人员；而且作为政府特设机构，国资委工作人员的薪酬仍采用的是行政人员的标准，这就难以对熟悉市场运作的专业管理人才形成明显吸引力，影响了其出资人职能的发挥。以国务院国资委为例，截

① 世界银行政策分析报告：《改革国有资产管理：从国际经验看中国》，载 http://www.xjeic.gov.cn/2003/04/01/gzdt/1648.html，最后访问日期：2018 年 4 月 10 日。

② 汪生科：《国资委再定位》，载《21 世纪经济报道》2005 年 1 月 6 日。

③ 邵宁：《展望明年国有体制改革》，载 http://money.163.com/15/0729/04/AVLQ5B9000253B0H.html，最后访问日期：2018 年 4 月 17 日。

至2024年7月31日，国务院国资委履行出资人职责的中央企业一共有97家[①]，其中44家央企入围2024年《财富》世界500强之列。国资委有限的工作人员如何能有效履行出资人职责？以重大决策权为例，截至2023年底，国务院国资委掌握着中央企业价值达到86.6万亿元的资产，[②] 掌控着分散于各大行业的上万家公司，不掌握足够量的信息，不拥有足够多的人才，没有相关行业的从业经验，必然难以对众多公司决策发表有价值的意见并行使表决权。由于专业能力欠缺以及人员数量有限，国资委客观上缺乏足够的履行出资人职责的能力。

其三，“尽管国资委因循‘私权机制’来行使自身职能，但因其内置于公权部门，在政府行政管理体系中不具独立性，并为公权提供非税型资源（国有资本的部分红利转移），因此，它又不能是一个纯粹意义上的私权部门，更不能是企业意义上的私权机构。”[③] 其不得谋取自身独立的经济利益，所有经费均来自于政府预算。尽管国资委持有或掌握大量的国有企业，但它们在法律意义上均不归其所有。这使得国资委无法有效履行出资人的一些基本职能，例如，股东为企业融资、担保、借贷等，同样，对于出资人可能产生的法律责任，国资委也事实上无法承担。因为尽管国资委管理着众多国有企业以及国有资产，但这只是一个管辖范围，并非国资委的注册资本或自有资产。一旦出现了需要国资委这一股东承担赔偿责任的情形，国资委事实上无法来承担。

其四，国企改革一直在力推主业处于市场充分竞争领域的商业性国有公司整体上市，此时，若企业整体上市，国资委直接持有上市公司股权必然会存在一定的风险，客观上就需要构建一个操作平台或“防火墙”，以隔离和

---

① 数据引自国务院国有资产监督管理委员会网站：载 http://www.sasac.gov.cn/n2588045/n27271785/n27271792/c14159097/content.html，最后访问日期：2024年7月31日。

② 《1.29万户央企子企业设立董事会》，载 https://www.gov.cn/xinwen/2022-04/01/content_56828333.html，最后访问日期：2024年9月27日。

③ 王强：《国资监管经济学：从价值坚持到制度创新》，东方出版社2012年版，第190页。

回避国资委直接持股可能带来的法律风险，甚至政治风险（特别是境外上市公司）。2009年9月国务院国资委印发的《关于进一步加强地方国有资产监管工作的若干意见》对地方国资委的持股方式提出了优化建议，要求各地积极探索国资委直接持股方式。[①] 在实践中，各地国资委在积极推动企业集团整体上市，加快国有资产证券化的背景下，对直接持股上市公司进行了大量探索。但是国资委直接持股后，作为上市公司的控股股东，实则面临着诸多法律风险。例如，《公司法》第21条规定，股东不得滥用股东权利损害公司或者其他股东的利益；第23条规定的股东不得滥用公司法人独立地位和股东有限责任逃避债务，严重损害公司债权人的利益，否则，股东应当根据第21条、第23条的规定，对利益受损的公司、其他股东、债权人承担赔偿责任。而且《公司法》第23条规定的人格否认责任不仅包括纵向的人格否认，也包括兄弟姐妹公司之间横向的人格否认，即如果股东利用其控制的两个以上公司实施滥用公司人格，严重侵害债权人利益的，各公司应对任一公司的债务承担连带责任。此外，《公司法》第22条还规定，公司控股股东不得利用关联关系损害公司利益，否则同样需要对公司进行损害赔偿。针对上市公司，《证券法》第85条还规定了上市公司存在虚假信息披露时控股股东、实际控制人与发行人、上市公司的连带赔偿责任；第196条规定了上市公司收购人的控股股东利用上市公司收购损害被收购公司及其股东的合法权益的，亦应承担赔偿责任。除我国的规定外，若国资委直接持股的公司在境外上市，则可能还面临境外公司法、证券法所规定的法律责任的风险。例如，在美国，上市公司大股东可能遇到如下的法律风险：股东从事内幕交易、操作市场、关联交易等行为导致的诉讼；控制人除非善意行事且没有直接或间接地诱使

---

① 《关于进一步加强地方国有资产监管工作的若干意见》："积极探索经营性国有资产集中统一监管的方式和途径。对各类经营性国有资产实行集中统一监管，有利于调整优化地方国有经济布局结构，提高企业国有资产配置效率。……要积极探索国资委直接持股方式，依法加强对上市公司国有股权的监管，规范对国资委委派的股东代表的管理，依法通过股东代表参加企业股东（大）会反映出资人意志，同时支持民间资本参与国有企业改革。要进一步明确国有独资公司董事会行使股东会部分职权的授权条件，依法监督其行权行为。要充分发挥国有企业监事会的监督作用，健全完善国有企业外派监事会制度。"

或导致违法行为发生，否则，需对于其控制公司的任何违反《证券交易法》或其规制的行为承担连带责任。但如前述分析，当国资委面临这些法律风险和赔偿责任时，并无实际承担责任的能力。此外，在谈及涉国资委诉讼时，不得不提及因国资委法律定位不清，对公众投资人造成的诉讼难题。国资委直接持股后，当国资委的股东利益与上市公司其他股东利益发生冲突并涉及诉讼时，是进行民事诉讼还是行政诉讼？作为股东，其是私主体，理应适用民事诉讼，但如上所述，在目前国资委的定性上，其机构设置、人员安排、职责权限更类似于行政主体，因而适用行政诉讼似乎也有道理，这就出现了司法救济程序的尴尬。

基于上述原因，寻求新的国资管理体制，将国资委“一身两任”转变为通过组建国有资本运营公司，实现国资委与国有资本运营公司的“两身两任”，[①] 将国有资本的运营职能与监管职能分离，委托专业的投资运营机构运作国有资本并对其独立性进行保障十分必要。因此，将国有资本运营公司构建为人格化积极股东，剥离出政府长久以来作为国有资本股东代理人产生的行政职能，由其以股东的身份、市场化的运作机制与规范化的法人治理结构参与到国有企业的实际经营管理中，有助于激发国有资本潜在的能动性。[②] 同时，国有资本运营公司市场主体的身份把国有企业真正推向了市场，市场上的激烈竞争和破产威胁推动了国有企业根据经营效率进行优胜劣汰。因而，构建国有资本运营公司的实质就在于“让国资委成为纯粹的监管者，实现与出资者职能的分离，逐步退出对企业经营层面的管理，将权力归位于企业。”[③]

---

① 刘纪鹏：《中国国资改革创新模式探索》，载《经济导刊》2014 年第 5 期。

② 王曙光、王天雨：《国有资本投资运营公司：人格化积极股东塑造及其运行机制》，载《经济体制改革》2017 年第 3 期。

③ 刘纪鹏、刘彪、胡历芳：《中国国资改革：困惑、误区与创新模式》，载《管理世界》2020 年第 1 期；胡迟：《改革国有资本授权经营体制扩大深化两类公司改组组建》，载《现代国企研究》2018 年第 6 期。

（四）有力推动政企分开

在国有资产的三级管理架构中，国有资本运营公司处于政府与国有企业之间，国资委不再直接向实体企业投资，不可穿越国有资本运营公司直接干预实体企业的具体事务，这就限制了国资委的行政监管范围，避免了国资委直接进入市场进行行政干预，这对于“政企分开”确实能起到积极作用。有学者甚至认为，“国有资本运营公司连同国有资本投资公司，应成为体现政企分开、政资分开、所有权和经营权分开的分水岭”[①]；真正实现了政资分开和政企分开，是国企实现良治的基石和关键。[②]

从域外国有资产运营与监管的实践来看，通过组建并发挥国有控股公司在推动国有资产市场化经营中的纽带作用，以实现国有资产市场化经营与政府监管的“纵向分离”，一直是西方国家经营与管理国有资产的一条重要经验。[③] 新加坡淡马锡控股公司的运营模式，便是国有资产运营实践的成功范例。我国在国有资产授权经营基础上，由“政府—国有资本运营公司—国有企业”所形成的管理与运营纵向分离的“三层构架”，本身便是在借鉴域外经验基础上所进行的改革探索。通过设立国有资本运营公司，就是要建立专司“股权管理、资本运营”的隔离带，构建类似于欧洲典型国家（如法国、瑞典等国）以及新加坡的国有持股机构平台，以理顺国企监管体系，形成科学有效的监管架构。[④]

当然，这种“隔离”并非绝对，国有资本运营公司也是政府与市场之间的一个“桥梁”。[⑤] 一方面，其由政府独资设立，要实现政府这一唯一投资人

---

① 楚序平、俞立峰、张佳慧：《中国国有资本投资运营公司改革模式探析》，载《清华金融评论》2017 年第 7 期。

② 张曙光：《试析国有企业改革中的资源要素租金问题——兼论重建“全民所有制”》，载《南方经济》2010 年第 1 期。

③ 胡良才：《国有资产出资人法律制度研究》，西南政法大学 2015 年博士学位论文，第 136 页。

④ 齐震、曾靖、王宋涛：《西方监管理论对中国国有企业监管的适用性》，载《经济体制改革》2017 年第 1 期。

⑤ 王曙光、王天雨：《国有资本投资运营公司：人格化积极股东塑造及其运行机制》，载《经济体制改革》2017 年第 3 期。

的利益，并接受国资委的监管，另一方面，其持有国有股权，对旗下所投资的企业行使出资人职能，并在此过程中，实现国有资本的收益性功能或政策性功能。

（五）提升国有资本运营效率

国有产权极易产生“公地悲剧”，进而影响经营效率。学者的实证研究曾比较了不同市场中，国有企业与民营企业的运作绩效。例如，戴维斯以相同的航线和相同的设备为参照，对澳洲公营航空公司与民营航空公司进行比较后发现，在11年间，民营航空公司的生产力显著大于公营。根据其的研究，公营航空公司民营化会减少13%的成本。在另一项研究中，克拉克逊（Kenneth Clarkson）发现民营医院管理较公营更有效率。布兰（Mark Brain）和朱得库西（AsgharZordkoshi）也发现，公营事业的操作成本较民营的高出25%。[①] 由此不难看出，如何提高国企的经营绩效不仅是我国关注的问题，也是一个世界性难题。只是在我国，这一问题显得比较突出：一是，我国国有企业分布领域非常广泛，且体量极大；二是，我国传统的国有企业治理模式和路径依赖，不利于国有企业经营积极性的发挥和调动。在我国传统的国有企业经营模式中，政府是国有产权代表，容易产生对企业的“行政超强控制”，而政府的目标函数是多元的，不仅追求资产保值增值，还有诸多其他目标，如社会安定、民众就业等，这就会导致其行为上的“超经济性”，对国有企业的发展构成掣肘。

通过构建国有资本运营公司，可以借助放权机制（降低政府干预）、监督机制（降低代理成本）和激励机制（增加外部薪酬差距）影响企业绩效，[②] 提升经营效率。具体而言，通过放权机制可以降低政府干预，否则过多的政府干预会使国有企业承担较多的政策性负担，进而引发预算软约束并加剧代

---

① Walters, Stephen J. K., *Enterprise, Government and the Public*, New York: McGraw - Hill Book Co., 1993, p. 104.

② 肖土盛、孙瑞琦：《国有资本投资运营公司改革试点效果评估——基于企业绩效的视角》，载《经济管理》2021年第8期。

理成本，从而影响国企发展；[①] 通过监督机制有助于降低代理成本，在构造"人格化"股东的基础上，缓解"所有者缺位"，进一步发挥股东积极主义，落实国有企业独立自主经营的市场主体地位，有效激发企业内部的活力和创新力，[②] 提升企业绩效；通过激励机制增加外部薪酬差距，在提升国有企业激励水平的情形下，缓解国有企业激励不足，通过激发国企经营者的积极性，提升经营效率。

综上可见，在我国新一轮的国资国企改革中，国有资本运营公司的构建至关重要。正如学者所总结的，"改革国有资本授权经营体制"的时代内涵就是以"国有资本"为主线，以"授权经营"为重点，以两类公司（国有资本运营公司、国有资本投资公司）为载体，围绕"国有资本"的高效运营展开。[③] 由于我国的社会主义市场经济与西方市场经济在生产要素的资源配置方面存在不同，既要发挥市场在资源配置中的决定性作用，又要发挥政府的功能，通过"有效市场+有为政府"的"乘数效应"来提高全社会资源配置效率，因而，国有资本运营公司就成为国家尽力均衡提升政府和市场两个方面的资源配置能力和效率作出的一种制度安排。[④] 这种制度安排既要通过市场化的运营机制来尽量减少行政手段干预，又要充分利用市场机制提升国有资本运营效率。

二、国有资本运营公司的类型化思考

国有资本运营公司是否应当再进行分类，予以类型化设计。这是对其进行具体制度构建时，需解决的前提问题。由于国有资本运营公司的类型是否

---

① 已有大量研究发现，政府干预会降低国企的经营效率。See Faccio, M. Politically Connected Firms, American Economic Review, 2006, 96 (1), pp. 369-386.

② 胡迟：《健全以管资本为主国资监管体制 优化调整国有资本布局结构——国有资本投资运营公司十年改革成效分析》，载《国有资产管理》2024年第1期。

③ 李郡：《改革国有资本授权经营体制的时代内涵》，载《上海市经济管理干部学院学报》2018年第5期。

④ 马志春：《国有资本运营公司为何是一家特殊的国企——关于国资运营公司功能定位的初步思考》，载《上海国资》2022年第8期。

相同，决定了其法律属性是否一样以及企业治理机制是否统一，故而有必要进行分析。

2018 年 7 月发布的《国务院关于推进国有资本投资、运营公司改革试点的实施意见》（以下简称《实施意见》）将本书所研究的国有资本运营公司分为了两类：国有资本投资公司与国有资本运营公司。根据《实施意见》的规定，前者主要以服务国家战略、优化国有资本布局、提升产业竞争力为目标；后者则主要以提升国有资本运营效率、提高国有资本回报为目标。在实现目标的途径上，前者是在关系国家安全、国民经济命脉的重要行业和关键领域，以对战略性核心业务控股为主，通过开展投资融资、产业培育等手段发挥投资引导和结构调整作用；而后者则是以财务性持股为主，通过股权运作、基金投资、价值管理、有序进退等方式，实现国有资本合理流动和保值增值。对于上述分类是否合理，学界的看法不一致，实务界的做法也不统一。

近年来，随着改革的不断深入，对国有资本投资、运营公司“分类授权”的政策开始提出。在国务院国资委《关于以管资本为主加快国有资产监管职能转变的实施意见》第 12 条中，规定了“分类授权放权”，即结合企业功能界定与分类、治理能力、管理水平等改革发展实际，根据国有资本投资、运营公司和其他直接监管企业的不同特点，有针对性地开展授权放权，……建立动态调整机制；在《国有企业改革深化提升行动方案（2023－2025 年）》中，“深化国有资本投资、运营公司和产业集团分类改革、分类监管”的思想再次得到明确，而对国有资本投资、运营公司进行“分类放权授权”的前提一定是首先对其进行科学、合理的类型化，然后才能以此为基础进行不同的授权。而对于国有资本投资、运营公司到底该如何类型化？无论是政策层面，还是理论研究层面，再或者实践层面均未进行深入研究。

（一）学界的不同认识

目前《实施意见》将国有资本运营公司根据投资方向和侧重点不同划分为投资公司和运营公司的做法，在理论上依据并不充分，二者本质上并无实质性区别。有学者认为，这两种公司都是国有资本运营公司，均是以追求营利为目标。[①] 其中，代表性的观点有，“国有资本运营公司是由国有资本所有者代表即政府遵循一定的程序授权或委托资本经营实体，对其可支配的国有资本进行以营利为目的的经营。”[②] “国有资本投资运营公司作为新的出资人代表（或称为资本托管人）完全以追求利润最大化为目标，最大限度地实现国家（或全民）资本的投资收益，……”[③] “国有资本投资运营公司以国有资本保值增值和实现资本价值创造为目的，主要从事企业资本投资与运营活动。”因而，“国有资本投资运营公司的经营目标是追求企业利润最大化。”[④]

对于应如何分类，学者们通过研究也提出了不同的方案。其中不乏有观点认为，应当结合国有企业分类改革来建立不同类型的国有资本运营公司。有学者就提出，可以参照国有企业的分类方法，将国有资本运营公司分为两大类四小类，即公益类国有资本投资运营公司（再细分为公益类国有资本投资公司和公益类国有资本运营公司），主要投向公益类国有企业；商业类国有资本投资运营公司（再细分为商业类国有资本投资公司和商业类国有资本运营公司），其中，商业类国有资本投资公司主要投向商业二类国有企业，商业类国有资本运营公司则主要投向商业一类国有企业。[⑤] 国务院发展研究中心“国有资本管理体制改革研究”课题组则认为，应该成立两大类国有资本投资运营公司，分别是政策类和商业类，而在商业类投资运营公司中又可以再区分为金融性投资运营公司和实业性投资运营公司。[⑥] 依此分类，有学

① 刘纪鹏：《中国国资改革创新模式探索》，载《经济导刊》2014 年第 5 期。

② 肖金成、李军：《设立国有资本运营公司的几个关键问题》，载《人民论坛·学术前沿》2016 年第 1 期。

③ 李晓慧、敖小波：《国有资产监管：演变历程、理论逻辑与改革方向》，载《扬州大学学报（人文社会科学版）》2018 年第 4 期。

④ 张志平、罗昕：《国有资本管理的实施机制与对策研究——基于以“管资本”为主的视角》，载《商业会计》2017 年第 4 期。

⑤ 胡锋、黄速建：《对国有资本投资公司和运营公司的再认识》，载《经济体制改革》2017 年第 6 期。

⑥ 国务院发展研究中心“国有资本管理体制改革研究”课题组：《开展国有资本投资运营公司试点的建议》，载《发展研究》2015 年第 5 期。

者进一步指出，实业性投资运营公司以产业经营为主，金融性投资运营公司以股权管理为主，而政策类投资运营公司有特定政策目标。[①] 还有学者提出，应当成立公用事业类、公共保障类、战略类、竞争类等四类国有资本投资运营公司。[②] 当然，也有学者支持《实施意见》的制定理念，将国有资本运营公司划分为国有资本投资公司与国有资本运营公司，并强调二者间的差别，即国有资本投资公司以实业资本投资为主，通过资本投资培育产业核心竞争力，着眼于社会目标的同时兼顾经济效益；而国有资本运营公司以国有资本股权运营为主，进行持股管理，通过资本组合优化配置和提高经营效率，推进国有资本保值增值。[③] 简言之，国有资本投资公司应该以产业投资为主，而国有资本运营公司更侧重于股权运作与资本运营。[④]

（二）实务界的不同实践

在中央层面，截至 2022 年 6 月，国务院国资委已经选择了 21 家中央企业开展国有资本投资、运营公司试点。其中，诚通集团、中国国新为国有资本运营公司试点；华润集团、招商局集团等 19 家为国有资本投资公司试点。目前，华润集团、招商局集团、国投集团、中国建材、中国宝武这 5 家企业在经过试点后已经正式成为国有资本投资公司。[⑤]

在地方层面，据不完全统计，2013 年至 2021 年底，全国有 36 个省级国资委改组组建了超过 150 家国有资本投资运营公司。[⑥] 在地方国有资本投资运营公司试点中，有些省市（如山东、上海）并没有如同国务院国资委一

---

① 李晓慧、敖小波：《国有资产监管：演变历程、理论逻辑与改革方向》，载《扬州大学学报（人文社会科学版）》2018 年第 4 期。

② 郭春丽：《组建国资投资运营公司 加快完善国有资本管理体制》，载《经济纵横》2014 年第 10 期。

③ 马忠、张冰石、夏子航：《以管资本为导向的国有资本授权经营体系优化研究》，载《经济纵横》2017 年第 5 期。

④ 马浩东：《做实国有资本投资与运营公司》，载《上海国资》2015 年第 6 期。

⑤ 参见国务院国资委印发的《关于国有资本投资公司改革有关事项的通知》（2022 年 6 月 20 日）。

⑥ 参见高江虹：《五家央企“转正”，获批转为国有资本投资公司》，载《21 世纪经济报道》2022 年 6 月 19 日。

样，对投资公司和运营公司进行明确的职能区分。[①] 以上海为例，上海目前是通过上海国盛集团、上海国际集团、上海国有资本投资有限公司来担任国有资本运营平台的职能。从定位来看，上海国盛集团是以产业型资本运作为主，上海国际集团则是以金融类资本运作为主。自组建以来，两个公司已纳入多家国企上市公司股权。其中，上海市国资委持有的纺织集团股权、上海建工集团持有的上海建工股权、交运集团持有的交运股份股权等先后都无偿划转至上海国盛集团；上海市国资委持有的上港集团股权、上海汽车工业有限公司持有的上汽集团股权则无偿划转至上海国际集团。[②] 从上述结构布局看，上海对国资运营平台的划分与国务院国资委的划分似乎并不相同。本书研究过程中，在对上海国盛集团调研时，国盛集团的经营管理者也认为，无论是国有资本运营公司还是国有资本投资公司，在本质上都是关于资本的筹集、运作、退出的活动，只是不同公司关注的领域不同而已，因此，划分为投资公司与运营公司意义不大。事实上，本研究也发现，上海国盛集团的性质定位曾出现过前后不同，之前其被定位为国有资本投资公司[③]，但目前的基本定位是国有资本运营公司。可见，投资公司、运营公司二者之间并非有着非此即彼的明确界分。

当然，对于上述不依据《实施意见》区分国有资本投资公司与国有资本运营公司的做法，也有观点提出了质疑，认为应该根据政策要求对二者进行明确区分，而且对国有资本运营公司要尽量做到只负责股权运营，不控股，不参与生产经营，做到“不负债、不控股、不并表”。[④] 但很显然，这种要求国有资本运营公司不控股的观点与国资改革的实际并不一致，因而以“不负债、不控股、不并表”来区分二者并不合理。

---

① 国务院发展研究中心“国有资本管理体制改革研究”课题组：《开展国有资本投资运营公司试点的建议》，载《发展研究》2015 年第 5 期。

② 任明杰：《国企改革提速上海国资流动平台“探路”新模式》，载《中国证券报》2016 年 8 月 1 日。

③ 何小钢：《国有资本投资、运营公司改革试点成效与启示》，载《经济纵横》2017 年第 11 期。

④ 陈怡璇：《两类国资平台的新使命》，载《上海国资》2016 年第 6 期。

（三）域外经验启示

西方国家通常将国有企业分为非竞争性国有企业和竞争性国有企业，并对其实施不同的监管模式。例如，作为国际经贸规则重要组成部分的竞争中立政策往往就主要是针对以营利为目的的竞争性领域的国有企业，对于提供公共产品的非竞争性领域的国有企业则通常可以豁免。就国有资本运营公司的类型划分而言，最具有借鉴意义的便是新加坡。在新加坡，政府部门对国有企业实行间接管理，在政府与国有企业之间设立政府控股公司以及法定机构。其中，法定机构具有一定的管理职能，不以营利为目标，由政府拨付创立资本并提供必要的流动资金支持，其设立目的是通过在基础设施及公共服务领域提供经营活动来促进市场的公平竞争并保障经济活动的正常运行；而政府控股公司则不受政府特殊照顾，不具有行政色彩，其遵守市场效益原则，采用专业化的管理方式进行经营，以利润最大化为目标，通过对国联公司的参股获得必要的资金来参与市场竞争。目前，新加坡《宪法》附表五所规定的国有控股公司主要包括三个，即新加坡政府投资公司、新加坡国家发展部控股有限公司以及淡马锡控股公司，所投资的主要是一般竞争性国联企业，法定机构则主要有裕廊镇管理局、港务局、经济发展局、公共水务局、电信局、新加坡广播局，所投资的主要是特殊国联企业。①

（四）国有资本运营公司的应然分类

国有资本运营公司的类型划分应基于其所经营的国有资本的功能不同进行设定。如果资本功能与属性相同，自无区分之必要；如不同，就应进行类型化区分，以实现资本经营之目的。就我国而言，基于国有资本的固有功能以及我国社会主义市场经济体制的内在要求，国有资本应当兼具政策性功能与收益性功能。

1. 国有资本的政策性功能

国有资本的政策性功能源于如下几方面原因：一是，随着国家主要职能

① 周晓庄：《中国地方性国有控股企业的定位与运营研究》，人民出版社2013年版，第73页。

从政治向经济的转移，政府对国有资本的控制有利于经济政策的实施，成为发挥经济调控职能的重要手段。在市场经济下，资源配置主要是依靠市场起决定性作用，可以说，市场配置是经济发展中资源配置的基本方式，但市场的滞后性、唯利性，使得其存在固有缺陷，容易造成资源浪费和公共产品供给不足，为此，就需要国家（或政府）发挥其应有作用，通过对市场缺陷的弥补，合理配置资源，提升资源利用效率，并保障公共产品供给。可以说，一个良性运行经济体的经济增长需要市场配置资源和国家配置资源的共同合理运行。二是，我国目前仍属于政府主导型的市场经济发展模式，政府倾向于运用国有资产对关系国计民生的关键性行业和领域进行投资经营。党的十八届三中全会通过的《中共中央关于全面深化改革若干重大问题的决定》也着重强调了国有资本运营服务于国家战略目标，更多投向关系国家安全、国民经济命脉的重要行业和关键领域的改革方向；[①] 在党的二十届三中全会通过的中共中央《关于进一步全面深化改革、推进中国式现代化的决定》中，该思想被再次予以强调，要求推动国有资本向关系国家安全、国民经济命脉的重要行业和关键领域集中，向关系国计民生的公共服务、应急能力、公益性领域等集中，向前瞻性战略性新兴产业集中。这既符合市场失灵理论，也符合我国社会主义市场经济发展的现实。在这样的功能定位下，当市场机制对某些与民生密切相关的产业、产品缺乏配置动力（如配置成本过高）时，政府即启动配置资源功能，通过对国有资本的运用满足社会对公共产品的需求，并引导市场和企业进入该领域，发挥国有资本对国民经济发展的服务性和基础性作用；同时，通过对国家发展所需要的重要战略性产品的配置，为社会经济的持续发展创造条件，尤其是在经济全球化的发展过程中，将国有资本投资于事关国计民生的重要行业，可有效发挥与国外资本抗衡的作用，

---

① 中共中央《关于全面深化改革若干重大问题的决定》："国有资本投资运营要服务于国家战略目标，更多投向关系国家安全、国民经济命脉的重要行业和关键领域，重点提供公共服务、发展重要前瞻性战略性产业、保护生态环境、支持科技进步、保障国家安全。"

实现国有资本的战略引导功能和控制平稳性功能。[①]

2. 国有资本的收益性功能

相较于国有资本的政策性功能，国有资本是否应当投资竞争性领域，发挥其收益性功能一直以来受到较大争议。肯定性观点认为，我国是以公有制为主的经济制度，以营利为目的的商事类国有企业并不可能也没有必要完全退出竞争领域。否定性观点则认为：第一，国有资本投资的国有企业经营效率普遍较低，甚至认为其不但自身低效，过高的比重还会导致整个行业的效率损失。有学者就指出，要重新启动国有企业民营化的进程，国有企业占据了诸多国家资源，但是创造的价值非常少。[②] 另有观点也认为，国有企业自身的制度缺陷会进一步发展，其低效率和无效率的现象将会重新出现，并扩大蔓延。[③] 第二，强调国有资本的收益性功能会加大国有资本“与民争利”，对民营企业产生挤出效应。不少观点认为，国有资本作为全民资产，原则上不应与民争利。[④] 有观点甚至认为，公有制无论对市场还是对社会都没有好处，公有制极容易产生腐败，做大做强国有企业就是与民争利。[⑤] 此外，不少学者指出，强调国有资本的收益性功能还会导致竞争的不公平。国有资本所投资企业往往因为政府股东的存在而获得不当竞争优势，从而引发不公平竞争，并对民营企业产生不良的挤出效应。有观点就认为，国有企业不仅效率低下，而且在竞争领域利用有利的政治地位和资金实力进行不对等竞争，造成大批民营企业遭遇政策不公，倒闭或亏损，进而提出在完成分类管理后，国有企业应从竞争性领域彻底退出，而退出后的巨额资金可用来填补全民社

① 周晓庄：《中国地方性国有控股企业的定位与运营研究》，人民出版社 2013 年版，第 174－175 页。

② 张维迎：《国有企业效率太低应重启国有企业改革》，载 http://business. sohu. com/20130519/n376412932. shtml，最后访问日期：2018 年 1 月 9 日。

③ 张曙光：《国进民退是一场危险的游戏》，载 http://money. 163. com/09/1027/11/5MKLOJAD00252G50. html，最后访问日期：2018 年 1 月 9 日。

④ 迟福林：《应以公益性为目标，重新配置国有资本》，载 http://money. 163. com/12/0101/02/7ML95JL000253B0H. html，最后访问日期：2018 年 1 月 9 日。

⑤ 任志强：《做大做强国有企业就是与民争利》，载 https://www. qianzhan. com/people/detail/269/140613－f9075071. html，最后访问日期：2018 年 1 月 11 日。

保基金的缺口。[①] 另有研究报告认为，国有企业的终极改革目标之一就是将国有企业转变为非营利性公法企业，政府不必拥有经营性的国有资产，只有国有资本从营利性领域退出才能保证公平的竞争环境。总之，“国有经济必须有序进退，在关系国民经济命脉的重要行业和关键领域要大进快进，在一般竞争性领域要大出快出，积极为民营经济腾出发展空间。”[②] 基于上述几个理由，在激进的“国家资本主义论”看来，国有资本不应注重收益性功能，不应参与市场竞争，而国有企业在市场经济中的大量存在也正是将我国认定为“非市场经济”、国家主导型经济制度的重要证据。

然而，从制度形成的历史和政治经济背景来看，国有资本的收益性功能在我国有其存在的客观性。这主要是基于以下三方面的考虑。第一，由于经济现实和历史原因，在我国的资源配置中，政府配置远远多于其他市场经济国家，国有资本的布局非常分散，其中大量配置于竞争性领域。以国务院国资委管理的中央企业为例，2023 年末，中央企业资产总额达到 86.6 万亿元，实现营业收入 39.8 万亿元、利润总额 2.6 万亿元、归母净利润 1.1 万亿元，[③] 所涉行业广泛，主要包括生产、投资、商贸等领域。其中，除电力、军工、部分石油石化外，其他大都可归属于商事类。即使是在非商事类行业，这些中央企业实际上也包括了众多商事类资产。据相关研究估算，国资委管理的中央企业中约有 65% 以上为商事类国有企业资产；地方国有企业绝大部分属于商事类，只有少数企业具有为地方政府承担公益类、基础类的职能，基本不承担国家战略的任务。[④] 这些商事类国有企业涉及的范围十分广泛，对国民经济生活的影响举足轻重，在当前我国市场发育程度还不充分的阶段，如果贸然全部退出，极可能给经济和社会带来无法承受的负面影响。正如有观

① 卫祥云：《国企改革新思路》，电子工业出版社 2013 年版，第 16－20 页。

② 欧成中：《国有经济要坚持有所为有所不为》，载《经济界》2011 年第 2 期。

③ 李心萍：《央企运行质量持续改善 改革攻坚加速推进》，载《人民日报》2024 年 1 月 25 日。

④ 杨卫东：《关于商业类国有企业改革的思考》，载《华中师范大学学报（人文社会科学版）》2016 年第 3 期。

点所指出的，“国有企业在竞争性领域发展，已经体现出它的市场竞争力，这已是客观事实。如果选择退出，这会带来很多需要解决的问题，而这些问题解决起来可能并不容易。”[①] 第二，社会经济发展的滞后决定了要迅速建立新的国民经济体系，而要实现国家工业化和国民经济现代化，就需要依靠国家力量，以国有资本进行投资。尤其是在产业培育方面，政府可以通过运营国有资本，进入新型产业领域（行业），并退出成熟领域（行业），以调整国有资本运营范围，在实现国有资本保值增值的同时推动国民经济的发展，提高本国经济在世界经济中的竞争能力和地位。例如，在生态环保产业、低碳经济产业、高科技产业等领域，投资数额大、回报周期长、风险大，普通的社会资本可能无力也不愿意进入，但这类项目及产品的充分供给又是整个社会经济有效运转和持续发展所不可或缺的，因而就需要政府运用国有资本率先进入，去培育新技术、新产品和新产业，当新产业日渐成熟、民企踊跃进入时，国有资本便可逐步退出，进而转向新领域。以民航飞机制造为例，该领域的技术和经济门槛都非常高，欧美的空客和波音公司即使是私企也需要政府大量的支持，因而，我国自然也要通过组建“中国商用飞机有限责任公司”等国有企业来发展这样的高新科技和战略性民族产业。第三，国有资本的收益性功能强调国有资产的保值增值，可以增加国家财富，减轻政府财政压力和民众的税收负担。事实上，除我国外，当前世界各国都有一定的国有资本在发挥收益性功能，比如主权财富基金等。据 OECD 统计，法国、印度、德国、沙特阿拉伯、俄罗斯、英国等都有一定数量的国有企业参与世界性投资，分布于金融业、电力、天然气、运输、电信、制造业、采矿和石油等部门。[②] 此类国有企业的投资实际是国有资本参与市场竞争，为国家提供利税，其与民营企业一样都属于市场经济的主体。

总之，判断国有企业是否应退出竞争性领域必须坚持全面和辩证的思维，

---

① 许保利：《中国国有企业的变革》，经济科学出版社 2016 年版，第 243 页。

② OECD, *State - Owned Enterprises as Global Competitors: A Challenge or an Opportunity*, 2016, pp. 21 - 22.

既要看到我国国有企业可能存在经营低效、竞争尚不公平的现实问题，又要从其存在的客观社会制度、发展阶段、发展规律以及本身的价值功能等多方面进行论证和思考。当然，随着改革推进，市场主体的成熟以及后赶超战略的发展，国有资本的收益性功能会受到限制，国有企业也会相应地从营利性行业和领域中逐渐退出，但这只是一个趋势，当下不宜“操之过急”。正如有学者所指出的：“制度形成的逻辑，并不如同后来学者构建的那样是共识性的，而更多是历史性的。”① 从我国目前经济发展的阶段来看，需要给民营企业发展、成长的时间，同时，客观上也需要国有资本继续发挥其收益性功能，不能采取极端方式将国有企业从竞争性领域绝对退出。毕竟我们虽然在极力发展非国有经济，但客观地看，从资本、技术、人才、装备、管理到产品，国有企业在诸多领域仍然处于市场主导地位，若使其短期内绝对退出市场竞争，所留下的巨大产业空洞，是眼下民营企业无法弥补的，会对社会经济造成巨大动荡。

当然，对于国有资本发挥收益性功能、投资竞争性领域可能带来的低效及不公平竞争问题，应尽可能从制度层面予以解决。例如，着力推动国有企业的混合所有制改革，在投资竞争性领域时，积极与民营资本相结合，并逐步从控股转向参股、从大股东转向中小股东，从而避免与民争利②；同时，利用民企的良好治理机制，提高经营效率。对于国有资本投资竞争性领域可能引发的竞争不公平问题，则应当尽快完善竞争中立的市场运行规则，避免国有资本因政府投资所带来的不公平竞争优势。

3. 国有资本运营公司的分类设置

我国实行的是社会主义市场经济体制，国有经济（资本）应当根据市场经济规律，通过国有及国有控股企业这类市场法人主体独立运营。为更好地实现国有资本的政策性功能与收益性功能，应对其分别经营，各有侧重。如有学者所指出的，分类设置国有资本运营公司是国资授权经营体系改革的关

① 苏力：《制度是如何形成的》（增订版），北京大学出版社2007年版，第53页。

② 杨卫东：《国企工具论》，武汉大学出版社2012年版，第47页。

键路径，因为不同类别的国有企业具有不同的发展目标和战略定位，在国民经济中的作用和地位具有较大差异。[①] 根据前述国有资本的功能划分，可将国有资本运营公司分为政策性和商事性两大类。

首先，在投资目标上，政策性功能以实现国家的经济政策目标为己任，并在实现政策目标的同时保障投资效率，保持强财务约束和管理约束[②]；收益性功能则更强调国有资本的流动性，其旨在通过促进资本在不同企业和行业之间的流动来提高国有资本的收益率和运营效率，从而实现国有资本的保值增值。“两类功能的资本分别由不同的投资运营机构运作经营，目的是尽量避免为实现相互冲突的目标而造成低效率。”[③] 与此相应，由于不同类型国有资本运营公司的功能不同，国资监管机构在对其进行监管时，监管重点也就有所差异，其功能不能仅限于“管资本”。[④] 具体而言，政策性国有资本运营公司的监督和考核主要是该类企业满足社会公众基本生活需求、发展前瞻性战略性产业、保障国家安全和国民经济运行、服务国家战略目标以及完成特殊任务的情况，在此基础上，才去考虑经营业绩指标和国有资产保值增值情况；而对于商事性国有资本运营公司，监督和考核的主要指标就是资本的增值能力。

其次，在投资领域上，政策性资本运营公司应主要投资于提供公共服务的行业和发挥战略性作用的行业。对于城市交通运营、邮政、基本生活保障（水电气供应、保障性住房）等公共或准公共产品领域，由于政府具有提供普遍服务的责任，国有资本投资的企业应成为主要生产者或提供者；对于电网、通信网、铁路网、供水、供气等具有网、管、线特征的自然垄断行业，一般存在规模收益递增现象和技术上的不可分割性，为节约社会资源同时提高服务质量，由国有资本投资运用也具有必要性与合理性。商事性资本运营

---

① 马忠、张冰石、夏子航：《以管资本为导向的国有资本授权经营体系优化研究》，载《经济纵横》2017 年第 5 期。

② 陈清泰：《“管资本为主”改革的几个问题》，载《商业观察》2018 年第 6 期。

③ 王凡：《从实物经营到资本经营：国有企业管理体制转型研究》，载《求索》2017 年第 7 期。

④ 胡迟：《国有资本投资、运营公司监管的新发展与强化对策》，载《经济纵横》2017 年第 10 期。

公司则是以股权投资和财务管理为主，主要投向一般竞争性领域，追求投资收益的最大化；运营对象为国有资本投资形成的国有股权；往往是以财务投资者的角色赚取投资收益，或者按照市场化原则调整投资组合，选择高回报领域，在资本流动中获益。

再次，在治理机制上，商事性国有资本运营公司应尽量去行政化、去工具化，聚焦投资回报，不直接参与所投资公司的生产经营，如新加坡的淡马锡控股公司便只是关注国有资本的流动和增值状况，发挥财务投资者的作用；而政策性资本运营公司则难以实现完全的政企分开。由于该类公司的主要任务是通过国有资本的运营为社会经济发展提供良好的基础环境，政策性资本运营公司的经营将社会公益目标置于首位，以社会整体效益为主导开展经营活动。这就决定了这些公司事实上难以做到完全、绝对的政企分开。即使以政企分开作为该类公司治理机制设计的导向，相对于商事性国有资本运营公司而言，政府还是会较多地介入该类公司的经营管理中。

最后，在改革方向上，对于商事性国有资本运营公司所投资的国有企业，要积极实施混合所有制改革，引入各类非国有资本，实现股权多元化，国有资本可控股，亦可参股；而对于政策性国有资本运营公司所投资的国有企业，则因所投资领域的特殊性，尽管也支持非国有资本进入，但应保持国有资本控股地位。

综上可知，国有资本的功能分类，决定了国有资本运营公司的类型划分。国有资本所处领域不同，在社会经济发展中的作用也就不同，因而，运营国有资本的平台公司的经营方式和治理机制也就不同。正如有学者所总结的，以管资本为导向的国资管理体系重塑的整体思路是：“以国资定位界定基本功能，以国资监管定位落实国有资产监管责任，以国有企业属性分类设置投资运营平台，以管资本为导向明确国有资本监管重点，以控股公司为基础整合专业化经营公司，以实现国资协同布局，提高资本配置效率。”[①] 也有学者

① 马忠、张冰石、夏子航：《以管资本为导向的国有资本授权经营体系优化研究》，载《经济纵横》2017 年第 5 期。

认为，“对于功能类和竞争类国有企业，应组建国有资本运营公司作为政府干预与市场机制之间的缓冲机制，但公益类国有企业由于政府干预性较强，不宜组建国有资本投资运营公司。”[①] 这一观点似乎有一定道理，但值得商榷。因为即使是政策性国有资本运营，也需要考虑公共产品的供给效率问题，在社会资源有限的情况下，应当通过市场化经营，在保证质量的前提下，尽可能降低产品的供给成本，同时，通过财政预算约束，提升国有资本对公共产品的供给效率。因此，即使国有资本主要发挥政策性功能，也可通过建立国有资本运营平台实现高效运作。其实，早在2013年，有学者在研究我国地方性国有控股企业的定位和运营时就已经指出，“为何需要分类授权不同的国有控股企业运用地方性国有资本？这是由于中国市场经济的发展已经进入须依靠资本运营的市场主体带动各类不同职能的国有资本实现市场化发展的重要历史阶段。总体上说，国资运行体制是与政府管理体制、市场成熟度以及制度变迁史的互动发展过程。随着中国经济的市场化、规范化和国际化，国有控股企业的经济学功能与社会学功能必须逐步得到明确和准确的界定，并在企业目标、体制和机制中体现。”[②] 因而，有必要基于国有资本的不同功能，针对性地设置不同类别的国有资本运营公司，以便更好地实现国有资本价值。

三、国有资本运营公司的法律性质分析

（一）商事性国有资本运营公司的私法人属性

商事性国有资本运营公司是根据政府授权，以资本逐利为目标，专门进行国有资本市场化运作，实现国有资本保值增值的私法人。作为政府与国有企业间的独立主体，国有资本运营公司力图割断上述二者之间的直接联系，使国有企业免受过度的行政干预，实现政企分开，起到“隔离墙”作用；而

① 柳学信：《国有资本的公司化运营及其监管体系催生》，载《改革》2015年第2期。

② 周晓庄：《中国地方性国有控股企业的定位与运营研究》，人民出版社2013年版，第240页。

其本身，因着眼于资本管理，故而，需尽量去除政府的行政色彩，以实现经营性国有资产的有效运作。

从域外实践来看，以资本增值为目的的商事性国有资本运营公司在市场上往往是以独立法人身份出现，拥有完全的经营自主权，依照市场化方式经营，实行商业化模式运作。以新加坡淡马锡控股公司为例，其向上直接对财政部（其唯一股东）负责，向下通过完善的公司治理机构，尤其是董事会对下属公司进行战略管理，行使所有者权利，给予所投资企业以独立的经营管理权。尽管它是由新加坡财政部全资控股，但淡马锡控股公司本身的定位却是一个总部位于新加坡的亚洲投资公司，其终极目标是“作为成功企业的积极投资者与股东，致力于股东长期价值的不断增长”，这一点甚至被写入了“淡马锡宪章”。有学者就指出，中共中央、国务院《关于深化国有企业改革的指导意见》将国有企业分为公益类和商业类两类，并重点推行国有资本投资、运营公司，本质上就是进一步强化淡马锡控股公司经验的运用。①

这样的国际经验启示我们，在对商事性国有资本运营公司的制度设计中，应始终以“私法人”定位作为其主旨。从法律关系来看，商事性国有资本运营公司与普通商事企业一样，都是平等的市场参与主体，其投资行为同其他商主体的投资行为性质相同；从运作目的来看，商事性国有资本运营公司有自己独立的法人财产权，虽然其经营标的是国有资本，但它对利润的追求，与普通商事企业无异；从治理机制来看，商事性国有资本运营公司的运作模式主要是以普通商事公司的运作模式为蓝本，采用的是普通商事公司的治理机制，有着高素质的管理人员、有效的商业激励机制以及健全的组织机构；从投资方式来看，商事性国有资本运营公司完全按照市场化的方式进行国有资本运作，最主要的就是通过股权投资，实现国有资产保值增值，这与行政化管理模式完全不同。可见，无论是法律适用、经营目的、内部组织运作机制还是对外经营活动，都可以佐证商事性国有资本运营公司是一个私法人。

---

① 王建文：《论淡马锡董事会制度在我国商业类国有公司改革中的运用》，载《当代法学》2018 年第 3 期。

(二) 政策性国有资本运营公司的特殊法人定位

作为一个实行企业化经营的独立法人，政策性国有资本运营公司在运营过程中尽管必须有经营能力，且需独立承担相应的民事责任，但是，其资本运营的目的和任务指向上却与一般的私法人不同，这使得其兼具了私法人与公法人的二重属性，体现出了其特殊法人的本质。

在学界关于公法人与私法人划分标准的分析中，任务不同或者设立目的不同是一个主要区分点。[①] 公法人旨在执行国家任务[②]，是由国家或者社会团体依公法设立的，以社会公共利益的实现为目的行使国家权力并分担政府职责的法人；而私法人则是由私人依私法设立并以私人利益为目的的法人。[③] 易言之，公法人的职责在于完成国家的职能，具有为实现此种职能而必需的公权力；而私法人的职责在于实现私人的意愿，不具有公权力的内容。[④]

但是，由于任何标准都不是绝对的，在现代社会，公法和私法的区分标准日趋模糊，所以，对于那些属于市场主体，但却与公共利益密切相关，被授予公共职能的法人，如铁路运输、市政交通等公司，在定性上就存在困难。也就是说，在公法人和私法人之间，似乎还存在公私混合体。[⑤] 有学者主张其应定位为准公法人或社会法人。[⑥] 由于这类法人有私法人的一切权能，在本质上属于私法人；但鉴于其被授予某些公共职能，又具有公法人的特点，因而在行使公共职能时有关公法人的法律规范亦适用于此类法人。[⑦]

政策性国有资本运营公司就属于该类特殊法人。其同时兼具公法人与私法人的二维属性。与商事性国有资本运营公司单纯追求资本收益最大化不同，政策性国有资本运营公司的职责和任务核心在于利用国有资本的投资，为社

---

① 崔建远等著：《民法总论》，清华大学出版社 2010 年版，第 158 页。

② ［德］迪特尔·梅迪库斯：《德国民法总论》，邵建东译，法律出版社 2000 年版，第 816－817 页。

③ 魏振瀛主编：《民法》（第 4 版），北京大学出版社、高等教育出版社 2010 年版，第 82 页。

④ 杨立新主编：《民法总论》，高等教育出版社 2007 年版，第 104－105 页。

⑤ 吴汉东、陈小君主编：《民法学》，法律出版社 2013 年版，第 85 页。

⑥ 尹田主编：《民法学总论》，北京师范大学出版社 2010 年版，第 164－165 页。

⑦ 马俊驹、余延满：《民法原论》，法律出版社 2005 年版，第 115 页。

会经济发展和公众生产生活需要提供价廉质高的公共产品，提高公共资源的利用效率，为企业与其他经济主体提供基础性支持和服务，以此支持社会公共利益的实现。这就决定了政策性国有资本运营公司也承担着一定的公共责任。其以国有资本进行投资时，主要是投向生产和提供公共产品的企业，更加注重的是社会公众对公共产品的需求是否可以得到满足，而非资本回报的最大化。同时，政策性国有资本运营公司所投资的生产和提供公共产品的企业也不能以资本回报作为经营目的，这反之也就决定了政策性国有资本运营公司的投资回报无法实现经济利益最大化。之所以对公共企业的利润进行限制，主要有两个原因：其一，为公众提供价格可负担的、普遍的、不可间断的公共产品本就是政府的应然职责，政府只是基于资源利用和供给效率的考虑，将这一职责委托给公共企业这一市场主体去承担，公共企业作为政府的受托人，同样应当满足公众对公共产品的基本需求，不得借助其提供公共产品的垄断地位或优势地位而随意定价，侵害公众的基本权益。这也是政府对公共产品进行定价限制的主要法理基础。其二，生产和提供公共产品的企业往往享有政策支持，占有政策资源。有学者甚至认为，公共企业就是在政策支持之下产生的。[①] 尤其是，为了更好地履行公共服务，公共企业在一定程度上享受政策给予的一定限度的垄断权。而政策资源本属于公共所有，公共政策本身就是公意的表达，有着对社会公平的天然诉求。这时，公共企业基于政策资源而产生的利润在本质上就不同于私主体通过市场竞争而取得的利润。其对于利润的分配自然应受到限制。[②]

当然，作为市场主体，政策性国有资本运营公司也有着私法人品格。如果只探讨政策性国有资本运营公司的公共性，那么自然无法分清其与同样提供公共产品的政府组织有何区别，更体现不出其存在的制度价值。这里的关键，便是政策性国有资本运营公司的私法性品格使其具有了相比于政府机构更好的比较优势。这一优势就是，其作为一个独立的经济实体，通过对“国

① 陈冬梅：《论公共企业伦理责任》，载《求索》2007 年第 12 期。

② 胡改蓉：《论公共企业的法律属性》，载《中国法学》2017 年第 3 期。

有资本”的运作，实现政府对公共产品供给的效率追求。

虽然政策性国有资本运营公司不以营利为主要目的，但这种非营利性并非指不可营利，而是不能以逐利为行为的出发点和终结点。政策性国有资本运营公司正是通过对“国有资本”的投资经营，提高公共产品的供给效率。只不过这种供给效率并非为了资本回报，而是为了节约成本，提高资源利用率。其实公共产品的生产不论由哪类部门进行都需要耗费相应的资源，而资源却是有限和稀缺的，这就要求公共产品的生产也就是资源的配置必须有效率。政策性国有资本运营公司作为市场主体，其相较于政府机构而言，具有良好的投资经营与管理能力。这种能力对于政府提供公共产品而言至关重要。一方面，其可以通过提高资本运作效率，将有限的“国有资本”投资到更多的公共产品生产和供给中，为社会公众提供更丰富的公共产品，满足社会需求；另一方面，其可以监督所投资的企业高效地生产和提供公共产品，降低公共产品的供给成本，间接减少政府提供公共产品的负担。尤其是，在政府限价机制下，生产和提供公共产品的企业对效率和经济利益的牺牲是有限度的。当其承担公共责任时，基于产品价格的严格限制，其存在着要求政府提供政策和经济上支持的诉求。当企业进行成本效益核算后，发现通过营业收入无法取得财务平衡，往往就需要政府以公共资金进行财政补贴。这就会间接增加政府向公众提供公共产品的成本。而通过专业的政策性国有资本运营公司的介入，在政府与生产企业之间建立起一个有效的监督机制，可以对公共产品生产企业进行有效监督，促使其高效地提供公共产品。

综上分析，基于政策性国有资本运营公司设立目的之特殊性，其并非《公司法》上之私法人，而是一种特殊法人。尽管其采用了公司形态的治理模式，并尽可能使其经营管理行为市场化，但是，特定的目的使其在治理机构的权能设置上、在董事等管理者的人员选任上以及相应的管理制度上都会受到不同于商事公司的对待。这一点在下文中会详细论证。借用美国学者Francis所言：“切莫将美国的联邦公司视为普通商业企业组织。尽管它采取了私人商业企业——公司的法律形式，但它从来就既非作为普通商业企业设立，也不是只进行纯粹的商业活动。无论其实际经营效果如何，美国联邦公司从本质上来讲都并非以增值为目的的国有资产经营管理模式，而主要是履行联邦管理、干预社会经济以及提供公共服务职能的一种组织形式和工具。"① 在美国的司法实践中，法官通常也不认为这类公司属于普通的商事公司。②

当然，需要说明的是，对于国有资本运营公司的上述分类在实践中可能并非泾渭分明，往往会出现二者的交叉，即某一国有资本运营公司在进行"国有资本"具体运作时，可能既投资营利性项目，追求资本收益回报的最大化，同时又投资非营利性项目，追求社会公共利益的实现。这是目前实践中的一个客观现实。而如上分析，不同类型的国有资本运营公司在治理机制等制度设计上会有不同，在政府与国有资本运营公司的关系定位上也会有所差异，对此，在进行具体法律制度设计时，还是应当对这些业务交叉型的国有资本运营公司进行类别划分，在考虑其性质归属时，可以以其资本经营的主要投向和目标定位为标准，将其总体上归属于商事性或政策性，但对国有资本运营公司对外再行投资时，则应根据具体的投资项目和被投资主体的业务进行商事性或政策性区分，设计不同的治理机制。

---

① Frances J. Leazes, *Accountability and the Business State*: *The Structure of Federal Corporation*, New York: Praeger Publishers, 1987.

② 例如，在 U. S. Grain Corp. v. Phillips 一案中，法官就认为，即使 Grain Corp. 公司在形式上采用的是私人公司的模式，但是它实际上仍然是为政府服务的一个代理人，有着强烈的政治利益。See U. S. Grain Corp. v. Phillips, 261 U. S. 106 (1923).

第三章　国有资本运营公司出资人制度的设计

国有资本运营公司能否实现“市场化”运作的首要问题即是出资人制度的设计。这是因为国有资本运营公司的功能定位是作为国家投资与市场经营的对接平台，并以国有资本出资人代表身份对所投资企业进行经营管理，以达到阻隔政府直接干涉国有企业运行的目的。由于国有资本经营公司专事国有资本专业化运作，且数额巨大，关系国民经济的平稳运行，因而，其注册资本全部来源于政府出资，采用国有独资的组织形式①；同时，作为专事国有资本运营的经营实体，国有资本运营公司由国有资本所有者代表遵循一定的程序专门设立。那么问题是，究竟谁才应该是国有资本运营公司法律意义上的出资人？其出资人权益应如何设计方为合理？这是在构建国有资本运营公司法律制度时，应首先考虑的问题。

这里需做阐述的是，本部分研究究竟是用“出资人代表”的表述，还是“出资人”的表述，哪一表述更为恰当？就严格意义而言，国有资产最终所有者是全体人民，国有资本运营公司作为国有独资公司，其真正出资人当然是“全民”，任何机构，任何人，包括本级政府和政府部门，甚至是人大，都只能是以出资人代表的身份出现，而不可能是真正的出资人。但这里有一个语境问题，相对于企业而言，在企业法制度体系中需要探讨的是可以被登

---

① 该观点的代表性支持者有：肖金成、李军：《设立国有资本运营公司的几个关键问题》，载《人民论坛·学术前沿》2016年第1期；刘纪鹏：《中国国资改革创新模式探索》，载《经济导刊》2014年第5期。

记为企业的“出资人”的主体。由于本研究主要针对的是后者，因而，本书将以“出资人”的表述进行研究。当然，在必要的时候，基于语境考虑，也会使用“出资人代表”一词，本质上并无区别。只是“出资人”是相对于“企业”而言，“出资人代表”是相对于被代表的“全民”而言。此外，依据公司法原理，出资人（除代持关系外）往往是公司股东，故而，在本部分研究中，基于表述需要，会使用“政府出资人”与“政府股东”的用语，如无特别解释，二者的内涵亦相同。

一、现行规则体系中国有资本运营公司出资人制度解读

（一）现行政策中授权的不同模式：间接授权与直接授权

2015年，中共中央、国务院颁布的《关于深化国有企业改革的指导意见》提出：“科学界定国有资本所有权和经营权的边界，国有资产监管机构依法对国有资本投资、运营公司和其他直接监管的企业履行出资人职责，并授权国有资本投资、运营公司对授权范围内的国有资本履行出资人职责……开展政府直接授权国有资本投资、运营公司履行出资人职责的试点。”国务院在2015年发布的《关于改革和完善国有资产管理体制的若干意见》中，也提出了间接授权与直接授权两种方式，其中第（八）项要求，“明确国有资产监管机构与国有资本投资、运营公司关系。政府授权国有资产监管机构依法对国有资本投资、运营公司履行出资人职责。国有资产监管机构按照‘一企一策’原则，明确对国有资本投资、运营公司授权的内容、范围和方式，依法落实国有资本投资、运营公司董事会职权。”同时，在第10条规定，“开展政府直接授权国有资本投资、运营公司履行出资人职责的试点工作。”此外，2018年，国务院专门针对国有资本运营公司颁布的《关于推进国有资本投资、运营公司改革试点的实施意见》也再次强调“按照国有资产监管机构授予出资人职责和政府直接授予出资人职责两种模式开展国有资本投资、运营公司试点。”

在间接授权模式下，政府授权国有资产监管机构代表政府履行出资人职

责，并成为国有资本运营公司的股东，然后再由国有资产监管机构授权国有资本运营公司，对授权范围内的事项履行出资人职责。目前，我国中央和地方的国有资本授权经营主要以该模式为主，根据知本咨询不完全统计，80%以上的省级国有资本投资公司，都是由不同行业内或者跨行业的产业集团改组而来，[①] 而产业集团的出资人则通常是各地国资委。

在直接授权模式下，各级政府直接授权国有资本运营公司履行出资人职责。该模式下，国有资本经营权的流动路径是“政府—国有资本运营公司—国有企业”。相比间接授权，直接授权模式减少了国资委这一层级，缩短了委托代理链条，国有资本运营公司获得的自主权相对更多。此模式目前在我国并非主流，始终处于探索试点阶段。

上述两种授权经营模式在我国的国资国企法律制度体系中均有依据可循。由于国有资产的最终所有者是“全民”，但“全民”不可能现实地去经营管理国有资产，因而必须构造出一个国有产权主体代表“全民”对全民所有的资产进行经营管理。按照公法理论，政府是国家事务的执行机构，可以获得人大立法的授权，进行国有资产的经营管理，故而可作为出资人的代表。我国《民法典》第257条即规定，国家出资的企业，由国务院、地方人民政府依照法律、行政法规规定分别代表国家履行出资人职责，享有出资人权益；《公司法》第169条亦规定，国家出资公司由国务院或地方人民政府分别代表国家依法履行出资人职责，享有出资人权益；《企业国有资产法》第4条在上述规定基础上进行了进一步细化，即国务院确定的关系国民经济命脉和国家安全的大型国家出资企业，重要基础设施和重要自然资源等领域的国家出资企业，由国务院代表国家履行出资人职责，其他的国家出资企业，由地方人民政府代表国家履行出资人职责。

在2003年国资委成立后，为解决国有资产管理“五龙治水”又无人负责的局面，国务院及地方政府将履行出资人职责的功能授权给国资监管机构

① 胡迟：《进一步深化国有资本投资运营公司改革的建议》，载《现代国企研究》2024年第4期。

依法履行，标志着国有资产所有者职能开始从分散行使向集中行使转变。作为明确国资委职权的主要法律文件，《企业国有资产监督管理暂行条例》第6条规定："国务院，省、自治区、直辖市人民政府，设区的市、自治州级人民政府，分别设立国有资产监督管理机构。国有资产监督管理机构根据授权，依法履行出资人职责，依法对企业国有资产进行监督管理。"同时，根据该条例第27条规定，"国有资产监督管理机构可以对所出资企业中具备条件的国有独资企业、国有独资公司进行国有资产授权经营。被授权的国有独资企业、国有独资公司对其全资、控股、参股企业中国家投资形成的国有资产依法进行经营、管理和监督。"由此就形成了间接授权的模式，即"政府—国资委—国有资本运营公司—国有企业"。

而直接授权亦有章可循。一方面，国资委得以履行出资人职责的逻辑起点，本身即来源于政府授权；另一方面，《企业国有资产法》第11条第2款规定，国务院和地方人民政府根据需要，可以授权其他部门、机构代表本级人民政府对国家出资企业履行出资人职责。这就从法律上确认了出资人代表的多元化设置，允许政府根据需要可以授权"其他部门、机构"履行出资人职责。如果将"其他部门、机构"解读为包含了国有资本运营公司这一类主体，那么政府直接授权模式所形成的就是"政府—国有资本运营公司—国有企业"架构，与现行法律中的"政府—国资委—国有企业"的架构相比，二者之间的区别仅仅在于代表政府履行国有资本出资人职责的机构不同，并无本质差异。国务院2018年颁布的《关于推进国有资本投资、运营公司改革试点的实施意见》所确认的政府直接授权模式就是"政府—国有资本运营公司—国有企业"的架构。

（二）不同授权模式彰显出资人制度差异

从本书前文对"授权经营"的法律关系分析以及《关于深化国有企业改革的指导意见》的表述来看，国有资本运营公司获得国资监管机构的授权，在授权范围内履行出资人职责，系以其是国有资本运营公司法律上的出资人，依法负有履行出资人职责的权利和义务为前提。那么，基于上述分析，在政府直接授权的情况下，政府对国有资本运营公司的授权，与国资委的授权一样，应是建立在政府对国有资本运营公司履行出资人职责的基础之上，并基于经营管理的需要，将其对国有资本运营公司的出资人职责授权给公司的董事会行使。即授权模式不一样，国有资本运营公司的出资人即会不同，相应的国有资本运营公司治理机制的产生方式也就不同。例如，《关于推进国有资本投资、运营公司改革试点的实施意见》规定，国有资本运营公司的董事来源根据授权主体的不同而分别构建，即国资委授权的国有资本运营公司中，其执行董事、外部董事由国资委委派，董事长、副董事长由国资委从董事会成员中指定；而政府直接授权的国有资本运营公司，其执行董事、外部董事（股权董事）则由政府委派，董事长、副董事长由政府从董事会成员中指定；同时，由政府直接对国有资本运营公司进行考核与评价。

可以看出，国资委授权模式和政府直接授权模式均是以国有资本运营公司直接对数量众多的身处市场的国有企业履行出资人职责，而主要区别则在于国有资本运营公司自身的出资人不同。那么，这两种授权模式是否存在优劣之分？应采哪种更合理？谁作为国有资本运营公司的出资人更加妥当？

二、国有资本运营公司出资人的确定

目前在理论界与实务界，对于国有资本运营公司的出资人争论，至少有四种可选项，即人民代表大会、政府、国资委、财政部。

（一）人大作为出资人的检视

该观点认为应当建立隶属于人大系统的国有资产所有权专职管理机构，由人民代表大会直接授权给这个机构进行国有资产的管理和经营，不再经过政府这一层次，政府只承担社会经济管理职能，以此从根本上消除政府对国有企业经营活动的行政干预。早在1993年，有学者就研究提出，要“把国有企业的所有权从各级政府中分离出来，建立所有权的新结构，打破政府直接干预国有企业经营的机制”，为此，主张在人大常委会下设公有制委员会，通过该委员会组建国家持股公司去持有和运营国有企业的股权。[①] 在后续的研究中，有学者基于决策科学性的角度，认为“如果把经营性国有资产交给政府一并管理，政府就会把它一起纳入财政预算的盘子，引起决策过程和决策目标的混乱。因此，必须建立独立于政府的国有资产管理、监督和营运体系。应该在全国人民代表大会下面设立一个与国务院平行的‘国家国有资产管理委员会’，负责管理国有资产的经营和分配及其它相关业务。”[②] 具体到国有资本运营公司而言，有学者就建议“人大授权新设立国经委，国有资本投资运营公司可由其行使出资人权利，并归其直接管理。人大国经委通过选派董事会、监事会成员进入国有资产经营公司行使委托人职责，体现国家意志和所有者权益。投资运营公司的董事长和总经理属中管干部，由人大国经委任免，中组部管理，实行年薪制。”[③]

的确，依据宪法理论，人民代表大会作为全民利益的代表，最有资格担任国有资本运营公司的出资人。正如有学者所强调的，应当使国资经营管理权同政府脱钩，而由全国和地方人民代表大会这一全体人民的法定代表机构代为行使。[④] 而且，从委托代理的理论层面分析，这种直接的产权控制关系至少可以产生如下几方面的制度优势：显示委托人的经济理性、减少信息失真和不对称、加强监督、强化激励与约束，最终降低国有资本经营的代理成本，改善国有企业的治理绩效。

但是，人民代表大会的法律定位是国家或地方的权力机关，且属于非常设性机构，对于国有资本运营公司持续性经营这一相对微观层面的事务，事实上难以进行高效决策和日常监督。正如有学者所指出的人民代表大会的

---

① 《中国经济体制改革总体设计》课题组：《建立宏观调控和国有资产管理新体制的基本设想》，载《改革》1993 年第 5 期。

② 宁向东：《“新国有资产管理体制”的十点担忧》（上），载《清华大学中国经济研究中心研究动态》（总第 138 期）2002 年 12 月 9 日。

③ 郭春丽：《组建投资运营公司 完善国有资本管理体制》，载《宏观经济管理》2014 年第 11 期。

④ 宋方敏：《我国国有企业产权制度改革的探索与风险》，载《政治经济学评论》2019 年第 1 期。

"非常设性和非职业性使得其事实上也无法履行股东的职责。"[①] 加之，我国国有资产涉足的领域和范围相当广泛，国有资本运营不仅具有专业性要求，而且具有较强的执行性和行政性，尤其是公益性或功能性国有资本的投资经营，本就属于政府提供公共服务或调整产业结构的职责。若一定要在人民代表大会层面实现政资分开，那么，基于经营管理的需要，势必在人大内部再设国有资产经营管理执行机构，而这将会形成权力机构体系内的"第二政府"。在目前已经有国务院或地方政府作为执行机关的情况下，在权力机关内部再设执行机构，显然会造成国家权力体系运行的失调。因而，认为应当由人大作为国有资本运营公司出资人的观点，尚未厘清人民代表大会与政府之间的职能划分关系。人民代表大会本应承担立法和监管职责，若让其履行国有资本出资人的角色，那么在实际运行中不仅会使立法权和行政权错位，而且出资人职责也无法很好地得以履行，政府的国有资本出资人职能和人大的国有资本监督职能也会被混淆。诚然，政府在履行企业国有资本出资人职能的过程中，确实存在政企不分、政资不分等问题，但这些问题也只能依赖政府设计出合理的出资人制度来解决，以缓解国家所有权经营管理中的困难，但不能因此就否定政府出资人职能，并发生权力分工的错位。总之，从我国的政体来看，在政府层面实现政资分开，是较在人大层面实行政资分开更现实且成本更低的制度安排。当前我国《民法典》《企业国有资产法》也都规定国有财产的所有权由国务院代表国家行使，这正是前述考虑得以印证的规则体现。

域外经验也表明，西方国家议会并非直接经营管理国有企业，而主要是通过履行立法职责和监督职责来约束和管控具体经营国有资产的政府和国有企业，最终实现对国有资产的监管目的。议会采取的管理方式主要包括特别立法、投资预算约束、听取和审查经营情况报告以及审计监督等。以美国为例，国会对国有资产的监管职责主要体现在三方面：一是，国会享有对国有

---

① 蒋建湘：《委托代理视角下国企公司治理的改进》，载《法律科学（西北政法大学学报）》2014 年第 6 期。

资产的立法管控权，有关国有资产的相关议案需要经国会审议。二是，在财务方面，国有企业的账目和相关报告需经国会审查，必要的时候需要作以详细汇报才能获得财政资金拨款；同时，国会本身有权批准政府的财政预算报告，因此从实质意义上影响和监督着国有资产的经营运作情况。三是，国会可以通过常设委员会和临时特别委员会的机构建制，对政府的国有资产经营管理活动加以管控和约束。① 与美国不同，英国议会多通过行使立法权实现对国有资产的监督管理，在财务方面也会听取、审议国有企业的相关报告，针对国有资产运营过程中的具体问题，若需要进行质询或提出建议，会通过设立特别委员会来履行相关职责；政府行业主管部门根据议会的授权具体负责对国有企业的直接监管权并对议会负责。可见，在域外代表性国家，国家权力机构通常并不直接经营管理国有资产，主要是通过立法权以及预算审批权等对国有资产进行监管。

具体到我国，政府是人大的执行机构，对于国有资产的经营管理，人大可以授权政府代表全民行使国有资本经营公司的出资人职责。而“政资职能只能适当分开，脱离政府序列单独建立隶属人大的国有资产管理机构并不现实”② “应该保留政府代表国家行使国有资产的所有者职能。”③

（二）国资委作为出资人的反思

在中共中央、国务院《关于深化国有企业改革的指导意见》和国务院办公厅《关于推进国有资本投资、运营公司改革试点的实施意见》提出的国资委授权国有资本运营公司模式中，国资委处于三级架构的顶层，国有资本运营公司居中，国有企业处于最末端；在职责方面，国资委对国有资本运营公司履行国有资产的出资人职责，国有资本运营公司对所投资的国有企业履行出资人职责，国资监管机构不再是国有企业的直接股东，而是通过国有资本运营公司的职责履行实现二者间接的股权投资关系。

---

① 叶祥松：《美国国有企业管理体制给我们改革的启示》，载《东疆学刊》1996 年第 3 期。

② 《国有资产法》起草工作组编：《国有资产法立法研究》，经济科学出版社 1995 年版，第 107 页。

③ 郑海航等：《国有资产管理体制与国有控股公司研究》，经济管理出版社 2010 年版，第 57 页。

对于这种“国资监管机构—国有资本运营公司—国有企业”的架构安排，理论界与实务界多持肯定立场。[①] 其中一个主要理由是，我国国有资产体量庞大且行业分散，从专业化经营的角度看，国资监管机构本身不可能掌握不同领域的业务特点，因此，在不同领域成立多个国有资本运营公司以实现国有资产的专业化经营，是行业细分的必然要求，依此，一方面可以提升国有资本运作的专业化程度，另一方面也可以通过聚焦国资委的国资监管职能来改善监管质效。从形式上看，这种以国资委作为国有资本运营公司出资人的“三层构架”似乎具有很强的逻辑理性，通过国资监管者与经营者之间的“隔离”，使国资监管机构专司监管职能，以试图实现国有资本运营的市场化目标。此时，国有资本运营公司“作为国家公权力介入企业的主体障碍及权力与权利的转换器，使国家意志中的权力色彩全部或大部分被过滤掉。”[②] 但在实际操作中，国资委作为国有资本运营公司的出资人，仍然集国资监管职责与出资人职责于一身，并通过对国有资本运营公司“管人、管事、管资产”的方式实际上控制着国有资本运营公司的经营决策，并透过国有资本运营公司对市场上的国有企业进行实际控制，难以实现让经营职能回归市场，让监管职能回归政府的改革目的。

1. 国资委作为国有资本运营公司出资人的角色错位

我们应当承认，国有资产终极意义上的全民所有属性，以及政府作为出资人代表的行政性受托关系，使得政资之间难以绝对地分开。政府作为国有资产所有者的代表履行相应职能的特性，也决定了在“授权经营”模式下，政府可以通过国有资本运营公司的设置和其职能的行使，使国有企业的直接出资人不再是政府而是国有资本运营公司，以此割裂政府或其职能部门直接对市场企业的行政干预，实现政企分开，但针对国有资本运营公司这一层次，

---

① 代表性观点有许光建、孙伟：《国有企业混合所有制改革的五个关键问题》，载《宏观经济管理》2018 年第 1 期；王曙光、王天雨：《国有资本投资运营公司：人格化积极股东塑造及其运行机制》，载《经济体制改革》2017 年第 3 期；赵旭东等：《国有资产授权经营法律结构分析》，载《中国法学》2005 年第 4 期。

② 刘学灵：《论国家所有权人与投资主体间的法律关系》，载《政治与法律》1997 年第 3 期。

作为国家独资设立的国有资本专业化运作平台，其与国有资产所有权代表的政府或者或其职能部门不得不发生联系，此时，国有资本运营公司的股东只能是政府或其职能部门，不可能再塑造出一个新的市场主体作为国有资本运营公司的股东，因为新的市场主体同样需要确定出资人，这一问题不但没有解决，而且会徒增委托层级与代理成本。因此，以独立市场主体身份出现的国有资本运营公司的出资人只能是政府或其职能部门，以便履行出资人对国有资本运营公司的投资权利。目前，在选择由谁作为国有资本运营公司的出资人这一问题上，国资监管机构并不合适。这主要是因为国资委监管机构的定位与出资人职能存在冲突，而其本身并不适合抛弃监管职能，担任起国有资本运营公司的出资人角色，而且在我国当前的国资运营体制下，国资委履行的出资人职责实际上也并不完全，出资人职能实则难以充分发挥。这主要是基于如下几方面的考虑：

其一，国资委受制于自己的职权限制，在很多时候会事实上受制于政府或政府其他部门（如发改委、行业主管部门等）对国有资本投资布局的掣肘，使得现实中，国资委的出资人职责履行面临很多“无奈”，形式上其是出资人代表，但很多情况下，实质性的选择管理者权、投资决策权却并非由其行使或决定。一方面，国企高管尤其是董事长和总经理的选择常常控制在组织部门手中，国资委并没有完整的出资人权利，而选择管理者权本是出资人最重要的权利体现之一；另一方面，国企的重大投资决策权实质上又分散在发改委或相关行业部门手中，这直接影响了国资委进行资本运作。因资本运作不仅是优化产业结构的重要手段，而且是优化资源配置的主要方式，关于国有资本投资经营的部门利益之争，并没有因为存在“国资委”这一出资人代表就从根本上得以解决。正如有学者所分析，这可能造成国资委的出资人权利实际上的不完整和不独立，因为其部分出资人权利被政府所分离，使得国资委此时拥有的股东权利与普通企业的股东权利不同，呈现出一种“部分光谱”的权利状态。①

其二，国资委作为国有资本运营公司出资人，难以跨部门发挥国有资本布局的调整作用。目前，我国的国资监管体系主要可分为国资委监管的产业企业体系、财政部监管的金融企业体系、计划单列重点企业体系、行政事业单位所属企业体系、教育部管理的高校企业体系、文化和旅游部管理的文化企业体系等等，各体系间相互独立、管理分割，国有资本流动受阻。从目前我国的实践来看，国有资本运营公司主要是由国资委作为出资人的集团公司“翻盘”而来，或者由国资委新组建，其在参与其他国资监管体系改革的过程中，必然受到跨部门的监管体制掣肘，难以实现国资整体布局的调整和优化。②

其三，国资委作为事实上的行政机关，基于自身成员的能力限制，难以对投资领域广泛且复杂的国有资本进行优化配置的具体决策。作为本应专司监管的行政机构，国资委难以如具有丰富商业经验的职业经理人那样洞悉市场，谙习国有资本投资的众多业务领域以及商业运作的具体流程。商业实践和交易成本掌控能力的缺乏，决定了若由国资委决定国有资本在具体市场和行业板块中的资源配置，很可能造成国有资本投资经营的资源错配，增加外部交易成本。③

其四，国资委出资人和监管者的双重身份使得其在决策时难以权衡取舍，相互间也容易产生矛盾和冲突。一方面，国资委作为国有资本的行政监管者对国有资本运营公司经营更多强调的是合法合规性，重点关注的是国有资本经营的安全和风险防范问题，以防止国有资产流失；而另一方面，作为国有资本运营公司的出资人，国资委又需关注国资运营中的营利性问题，促使国资运营达到保值增值效果，尤其是商事性国有资本运营公司更是如此。而商

① 蒋大兴：《废除国资委？——一种理想主义者的“空想”》，载《清华法学》2016 年第 6 期。

② 马淑萍：《国有资本投资运营公司两种授权经营模式的比较》，载《经济参考报》2020 年 8 月3 日。

③ 李有华、马忠、张冰石：《构建以管资本为导向的新型国有资本监督考核体系》，载《财会月刊》2018 年第 3 期。

业的本质就是风险，高风险往往蕴含着高收益，此时，国资委就需要在风险与安全之间进行艰难取舍，而基于法律风险和政治风险的考虑，国资委往往会趋于安全价值的选择，而这又会对商事性国有资本运营公司的经营效率产生明显的反效应。

其五，基于我国国资监管和投资经营的实践惯性，监管者拥有的权力已然足够"刚性"，在此背景下，再赋予国资委以监管者和出资人的双重身份，则非常容易导致国资监管权力的进一步强化，行政监管的命令服从模式逐渐渗入出资人职责的履行机制，并基于这种监管权过度介入企业经营。

2. 国资委监管国有资本运营公司的职能归位

既然国资委不适合做国有资本运营公司的出资人，那么，其未来的发展方向应当如何定位？与国有资本运营公司之间的关系应如何厘定？

在理论界，关于国资委的定位及未来发展目前主要有三种观点："出资人说""监管人说"，还有一种"废除说"。具体而言，"出资人说"认为，国资委不应承担相应的监管职能，而是一个"纯粹"的出资人，《企业国有资产法》的相关规定即是对国资委股东角色的肯定，尽管目前国资委仍履行着国资监管职能，但持该类主张的学者认为国资委的监督只是作为股东对其资产的监督，性质上是一种内部监督。① 具体到国有资本运营公司，国资委应当仅以其出资额为限，以股东身份依照《公司法》规则对其行使相应的决策和管理权。②"监管人说"则认为，国资委的职能定位应当是国有资产的统一监管者，其应当是代表政府履行对国有资本的监督管理职责，③ 在国资委

① 李曙光：《解析国资法4大问题》，载《上海国资》2009年第4期；李曙光：《论〈企业国有资产法〉中的"五人"定位》，载《政治与法律》2009年第4期。

② 袁东明、陶平生：《国有资本投资运营公司的运行与治理机制》，载《发展研究》2015年第6期；王曙光、王天雨：《国有资本投资运营公司：人格化积极股东塑造及其运行机制》，载《经济体制改革》2017年第3期。

③ 刘纪鹏、刘彪、胡历芳：《中国国资改革：困惑、误区与创新模式》，载《管理世界》2020年第1期；刘纪鹏：《国有资产监管体系面临问题及其战略构架》，载《改革》2010年第9期；顾功耘：《国资监管机构的法律定位》，载《上海国资》2008年第6期；史际春等：《企业国有资产法理解与适用》，中国法制出版社2009年版，第64页。

专司监管的前提下，形成"统一监管、出资多元"的新型国资监管体制[①]。针对国有资本运营公司，"监管人说"认为，应当全部采用政府直接授权模式，让国有资产监管机构成为纯粹的国资监管者，不再享有出资人职权。[②]"废除说"则认为，国资委的历史使命已经完成，"下一步改革路径是：废除国资委。……回归1988年作为国资管理局隶属于财政部的模式，它只需要负责实际上已经完成的历史使命：产权确认和登记职能。"[③] 在上述三种观点中，"监管人说"应当更为合理。

首先，国资委在监管国资经营管理以来，尽管有种种弊端，但与此前"五龙治水"的国资监管模式相比，通过设立国资委所实施的集中监管有其进步性，也符合域外有关国资国企监管的发展趋势。在域外，主要存在三种国企管理模式：集中管理模式、分散管理模式和双重管理模式。集中管理模式是指国企的管理由专门的国资管理机构负责；行业管理模式是指不存在专门的主管机构，各国有企业依照所涉及的行业不同，分别由不同的主管部门管理；而双重管理模式则同时具有集中管理模式和行业管理模式的特点，同时由专门的国资管理机构和不同行业主管部门负责管理。在此三种模式中，OECD的调查结果显示，相当多的国家都在进行国企改革，而选择集中管理模式似乎是一种基本趋势。虽然采用集中管理模式的国家在具体管理机构的体系设置和权力分配方面存在差异，也仍有很大一部分国有企业的管理归属于其他政府部门，但是OECD的调查认为，在可预见的一段时间内，国企管理的模式都将采用集中管理模式，将国企管理交由某一"集权"部门。[④] 因此，当我们面对国资委的种种制度不足或缺陷时，改造国资委应当是比废除

---

① 刘纪鹏、赵晓丹：《新国资管理体制下 国资委该如何定位》，载《证券时报》2013年12月25日。

② 王志强：《基于"保持距离型"理论的以"管资本"为主的国资监管新框架》，载《江西社会科学》2019年第5期。

③ 邓峰：《国资委的历史使命已经完成》，载凤凰网，http://finance.ifeng.com/a/20150924/13992037_0.shtml，最后访问日期：2018年11月8日。

④ 经济合作与发展组织：《国有企业公司治理：对OECD成员国的调查》，李兆熙、谢晖译，中国财政经济出版社2008年版，第35－59页。

国资委更可靠的道路。①

其次，在改造国资委的过程中，如果剥离国资委的监管职能，将其定位于私法性质的“出资人”，不行使公共管理权能，那么政府对国有资产的监管职能是否还需要，若需要，又由谁来承担？事实上，我国拥有庞大的国有资产，不能没有一个实施统一监管的职能部门。② 而且，国有资产所有权代表人行使的特性决定了政府对国有资产的管理与监督不可或缺。在国资委无论是机构性质方面，还是成员能力方面，都不适合作为出资人的情况下，让其履行国资监管职能相对更为合适，既符合其机构定位，也更契合其长期形成的行政化管理方式和能力。

最后，国资委作为监管者，有利于国家所有权政策与国资监管的法制统一。如果国资委仅仅是作为民商事主体性质的出资人，那么，其制定国有资产管理的政策文件和规章制度的权力基础是什么？如果只是干净的出资人，国务院国资委仅是代表国务院履行对中央企业的出资人职责，那么其制定的国资管理规定也应当仅是针对自己作为出资人的90多家中央企业，对于地方政府代表国家履行出资人职责时，地方国资委只是参照执行，而无强制力。但从国家整体层面来看，这事实上就造成了全国国有资产统一监管职能的缺位。有学者就指出，如果国务院国资委只是作为股东一样的出资人，其制定的规章制度对于其他代表国家作为出资人的部门、机构，甚至地方国资委没有约束力。③ 由此，便产生了同为国资，但监管政策与规则却不尽统一，不但立法成本大，而且更重要的是导致了国有资产监督管理的差异。而国有资产所有权的主体本是统一且唯一的，制度的统一是应有之义。在此问题上，有学者就认为，国资监管机构的监管权的统一行使是法制统一的前提，承认国资监管机构（国资委）履行监管者职责，是改革成本最低的一种选择。④

① 蒋大兴：《废除国资委？——一种理想主义者的“空想”》，载《清华法学》2016年第6期。

② 刘纪鹏、刘冰：《国资委之路如何才能越走越宽？兼谈国资委改革中的四个认识误区》，载《国企》2011年第9期。

③ 顾功耘：《国资监管难题剖解》，载《上海市经济管理干部学院学报》2010年第2期。

④ 顾功耘：《国资监管机构的法律定位》，载《上海国资》2008年第6期。

实际上，从我国的行政管理体系来看，国资委的职责类似于金融市场中的国家金融监督管理总局、证券监督管理委员会的职责，即对我国国有资产的整体运营状况进行监督。对于国资委而言，不再履行企业国有资本出资人职能，作为纯粹的国有财产监督管理机构，不仅监管经营性国有财产，还监管行政事业性国有财产和自然资源性国有财产，这样也同时解决了行政事业性国有财产和自然资源性国有财产监管机构的设置问题，并使国资委名副其实。与此同时，应将财政部下设的有关国有资产监督管理职能并入国资委。国资委作为独立的政府机构，专职履行监管职责。① 这种监管将实现四个统一，即统一监管机构、统一监管职能、统一监管制度、统一基础管理。此时，国资委监管的主要就是国有资产的运行状况，而不再直接针对国有企业“管人、管事、管资产”，其主要任务就是制订国有资产监督管理的各项法律法规和方针政策，且具有执法的监督检查权，特别是对造成国有资产流失的行为以及在国有资产经营中的渎职行为有权进行行政处罚。②

在该体制下，国有资本运营公司作为国有资本经营的受托者，理所当然地应当成为国资委的监管对象。但需要明确的是：第一，通常情况下，国资委不能干预资本运营公司的经营活动，只有当该类公司在经营中出现违法违规问题时，才能以事后监管的方式参与进来。第二，在监管对象上，国资委的监管并不限于国有资本运营公司，国有资本运营公司所投资的控股企业也应作为监管对象。有学者指出，在国资三级管理经营体制下，国资委的监管职能也应随之进行限制和隔离，即国资委不再穿透监管至身处市场的国有企业，而是仅在国有资本运营公司层面实施监管权利，如同国资委在《关于中粮集团有限公司有关授权事项的复函》中所指出的那样，将延伸到子企业的

---

① 李昌庚：《企业国有资本出资人：国际经验与中国选择》，载《法学论坛》2014 年第 2 期。

② 谢志华、胡鹰：《国有资产管理：从管资产到管资本》，载《财务与会计·理财版》2014 年第 7 期；文宗瑜观点，参见卢淼：《以顶层设计引领国有资产管理体制改革——文宗瑜访谈》，载《团结》2015 年第 3 期。

管理事项原则上归位于一级企业。[①] 但实际上，持该观点的学者仍然是将国资委作为出资人代表来看，是基于出资人的管理而不是基于政府行政管理职能对国有资产进行的监管。但，实际上国资委在剥离出资人职能后，所实施的监管恰恰属于后者而非前者。国资委这种监管在法律性质上应属于政府监管的公权范畴，而非出资人监管的私权范畴。在权利与权力二元格局下，国资监管机构拥有的监管权实际上是权力行使问题，基于代表全民进行国资监督管理的公共秩序考量，其有权对国资国企进行全面的、穿透式的“横向到边、纵向到底”的监管。在行政视域下，这是国家针对国有资产是否合理占用、使用、经营和收益的行政权监督，在与经营脱钩以及防止国资流失的既定目标下，国资监管机构的行为属行政行为。[②] 其监管目标在于监督检查国有资产管理制度的执行情况，并防止因经营管理者故意或重大过失造成的国有资产的违法处置和非法流失。

总之，将国有资产监管机构与国有资本运营公司的关系确定为投资关系，不利于国有资本运营公司的市场化运行，应当将国资委定位为监管者，这样一来，在国有资产监管机构与国有资本运营公司之间就形成了监管与被监管的关系。[③] 且该监管属于公权范畴，主要依托于行政手段。[④] 通过这种定位，使得国资监管者和国资经营者之间实现了职能上的隔离，监管者仅履行监督职能，提高监督效率的同时避免干涉市场运作；而对于经营者来说，则是在监管机构的监督和约束之下，独立决策国有资本投资，使得国资运营更加市场化和效率化。此时，国资委负责监管和国有资本运营公司负责经营，二者

---

① 胡迟：《改革国有资本授权经营体制扩大深化两类公司改组组建》，载《现代国企研究》2018 年第 11 期。

② 王志强：《基于“保持距离型”理论的以“管资本”为主的国资监管新框架》，载《江西社会科学》2019 年第 5 期。

③ 顾功耘：《国有资产立法的宗旨及基本制度选择》，载《法学》2008 年第 6 期；王铮：《国资委不应充当淡马锡的角色——访华东政法大学副校长顾功耘》，载《上海国资》2014 年第 5 期。徐文进：《“管资本”功能视角下国有资本投资运营公司研究》，载《东吴学术》2020 年第 5 期。

④ 麦磊、王广亮、顾棽：《国有资本投资运营公司与国企改革》，载《现代经济探讨》2016 年第 8 期。

各自对政府负责，形成“品字架构”。[①] 应当说，从有利于监管机构实施有效监管、实现监管与营运相分离的原则出发，这种定位模式更具有合理和可行性。[②]

（三）财政部门作为出资人的质疑

从国务院、地方政府的组成及其分工来看，财政部门是国有财产的主管部门。作为主管机关，由财政部门代表政府履行对国有资本运营公司的出资人职责似乎顺理成章。根据学者的研究，在域外，被视为国有资本运营成功典范的新加坡，作为国有资本运营平台的6个法定机构（Statutory Board）和以淡马锡控股公司为代表的国有控股公司均是由财政部来代表国家履行出资人职能，国有企业财政预算、财务收支等最终决定权也都在财政部，各专业部门只是负责专业管理。除新加坡外，其他国家也存在着由财政部作为国有资本出资人代表，履行出资人职能，其他部门辅之以专业管理的情形。例如，德国国有企业由财政部统一管理，履行出资人职能，辅以有关部门专业管理；新西兰国有企业由财政部履行出资人职能，有关行业主管部门行使专业管理；意大利早先设立国家参与部对国有企业行使出资人职能，1992年国家参与部撤销，其职能并入国库部（相当于财政部），由国库部统一履行国有企业出资人职能，并与相关部门一起参与国有企业管理等。另有国家是在财政或预算部门下设国有资产专职管理部门，例如，法国于2003年在财政经济与预算部下设国家参股局，履行国有企业出资人职能；澳大利亚财政部下设财产管理局，履行国有企业出资人职能；巴西于1979年在国家计划预算管理部下设国有企业控制署，专门履行国有企业出资人职能。当然，上述各国虽然是由财政部门履行企业国有资本出资人职能，但财政部门一般也不直接履行面向市场和社会的企业国有资本出资人职能，而是通过若干中间部门、特定机构或控股公司来具体行使出资人职能，财政部门履行企业国有资本最终出资人

① 参见肖红军：《国有资本运营公司改革进展与深化方向》，载《改革》2021年第11期。
② 袁谋真：《关于国有资产监管若干问题的探讨》，载《国有资产管理》2003年第10期。

职能，实现国有资本经营预算与财政预算的统一。基于对上述域外制度的借鉴，有学者提出，企业国有资本总出资人应当由财政部担当，并建议在财政部下设立相对独立的、级别较高的国有财产管理局具体负责，将财政部的企业司和金融司相关职能并入国有财产管理局，国有财产管理局再内设企业司，并根据金融企业和非金融企业分别管理。①

从目前我国国资管理体制的现实来看，在中央层面，财政部经政府授权履行出资人职责的主要是针对金融类企业、烟草企业、邮政企业、国家铁路集团、文化出版类企业等。其中影响力最大的应是金融类企业。2018 年，中共中央、国务院出台的《关于完善国有金融资本管理的指导意见》明确了财政部门为国有金融资本出资人的定位，即“各级财政部门根据本级政府授权，集中统一履行国有金融资本出资人职责。国务院授权财政部履行国有金融资本出资人职责。地方政府授权地方财政部门履行地方国有金融资本出资人职责。”随之，在财政部的职责设定中，“根据国务院授权，集中统一履行中央国有金融资本出资人职责”“制定全国统一的国有金融资本管理规章制度”得以明确确立。而对于产业类国有企业，除特殊的烟草、邮政、铁路、文化出版行业外，则都是由国资委经政府授权履行出资人职责，财政部对于这些国企的监管主要是：审核并汇总编制全国国有资本经营预决算草案，制定国有资本经营预算制度和办法，收取中央本级企业国有资本收益，负责制定并组织实施企业财务制度。

在现行财政部职责设定基础上，针对前述国资委履行出资人职责时的种种弊端，有观点主张，应当由财政部来全面履行国有资本出资人职能，并认为其优点在于：（1）财政部门履行企业国有资本总出资人职能，不容易出现类似国资委利益扩张、“与民争利”的利益冲动和行政不当干预现象；（2）避免了国家出资企业在国资委和财政部门划分归属的不确定性，实现了企业国有资本出资人职能的统一管理；（3）实现了企业国有资本出资人职能

---

① 李昌庚：《国有财产法基本制度研究——“国有资产法”正本清源之二》，法律出版社 2015 年版，第 81 页。

与国资监管等社会公共管理职能的分离，避免了出资人职能的股东监督与政府监督职能的混淆；（4）实现了国有资本经营预算与财政预算的统一，以及国有资本经营预算和出资人职能的统一；（5）实现了企业国有资本总出资人职能与具体出资人职能分离，隔离了政府与企业之间的直接关系，有助于缓解“政企不分”、关联交易和行政垄断等弊端，进而有助于完善公司治理等。[①] 但仔细分析上述的论证可以发现，除第（4）点外，其他论证都没有指出为何同为行政管理部门的财政部就比国资委要更为合理。虽然说，在财政部担任国有资产出资人职责的模式下，财政部门是仅履行公权力性质的企业国有资本总出资人职能，并非直接参与企业经营管理，在财政部门和具体经营的国家出资企业之间还有若干国有资本运营公司或特定机构，由后者履行具体出资人职能，行使私权利性质的股东权利，但若是由国资委或任何其他政府部门担任国有资本运营公司的出资人职能时，也是同样的构建，并无法体现出财政部门担任出资人的制度优势。此外，同为政府部门，为何能够认为财政部门履行企业国有资本总出资人职能，就不易出现类似国资委的利益扩张、“与民争利”的利益冲动和行政不当干预？为何就能够实现企业国有资本出资人职能与国资监管等社会公共管理职能的分离，避免二者的混淆？

财政部门不适合担任国有资本运营公司出资人职责还主要是因为如下原因：

首先，如同国资委一样，财政部门担任国有资本运营公司的出资人代表，履行出资人职责还是会存在出资人职能与社会公共管理职能的混淆。而且，财政部门的这一问题可能比国资委更为严重。2003 年国资委成立时，为了有意识地区分出资人职能和社会公共管理职能，还特地有意识地将国资委塑造成为“特设机构”（尽管对此性质界定学界已有诸多争议，其事实上也是行政机构），而财政部门则是实实在在的行政管理机构，行使着公共管理职能，

① 李昌庚：《企业国有资本出资人：国际经验与中国选择》，载《法学论坛》2014 年第 2 期。

若其还要代表政府履行国有资本出资人职责，同样也可能存在政资不分或过度干预企业经营的问题。2009 年时，财政部针对金融机构突发“限薪令”的管理行为就曾引发了金融市场的争议。当时财政部发布的《关于国有金融机构 2008 年度高管人员薪酬分配有关问题的通知》（已失效），对金融类国有及国有控股机构及其控股子公司（简称国有金融机构）2008 年度高管薪酬政策做出了详细规定，包括：各国有金融机构 2008 年度高管人员薪酬按不高于 2007 年度薪酬的 90% 确定；各国有金融机构 2008 年度经营业绩较 2007 年度出现下降的，高管人员薪酬在执行上述原则的基础上，再下调 10%，其中，2008 年度经营业绩降幅较大的，高管人员薪酬降幅还应增加。对财政部出台的这一“限薪令”，如何评价其合法性？从投资结构看，财政部仅仅是中央金融类国有企业的出资人代表，且往往还不是控股股东，如财政部认为国有金融机构的董事、监事薪酬过高需要控制，应依《公司法》，以股东身份在股东会上提出限薪提案，并经股东会表决通过；至于高管薪酬的确定，则属于董事会的权限。无论如何，财政部作为履行国有资产出资人职责的机构，虽然在文件中表示限薪需要金融机构履行相关程序，但以“通知”这种红头文件的形式下发，并要求各国有金融机构按照该通知规定制定高管人员薪酬方案，显然超出了股东的权利边界，而事实上是在行使行政管理权力。因为国有资本出资人权利与行政管理职能的一个显著区别就是，国有资本出资人权利是由私法所确认的基于投资所产生的股东与公司之间的法律关系，体现的是国有资产所有者或国有资产代理行使者对国有财产投资所形成的国有股权的权利享有和行使；而国家行政管理权是由宪法和行政法等法律规定的国家对社会生活进行管理的权力，体现为国家对人和社会的支配关系。① 在这一点上，财政部进行的“限薪”实质显然是后者。

其次，财政部门担任国有资本运营公司的出资人不利于对国有资本经营管理的“硬约束”。在实践中，我国国有资本运营效率较低进而受到质疑的

① 王利明：《国家所有权研究》，中国人民大学出版社 1991 年版，第 153－154 页。

一个主要原因就在于国有资本经营中的“预算软约束”。这使得在现行体制下，国有资本的经营管理难以被有效制约，国有资本的经营效率难以提升。正如有学者所认为的，“经营性国有资产从财政体系分离，可有效切断国有企业直接承接公益性政策负担和财政资源直接输送国有企业的体制通道，从而更加明确国有企业行为的价值创造导向并有效消除其‘预算软约束’积弊。”[①] 因而，对于上述支持财政部作为出资人的理由中，认为财政部作为国有资本运营公司出资人有利于“实现国有资本经营预算与财政预算统一”，说服力还显欠缺。因为在国有资本经营中，为克服所有者“虚位”带来的高“代理成本”，应强化对国有资本经营的“预算硬约束”，这种“硬约束”在某种程度上是一种外部监督，以增强国有资本运营的效率。

（四）政府作为出资人的合理性证成

国有资产所有权的全民属性决定了国有资产的经营管理必须依靠委托代理方可进行，而委托代理关系的运行必将存在代理成本，出于制度成本因素的考量，如何在政府内部合理地配置权力，以控制代理成本，是制度设计时必须考量的问题。[②]

客观地说，鉴于国有资本所处领域的广泛性及其权属的复杂性，政府确实不可能将全部国有资本以及国有资本占有、使用、收益、处分的全部权能均授权给任何一个部门或机构。以我国现行国资管理的实际情况为例，目前的国资管理体制事实上存在着“三龙治水”现象。在经营性国资的具体管理方面，发改委、国资委和财政部分别担任着各自职能：发改委居于战略规划位置，负责规划国有资本投资的总体布局；国资委对国有企业资本投资提供投资监管和业绩考核；财政部则负责制定国有资本经营预算、收取国有资本

---

① 郭春丽：《组建投资运营公司 完善国有资本管理体制》，载《宏观经济管理》2014 年第 11 期。

② See Jianghuai Zheng & Zhibin Xie, *Integrating the Separated Control Rights*: *An Analysis of the Change of the State – Owned Asset Administration System* (August 28 2006), http://papers.ssrn.com/sol3/papers.cfm?abstract_id=926647, last visited on 11 November 2015.

收益，并为国有企业管理者提供行为导向和规范。[①] 可见，国有资本出资人职责的履行事实上被割裂开来。国有资产管理的"三龙治水"给以"管资本"为主的国有资产管理体制改革带来一定的障碍，各政府部门之间的这种"分工负责"导致了统一管理的困难和协调成本的增加。例如，国资委虽然监管着大部分国有企业，但却没有预算编制权和收益权；财政部在收缴国家出资企业的资本收益时，也未从各地区、各行业市场经营的实际情况出发，针对不同企业情况设计差异化的企业收益上缴制度，而是采取统一的收益上缴比例；发改委的职能尽管是调整整个国民经济的布局，是从国家发展规划和经济现状的现实出发，对不同行业分别作出鼓励发展或者限制产能的决策，但是其缺少资本收益管理权等间接化工具，调控方式常常较为直接，容易造成对企业的过度干预。可见，任一单独的政府部门都难以肩负起国有资本运营公司的出资人职责。在现行体制下，政府本来就是我国国有资本所有者的代表，这在《民法典》《企业国有资产法》《公司法》中都有立法的明确规定，因此，由政府直接作为国有资本运营公司的出资人并无不可。

相较而言，由政府直接作为国有资本运营公司出资人，并直接授权资本运营公司经营国资具有以下优势：

首先，有利于降低授权的代理成本。相对于"政府—国资委—国有资本运营公司—国家出资企业"的间接授权模式，"政府—国有资本运营公司—国家出资企业"的直接授权模式，缩短了委托代理链条，节省了代理成本，具有更高的效率。根据现在授权经营体制的改革方向，即使在国资委授权模式下，国资委也不应当成为国有资本运营公司的"积极股东"，而是应当建立"负面清单"，明确其权限，不在清单范围内的职权应当授予国有资本运营公司董事会来管理。从增强国有资本运营公司市场化的目标来看，这一改革方向值得肯定。但这反过来也动摇了国资委授权模式的存在价值，既然主要依靠国有资本运营公司负责国有资本运作，政府授权给国资委，再由国资

① 刘媛媛：《国有企业资本投资管控机制研究》，中国社会科学出版社2017年版，"前言"第7页。

委授权给国有资本运营公司履行出资人职责的意义就缺乏必要性，国资委在间接授权模式下的职责，完全可以由政府自身承担，从而减少管理层级和行政干预，提升效率，避免叠床架屋。

其次，降低不同部门进行国资管理的协调成本；同时，有利于国有资本运营公司在政府的直接统筹下最大程度地按照国家的整体性目标和要求推进国资国企改革，实现跨国资监管体系的资源配置，推动国有经济布局结构的整体调整。①

当然，政府直接授权模式也可能面临质疑，尤其是政府直接担任国有资本运营公司的出资人，是否与其承担的社会公共管理职能冲突，重走政资不分的老路？这一顾虑看似有理但实则发生了概念错位。的确，随着实践发展，特别是企业国有资产商业化、市场化、资本化运营的深入，企业国有资产出资人职能与政府作为社会管理者的行政职能应当逐渐分离。但这种分开，一般是指政府的社会公共管理职能和国有资产所有者职能分离，分别由政府的不同机构或部门行使。政资分开不是指政府只承担公共管理职能，不承担所有者职能，而是指政府体系下不同机构或不同部门分别履行不同的职能。事实上，国有资产的全民属性、人大作为全民利益的代表、政府作为人大的执行机构，这三个因素决定了，国有资产的管理不可能离开政府。当政府自身直接作为国有资本运营公司出资人时，也不可能出现某个政府机构或部门同时身兼公共管理职能和国有资产所有者职能的情况，因此，该直接授权模式不属于政资不分的情形。

总之，改变在国资委之下设立国有资本运营公司的做法，设立与国资委平行的资本运营公司，由政府直接对国有资本运营公司行使出资人权利，进而构建政府直接授权国有资本运营公司的经营模式应成为我国国有资产管理体制改革的理想模式。如前述分析，在该模式下，国资监管者和国资经营者之间实现了职能上的隔离，国资委负责监管、国有资本运营公司负责经营，

① 马淑萍：《国有资本投资运营公司两种授权经营模式的比较》，载《经济参考报》2020 年 8 月3 日。

二者各自对国有资产的出资人代表——政府负责，形成“品字架构”。当然，基于国资委作为履行出资人职责机构的法律规定，以及过去20年的路径依赖，国资委授权模式可能在一段时期内还将继续存在，但未来应逐步向政府直接授权模式转变。在此需要说明的是，本书后续的研究均是以应然的制度设计而展开，即政府是国有资本运营公司出资人，享有出资人权利；国资委则是国有资本运营公司的监管者。

三、政府出资人权利的性质

政府作为国有资本运营公司的出资人后，对国有资本的权利行使依据是现代企业制度，权利基础是根据国有资本投资而形成的股权，本质上属于私权利，而非政府的公权力。

对此，理论界有不同观点认为，基于国资的特殊性，应将国有股权界定为公权力。该观点的论证思路是，国家所有权的行使具有公权力的内在属性，是公共管理职权的必然扩张和延伸①，而“国家股东权源于具有这种公权力性质的国家所有权，因而天然与行政权力相链接，也具有公权力属性”②，故而，“国有股东权虽然在公司法中体现为一种民事权利，却是以私权的形式行使公权力”③。这一论证逻辑貌似合理，但却需要推敲。尽管国家所有权以及基于国有资产投资而形成的国有股权具有为了全民利益的公共利益属性，或者国有股权在行使时并非完全以营利为目的，而是会考虑社会整体利益，例如建设重大基础设施、承担重大专项任务、提供民生和公共服务等，但能否因为这些公共利益属性就认为国有股权具备公权属性，甚至认为其是徒具私权外表的公权。这里出现了一个概念误识。公共利益、公共服务，是否就等于“公权力”？在行政法理论研究中，学者已经用“公共服务概念摒弃公

① 参见谢海定：《国家所有的法律表达及其解释》，《中国法学》2016年第2期。

② 参见漆思剑：《企业国有资产出资人监管法律制度研究》，法律出版社2020年版，第127页。

③ 于莹：《公权力嵌入国有公司治理：理据及边界》，载《政法论坛》2024年第1期。

共权力的概念并以全新的方式定义国家的职能”[①]。在行政法视域下，公权力的核心是国家公权力机关及其责任人在职务上的权力，它是基于社会公众的意志而由国家机关具有和行使的强制力量。若以此来理解国有股权的性质，便会得出“公权力的嵌入是国有公司治理的核心特征”或“公权力的嵌入是国有公司治理中权力配置的逻辑起点”[②]等观点，而这显然与我国国企改革一直推动的政企分开相违背。而且这也会产生如同1993年《公司法》第4条第3款所规定的制度不公平，即国家以国有资产投入进而享有的股权属于公权力，而私人以自身财产投入所获取的股权则为私权利，而公权力相较于私权利具有着“控制与支配”本质[③]，那么，如果政府与私人合作共同投资，公司股东间的利益冲突将难以协调。而实际上早在2008年我国《物权法》出台时，就明确了国家所有权的私法属性，并确定了所有制平等、一体保护的基本原理，该思想直至《民法典》出台一直得以延续。因而，国家作为企业出资人所享有的权利，本质上是一个市场化的权利，是一个民商法上的权利。[④]其与普通商事公司中股东持有的股权并无差异。

四、政府出资人权利的行使

如果我们认可政府作为国有资本运营公司的出资人，认可其股东地位，那么，政府行使《公司法》上的“股东”权利应无异议。有观点或许会担心，这可能会导致政府利用股东权利过度控制国有资本运营公司，降低国有资本运营公司的独立性。这一担心的确有一定道理。正因为此，在进行国有资本运营公司出资人权利规则的设计时，需要对政府的股东权进行一定的限制，但在限制之前，首先还是应当承认政府股东基于投资而产生的合理的管理权或决策权。事实上，即使在私人公司，股东在投资公司后，基于股权都

---

① ［德］迪特·格林：《狄骥思想之德式解读》，王蔚译，载《交大法学》2018年第3期。

② 于莹：《公权力嵌入国有公司治理：理据及边界》，载《政法论坛》2024年第1期。

③ 潘爱国：《论公权力的边界》，载《金陵法律评论》2011年春季卷。

④ 孙宪忠等著：《国家所有权的行使与保护研究》，中国社会科学出版社2015年版，第258页。

当然地对公司享有着重大事项决策权、选择管理者权、利润分配请求权等。我国《公司法》第59条、第112条就分别规定了有限公司股东会、股份公司股东会修改公司章程、增加或者减少公司注册资本、审批公司的利润分配方案和弥补亏损方案、选任公司董事与监事、合并、分立、解散、清算或者变更公司形式等多个事项的决策权。那么，同为设立企业，政府作为股东也应享有这些权利。在具体的决策权范畴上，政府作为国有资本运营公司的唯一股东，有权就如下事项进行决策：

（一）战略管理权

基于公司法的基本原理，政府作为国有资本运营公司的出资人，应当有权对企业的战略性经营决策进行管理，这也是其作为投资人的基本权利。然而，目前实践中凸显的问题是，如何界定“战略管理”？其内涵和外延应当是什么？这直接决定了政府介入国有资本运营公司经营管理的深度和广度，也决定了政企分开的力度。就内涵而言，企业“战略管理”应是指在一定时期内对一个企业或者组织的长远性、全局性发展目标、方向、任务和政策，以及有关资源调配的决策和管理。就外延而言，在国有资本运营公司语境下，政府的“战略管理”应当主要包括如下几点：

其一，确定国有资本运营公司的发展规划及主业方向。不管是对于政策性国有资本运营公司还是商事性国有资本运营公司，其设立目的或经营范围是政府作为出资人首先需要明确的问题，也是两类公司分类的基础。尤其是对于政策性国有资本运营公司，一般是政府为特殊目的事业而设立，通常有着明确的主营业务。这一业务范围往往在公司设立时便已经由政府确定，企业董事会及经理层未经政府同意无权随意更改。因此，政府在确定国有资本运营公司发展战略的同时，也要明确公司的功能定位和主业目标，合理配置资源，优化国有资本布局调整。

其二，决定国有资本运营公司组织形态发展的“根本性”事项。基于投资关系，对涉及公司组织体章程制定与修改、重组、改制、合并、分立、解散、申请破产等“根本性”事项，应当由出资人来决定。这些事项往往是重大的，但同时也必然是有限的。对此，我国《公司法》第172条①、《企业国有资产法》第31条②已经针对国有独资公司中应当由履行出资人职责的机构决定的事项进行了明确规定，这些事项不得授权给国有独资公司董事会。

其三，国有资本运营公司的资本变动及重大投融资活动。政府股东在对运营公司进行战略管理时，资本变动及重大投融资活动是重要任务。公司注册资本的变化对股东的权益结构产生重大影响，因此，增加或减少公司注册资本的行为应取得股东同意。对国有独资公司而言，政府是唯一出资人，更需取得政府认可，方符合《公司法》和《企业国有资产法》的基本精神。对于公司其他的投融资活动，则应根据公司实际情况，建立分级投融资授权体制，以实现投资效率与风险控制的契合。对于一般的投融资业务可授权公司董事会行使，这对政府股东而言，既控制了风险，又更具效率；而对于“重大”的投融资活动则需明确由政府决策。此时，为明确政府股东与董事会的权限边界，应根据国有资本经营公司的行业和规模，制定不同的“重大”标准。在目前积极推进国资授权经营的改革方向下，政府股东在确定“重大”标准时，应加大对资本运营公司融资、投资、担保等事项的授权放权力度，使政府的审批事项控制在有限的范围内。在具体的立法技术上，可考虑以公司净资产比例为授权分解方式。例如，对公司“重大”事项的界定值可以是，单笔投融资金额超过公司最近一期经审计的净资产10%的或者为资产负债率超过70%的担保对象提供担保的等。该10%的比例设定参考了《公司法》第219条③关于简易合并的规定；对于担保的具体规定则是借鉴了证券

① 《公司法》第172条：“国有独资公司不设股东会，由履行出资人职责的机构行使股东会职权。履行出资人职责的机构可以授权公司董事会行使股东会的部分职权，但公司章程的制定和修改，公司的合并、分立、解散、申请破产，增加或者减少注册资本，分配利润，应当由履行出资人职责的机构决定。”

② 《企业国有资产法》第31条：“国有独资企业、国有独资公司合并、分立，增加或者减少注册资本，发行债券，分配利润，以及解散、申请破产，由履行出资人职责的机构决定。”

③ 《公司法》第219条第2款：“公司合并支付的价款不超过本公司净资产百分之十的，可以不经股东会决议；但是，公司章程另有规定的除外。”

监管机构对上市公司为高风险企业担保的监管要求。① 当然，对政策性国有资本运营公司而言，如果政府授权公司自主决定的较大数额的投资活动会显著影响公司主业开展，则需经政府股东批准，以确保主要资源集中用于功能性项目和主业投资上。

（二）财务预算管理权

国有资本经营预算是国家以所有者身份依法取得国有资本收益，并对所得收益进行分配而发生的各项收支预算，是政府预算的重要组成部分，包括收入预算和支出预算。在收入预算方面，政府依法取得国有资本收益是其作为国有资本投资者享有的应然权利，也是建立国有资本经营预算的基础。对国有资本运营公司而言，收入预算主要包括：应交利润；国有产权、股权（股份）转让收入；公司清算收入等；在支出预算方面则主要包括企业的资本性支出和费用性支出。需说明的是，尽管我国《公司法》在2023年修订后，从立法层面取消了对公司预算、决算事项的决策机制安排，而是交由公司自治，不再强制性规定由董事会拟定方案，报股东会通过，但对国有公司尤其是国有独资公司而言，因国有资本经营预算是国家预算的重要组成部分，关涉全民利益，因而，仍应由政府股东进行决策。这种安排并不违反《公司法》规定，且符合公司自治的理念，应予认可。

在具体的预算管理过程中，政府股东应当对董事会编制和上报的年度投资计划进行审议并作出决策，包括：（1）年度总投资规模、资金来源与构成；（2）年度主业与非主业投资规模；（3）年度投资项目基本情况，包含项目内容、投资额、资金构成、投资预期收益、实施年限、可行性分析报告等。年度预算通过后，若公司在年度计划外追加项目，则应及时报告，并履行相

---

① 《上市公司监管指引第8号——上市公司资金往来、对外担保的监管要求》（中国证券监督管理委员会公告〔2022〕26号）第9条："应由股东大会审批的对外担保，必须经董事会审议通过后，方可提交股东大会审批。须经股东大会审批的对外担保，包括但不限于下列情形：（一）上市公司及其控股子公司的对外担保总额，超过最近一期经审计净资产百分之五十以后提供的任何担保；（二）为资产负债率超过百分之七十的担保对象提供的担保；（三）单笔担保额超过最近一期经审计净资产百分之十的担保；（四）对股东、实际控制人及其关联方提供的担保。"

应审批程序；若公司年度投资计划执行情况偏离预算金额，且幅度超过10%的，则应视为年度投资计划调整，公司董事会应向政府股东充分说明调整原因及内容，并经政府股东同意方可。

（三）收益管理权

从投资关系看，国有资本收益是国家作为企业出资人所享有的利润分配请求权。只是因为国家这一特殊投资人身份，才造成了这种利润分配请求权与财政预算收入的混合。但是，从本质上看，其仍然属于因投资而形成的权益。政府应当基于国有资本运营公司的不同类型，价值追求的不同，对商事性国有资本运营公司以及不同类型的政策性国有资本运营公司确定各公司具体的收益上缴比例。

（四）管理者选任权

选择管理者是出资人的主要权利之一，尤其是对董事和监事的选任。由于《公司法》（2023）修订后监事会不是国有独资公司的必设机构，且根据国资监管的改革趋势，国有独资公司将更倾向于采取审计委员会的监督模式，因此，这里主要针对董事选任进行阐述。

董事会是国有资本运营公司经营管理的中心，在公司治理结构中处于核心地位。为防止董事会滥用权力，保护国有资本的经营安全，政府作为出资人有权且应当对董事会经营决策权的正当行使进行一定的监督和制衡，这主要体现在任免董事会中除职工董事外的组成人员并对其进行评价与考核，决定其薪酬，即通过“管人”的方式来实现对公司事务的管理。

首先，政府股东有权任免国有资本运营公司的董事会成员（职工董事除外），并以此控制和监督董事会。在国外，尽管各国对国有企业董事的选任规定各不相同，但总体而言，在“由政府任免”这一点上，域外主要国家做法基本一致。在美国，田纳西河流域管理局（TVA）董事会由九名成员组成，这九名成员均由总统任命，并经由国会认可，任期为5年。[①] 在法国，

① 潘立春：《田纳西河谷管理局治理概要》，载顾功耘主编：《公司法律评论》，上海人民出版社2015年版，第95页。

政府也是通过向国有企业董事会派出董事来维护国家股东的利益。国有企业董事、董事长和总经理由内阁会议以法令形式任命[①]。2003 年，法国成立了专门对国有资产实施监管的机构——国家参股局（APE），作为财政部的一部分，APE 的重要职责之一是向国企董事会派出股权代表。在日本，国有企业实行决策、执行机构一体化机制，董事会是最高决策机构，其成员来自社会各方，由政府主管大臣或国会任免。在新加坡，政府在国有企业治理中发挥着明智、负责的所有者角色，与企业保持“一臂之距”，往往是通过派遣董事参与董事会来对公司事务进行决策，并使董事会保持一定的独立性。

具体到我国的国有资本运营公司，对于专业性较强的特定行业，国有资本运营公司的董事选择应适当考虑相关的行业主管部门的意见，尽量选任具有相关专业背景的人士作为董事，当然，最终的任命权仍然在政府层面，而绝不是在行业主管部门。目前，一个典型的代表就是中央汇金公司[②]。其实质就是金融领域的一个国有资本运营公司。目前中央汇金公司的重要股东职责就是由国务院行使，公司董事会、监事会成员由国务院任命，对国务院负责。

其次，对董事及董事会进行考核是政府股东的有力监管措施之一，也是政府股东了解国有资本运营公司经营管理情况的有效途径。通过对董事的履职考核，可以使政府这一出资人代表了解和掌握其任命的董事会成员的履职状况，以及整个公司董事会的质量，并最终对公司的整体运行水平做出合理判断，保证公司运营的有效性。当然，在考核中，考虑到商事性国有资本运营公司与政策性国有资本运营公司的差异，对其考核的指标应当进行差异化设计，前者注重投资回报率，后者则更注重社会功能的实现。

---

① 法国《公共部门民主化法案》：“董事会由三类代表组成，国家代表由各有关部的部长任命，社会知名人士代表也由主管部的部长选定，其中董事长、国家代表的免职或撤职，由政府决定。”

② 中央汇金公司官网信息显示：中央汇金公司根据国务院授权，对国有重点金融企业进行股权投资，以出资额为限代表国家依法对国有重点金融企业行使出资人权利和履行出资人义务，实现国有金融资产保值增值。中央汇金公司不开展其他任何商业性经营活动，不干预其控股的国有重点金融企业的日常经营活动，载 http://www.huijin-inv.cn/，最后访问日期：2019 年 6 月 13 日。

五、政府出资人权利行使的合理限制

（一）限制政府出资人权利的必要性

在“政府—国有资本运营公司—国有企业”模式中，处于中间层的国有资本运营公司是否能够独立，是该模式价值能否实现的关键，也是避免国有资本运营公司变成“行政性公司”的关键环节之一。与政府的强势相比，国有资本运营公司的经营自主性极易受到来自政府这一唯一出资人的“威胁”。尤其是，在政府与国有资本运营公司的产权所有与管理关系上，政府既是国有资本运营公司的出资者，又是监管者，二者难以有效分开。这也是为什么很多国家在企业国有资产经营实行控股公司模式后，虽然政府对处于市场的国有企业的干预减少了，但是因控股公司受制于政府，使得国有企业的重要决策形式上虽然由作为其股东的控股公司行使，但最终难以避免政府行政干预，处于政府与国有企业之间的控股公司的治理和运作也被行政化了。从域外实践来看，除新加坡淡马锡控股公司是一个明显的例外，西方国家在实行国有控股公司模式后，控股公司如何才能发挥应有作用也始终是未能很好解决的难题，国有企业效率与活力也还未得到根本改善。对该问题的解决，关键在于尽量限制政府这一出资人对国有资本运营公司直接行使的股东权利。否则，政府作为国有资本运营公司的唯一股东，通过行使股权可以完全控制公司重要的人、财、事，即透过股权通道合法地将国有资本运营公司牢牢控制，进而通过它去控制“所出资企业”，影响授权经营模式的市场化改革。尤其是相较于政府股东的强势，国有资本运营公司具有天然的弱独立性，政府的行政性特征有可能损害资本配置的有效性，使得当市场化决策与政府的公共政策目标冲突时，作出符合公共政策目标的资本配置。如此一来，国有资本运营公司就只不过是在形式上割裂了政府与国有企业之间的关系，政企分开依旧难以实现。

（二）以“负面清单”模式明确政府出资人权利边界

“负面清单”实际上是一种法治思维。虽然这个清单是针对市场和企业的，但它实际上限制了政府的权力，并划定了政府可以批准和管理的领域，清单之外，皆由市场自由决定。可以说，“负面清单”是法治社会中限权和赋权思维的具体表现。负面清单管理方式的推广，实际上是由政府管理到社会治理的法治创新，这会对以行政权力为核心的管理模式提出挑战，要求其做出相应的变革，并削弱政府行政体制在市场管理中的“全能性”作用。换言之，它试图最大程度地区分政府行为和市场行为的边界，其目的是合理限定政府权力，使一些事务的管理权和决策权回归市场。

尽管“负面清单”主要是针对政府治理社会的行权方式，与政府作为国有资本运营公司股东行使股权属于两个不同维度的问题，但这种“负面清单”治理模式对于规范国有资本运营公司中政府股东的股权行使仍具有明显的借鉴意义和参考价值。在该管理模式下，除非法律和章程把公司的经营决策权明确配置给政府股东，否则，在清单之外的经营管理权应当由国有资本运营公司的董事会来行使。这其实是公司治理中“董事会中心主义”的基本体现，其不仅会激发国有资本运营公司的活力，也有助于打破我国根深蒂固的全能政府观念，树立有限政府的新思维。因为不可否认的是，相较于政府出资人而言，作为国有资本运营公司常设机构的董事会对市场信息的掌握更为全面，市场“嗅觉”更为敏感，对市场前景和行业动态的分析比政府股东更为准确，有助于实现经营效率的最大化和最优化。因此，“负面清单”管理模式的借鉴对于促进国有资本运营公司“政企分开”，激发企业活力非常必要。

目前在我国国资监管实践中，无论是中央还是地方都已经开始了“负面清单”管理模式的探索。2019 年 4 月 28 日，国务院印发《改革国有资本授权经营体制方案》，明确提出优化出资人代表机构履职方式，实行清单管理，清单以外事项由企业依法自主决策，清单以内事项要大幅减少审批或事前备案，将依法应由企业自主经营决策的事项归位于企业。在地方层面，北京市国资委、上海市国资委、天津市国资委、江苏省国资委等也相继出台了出资人监管权力和责任清单，以明确自身的权限范围。尽管地方层面的改革仍是以国资委作为国有资本运营公司的出资人，但这些管理方式的探索无疑是值得肯定的。当然，在具体的清单列表上，哪些事项应属于国有资本运营公司董事会可以自主决策，哪些还需要政府股东的批准，仍需进一步思考和完善。

这里需要强调的是，在负面清单管理中，要特别关注对政府股东"兜底条款"的限定。在通常的国有独资公司章程中，往往能看到，对出资人的权利规定会采取"列举＋概括"模式，这种"概括"就是兜底条款，如"出资人认为应由其行使的职权"，而这样的兜底性规定，容易诱发出资人的"扩权"冲动，随意扩大出资人的权利边界，从而对董事会的职权形成"蚕食"和"威胁"。因此，这类"概括"规定需要反思与限制。在这一问题上，中国外运长航集团①的章程值得肯定和借鉴，其除了明确列举的出资人职权外，只规定出资人享有"法律或行政法规规定的其他职权"。这种规定将出资人的权力严格缩限在了"法律或行政法规"的层面，有效防止了出资人随意扩权的内在冲动，较"出资人认为应当由其行使的职权"的规定更为合理。

（三）强化政府出资人对董事会的授权

我国《公司法》虽然自1993年制定以来直至2023年的修改，均采取的是"股东会中心主义"，基于"谁投资、谁决策"的朴素逻辑，赋予股东会对公司经营事项的诸多决策权，但基于国有资本运营公司市场化经营的需要，为防止政府股东对国有资本运营公司管理的过度介入，在国有资本运营公司中应当推行"董事会中心主义"。如果基于股东本位和股东会中心主义的逻辑，国有公司的主要治理权必然在形式上和实质上归于政府股东行使，姑且不论可行性与实效性如何，仅就"政企分开"的现代企业制度特征来说，就难以真正实现。而"纵观我国国企改革政策的演进和公司法的相关制度设计，一条重要的主线就是尽可能明晰和限制政府直接介入公司治理的权限范围，尽可能将治理权力从资本端转向企业端。董事会最适宜作为企业利益的代表机构，以及国家出资公司多重功能目标的践行机构，也应当成为治理权

① 《中国外运长航集团有限公司章程》第14条："公司不设股东会，国资委依照《公司法》、《企业国有资产法》、《监管条例》等法律、行政法规的规定，行使以下职权：（一）决定公司的经营方针，批准公司的主业范围及调整方案；……（十四）法律、行政法规规定的其他职权。"

力配置的重心。"[①] 这种对治理权的转移对于确立国有资本运营公司的现代企业制度和独立市场主体地位具有非常重要的意义。

基于上述分析，政府股东权利的行使应当保持必要谨慎，尽可能将更具市场化决策的权利授权给国有资本运营公司的董事会行使。可以说，考量国资三级管理体制运行成效的关键就在于两个方面：一是国有资本运营公司市场化运作的程度，二是政府股东的放权程度。二者之间市场化运作成效归根到底取决于政府的放权程度。放权越多市场化程度越高，越容易实现政企分开目标，国有企业改革效果也就越好。[②]

当然，在肯定国有资本运营公司经营决策权应由政府股东尽可能授权给董事会的同时，我们必须注意到国有资本运营公司的不同分类以及不同的价值目标，进而确定不同的授权理念。简言之，对于商事性国有资本运营公司，侧重于营利性功能的实现，目的在于国有资本的保值增值，此时，为了隔离政府这一唯一股东对资本运营公司具体投资活动的干预，充分发挥具有丰富商业经验的专业人员作用，董事会应被赋予相对广泛的投资决策权，除非法律、行政法规或章程将决策权赋予政府股东，否则，决策权应由董事会来行使。而对于政策性国有资本运营公司，应侧重于政策性功能的实现，注重社会效益的最大化，兼顾资本的保值增值，因而，尽管对该类国有资本运营公司也应强调政府股东授权，但董事会的决策权相对会受到较多限制。尤其是，对于政府要求该类公司投资的领域和项目，董事会无权否决和反对。从政府决策权的视角来看，相较于商事领域的国有资本运营公司，法律赋予政府的权力更多。政府除了对该类国有资本运营公司的章程制定或修改、注册资本的增加或减少、公司的分立或者合并、解散或者申请破产等事项拥有最终决定权外，对公司主营业务、投资经营方针、投资计划以及投资方向、公司主要资产转让等事项的管理相较于商事性国有资本运营公司而言会更为严格，灵活性相对较弱。

---

① 汪青松：《国家出资公司治理模式选择与法律制度保障》，载《政治与法律》2023 年第 9 期。

② 何小钢：《国有资本投资、运营公司改革试点成效与启示》，载《经济纵横》2017 年第 11 期。

（四）防止政府对国有资本运营公司所投资企业的延伸监管

基于“谁投资、谁负责”的理念，政府的出资人职能仅针对国有资本运营公司，不应对国有资本运营公司所投资的企业延伸监管。[①] 政府不应通过直接控制国有资本运营公司进而间接对后者所投资的企业的经营管理事务进行干预。这一点对改革我国传统的国资国企延伸监管，即穿透式监管，非常重要，尤其是在我国2023年《公司法》修订后，更应值得关注。

穿透式监管的本质是“透过形式看实质”，在国资监管语境中主要是针对企业经营管理的穿透，即深入被监管企业的内部，将企业的权力结构、管理架构、经营活动均纳入监管视野。目前，根据我国国资监管的实践，作为履行出资人职责的监管机构，对于国家出资企业所投资的重要子企业的重要事项，仍然有批准权。国资监管机构对国企的监管措施、履职方式还是存在着以审批为主的制度惯性和以命令——服从为基本手段的路径依赖，这种穿透式的强监管虽有利于抑制国企经营层的内部人控制、降低代理成本、推进国有经济结构优化和布局调整，但却明显抑制了身处市场的国有企业的经营决策的自主性和效率性。

之所以说我国2023年修订后的《公司法》增加了这种穿透式监管的法律风险，是因为此次公司法修订对我国公司治理进行了诸多制度补正，其中最突出的体现之一就是明显加强了对公司控股股东、实际控制人的行为规范和责任规制。这主要是由于我国公司股权集中度较高，控股股东、实际控制人在公司话语权较大，其虽不是公司董事或高管，但却实际上在经营管理公司，故而从法律层面做出的制度应对。其中，典型的规则包括横向公司人格否认[②]、影子董事[③]等，以此保护公司、小股东、公司债权人的合法权益。

---

① 袁东明、陶平生：《国有资本投资运营公司的运行与治理机制》，载《中国经济时报》2015年1月19日。

② 《公司法》第23条：公司股东滥用公司法人独立地位和股东有限责任，逃避债务，严重损害公司债权人利益的，应当对公司债务承担连带责任。股东利用其控制的两个以上公司实施前款规定行为的，各公司应当对任一公司的债务承担连带责任。

③ 《公司法》第192条：公司的控股股东、实际控制人指示董事、高级管理人员从事损害公司或者股东利益的行为的，与该董事、高级管理人员承担连带责任。

由于我国国有企业的股权集中度较高，且在加强国资监管的政策背景下，履行出资人职责的机构常常对国家出资企业所属重要子企业的重要人、财、事进行着穿透式监管，在《公司法》修订实施后，这就可能被认为是国有控股股东、实际控制人对国有企业的过度控制，影响了集团内各子企业法律人格的独立性，造成集团内控股股东与子企业、子企业与子企业相互间独立法人的否认，风险隔离的刺破，使各公司相互就彼此债务承担连带责任。国资监管机构涉诉的法律风险将会加大。

根据公司法的基本原理，国有资本运营公司所投资的子企业在经营中的一般事项，应当根据章程规定，由董事会或经理层决策，重大事项则应当经由股东会讨论。此时，国有资本运营公司作为所投资企业的股东在股东会上如何投票，应由国有资本运营公司来决定，而非国有资本运营公司的股东（即政府）来直接对国有资本运营公司投资的子企业的事项进行审批决策，否则，便是国资监管机构通过公权力的行使实质上改造了国有企业重要经营决策权的私法属性安排，不再依照公司法将其配置给本公司的股东会或董事会，而是以决定、审批的形式将其从企业中分离出来集中于国资监管机构，这不符合现代企业制度的基本管理要求。为避免国资监管机构对国有资本运营公司所投资子企业的穿透式强监管，可采取柔性的决策权安排实现国资监管的目的，以此将国资监管与现代企业治理进行融合。即对于子公司的一般经营决策事项，通常由子公司董事会决策，需要由子企业股东会表决的重要经营管理事项，通常应由国有资本运营公司董事会来形成决议，交由国有资本运营公司派出的股东代表在子公司股东会上进行表决；但如果事项特别重大，可在国有资本运营公司的章程中规定，对于国有资本运营公司所投资子公司的特定重大经营决策事项，需由国有资本运营公司的出资人决定，出资人决定后，再由国有资本运营公司派往子公司的股东代表在子公司股东会上进行表决，这样既可体现国资监管的需要，又不违反公司治理的基本原则。

第四章　国有资本运营公司决策机制的优化

美国著名经济学家道格拉斯·诺斯认为，“有效率的经济组织是经济增长的关键”。[①] 而有效的企业治理是现代企业管理的核心，可以在所有权与实际控制权相分离的情况下，提升企业经营管理绩效和竞争能力。正如世界银行原行长吉姆·沃尔芬森曾指出的，对世界经济而言，完善的公司治理机制将像健全的国家治理一样至关重要。[②]

就国有资本运营公司而言，其运作的有效性在于能否保持“去行政化”的初衷，取决于其运作机制的市场化程度和内部治理的有效性。[③] 否则，徒具形式的“政府—国有资本运营公司—国有企业”三层国有资产管理体制仍无法达到市场化改革的预期效果。因此，如何确保国有资本运营公司的市场化运作，如何对国有资本运营公司的经营决策权进行合理配置？如何使政府在行使国家所有权职能的同时，避免对公司内部经营事项的不当干预？这是国有资本运营公司法律制度设计时必须解决的问题。尤其是我国目前政府角色正在由经济建设型政府向更高服务型政府转变，其中重要内容之一就是要探索政府在公司治理中的合理角色和政府正确履行其角色的恰当路径。[④] 而

---

① ［美］道格拉斯·诺斯、罗伯斯·托马斯：《西方世界的兴起》，厉以平、蔡磊译，华夏出版社2009年版，第4页。

② 参见马连福：《公司内部治理机制研究——中国的实践与日本的经验》，高等教育出版社2005年版，第7页。

③ 王曙光、王天雨：《国有资本投资运营公司：人格化积极股东塑造及其运行机制》，载《经济体制改革》2017年第3期。

④ 郑石明：《公司治理中的政府角色研究——基于我国国有控股上市公司的分析》，经济管理出版社2012年版，第44页。

目前实践中，尽管多地政府开始了国有资本运营公司的试点改革，但由于该类公司的决策体制还未理顺、内部董事会制度体系还不健全，对所投资公司的经营管理还处于探索阶段，从而导致很多地方国资监管机构仍旧采取固有路径进行授权监管，使国有资本运营公司难以摆脱行政干预，无法真正实现市场化运作。①

因此，对国有资本运营公司的决策权配置进行深入探讨和分析极为必要，这也是目前我国国资管理体制中政府直接授权模式能否成功的关键所在，更是国有资本运营公司自身法律制度设计的重点。严格来讲，国有资本运营公司的决策机制既包括出资人的决策权也包括董事会的决策权，但是，由于本研究在上述一章已经讨论了出资人的权利范畴及其行使问题，故而本章对此不再赘述。加之，在国有资本"授权经营"体制下，政府出资人将经营决策权"授权"给董事会行使，是国有资本运营公司是否能够开展市场化运营的关键所在，因而，本部分主要围绕国有资本运营公司的董事会决策权及其行使展开法律分析与论证。

一、国有资本运营公司决策权的现行制度安排

尽管自党的十八届三中全会开始，国有资本运营公司的提法便开始出现在党中央文件中，但无论是十八届三中全会的《中共中央关于全面深化改革若干重大问题的决定》，还是被视为新一轮国企改革顶层设计的《关于深化国有企业改革的指导意见》，都没有针对国有资本运营公司的治理机制进行详细规定，直至2018年国务院发布《关于推进国有资本投资、运营公司改革试点的实施意见》，才详细规定了国有资本运营公司的治理架构。②

根据《关于推进国有资本投资、运营公司改革试点的实施意见》的规

① 何小钢：《国有资本投资、运营公司改革试点成效与启示》，载《经济纵横》2017年第11期。

② 《关于推进国有资本投资、运营公司改革试点的实施意见》规定，国有资本投资运营公司不设股东会，由政府或国有资产监管机构行使股东会职权，政府或国有资产监管机构可以授权国有资本投资运营公司董事会行使股东会部分职权；同时，要求国有资本投资运营公司设立党组织，要求该类公司的治理要充分发挥党组织的领导作用、董事会的决策作用以及经理层的经营管理作用。

定，国有资本运营公司设董事会，并根据政府或国资监管机构的授权，负责公司发展战略和对外投资、经理层选聘、业绩考核、薪酬管理、向所持股企业派出董事等事项。可以说，基于授权，国有资本运营公司董事会可以享有普通商事公司中股东会享有的部分经营决策权。同时，为发挥市场的专业化作用，《关于推进国有资本投资、运营公司改革试点的实施意见》还要求董事会下设战略与投资委员会、审计委员会、提名委员会、薪酬与考核委员会等专门委员会，在董事会授权范围内开展相关工作，协助董事会履行经营决策职责。由于董事会的职责涉及范围较广，通过强化专门委员会制度，可以对经理层从财务、执行、薪酬等各方面进行监督和考核，对经理层发挥直接的约束作用，因而其实质成为董事会发挥作用的主要“神经中枢”。[①]

当然，由于国有资本运营公司专事国有资本运作，为保护国有资本的安全，防止国有资产流失，国有资本运营公司本身应当是国有独资公司，基于国有独资的身份、特殊的国资运营功能，以及我国国有企业治理的本土化特色，《关于推进国有资本投资、运营公司改革试点的实施意见》提出要把加强党的领导和完善公司治理统一起来。而根据中共中央办公厅、国务院办公厅印发的《关于进一步推进国有企业贯彻落实“三重一大”决策制度的意见》的政策要求，公司党组织对企业经营中的重大事项进行事先讨论是董事会进行决策的前置程序。因此，党组织实际上对于国有资本的重大投资决策具有着话语权。我国2023年修订通过的《公司法》在第七章专设了“国家出资公司组织机构的特别规定”，其中在第170条首次将党对国家出资公司的治理在法律层面予以明确，规定了党组织“研究讨论公司重大经营管理事项”的法定权利，即“国家出资公司中中国共产党的组织，按照中国共产党章程的规定发挥领导作用，研究讨论公司重大经营管理事项，支持公司的组织机构依法行使职权。”在具体实践中，为减少“党委会”与“董事会”的

① 查尔斯·皮考特：《公营企业的管理：法国经验》，载左学金、程杭生主编：《中国国有企业改革治理：国际比较的视角》，社会科学文献出版社2005年版，第25页。

制度摩擦成本，《关于推进国有资本投资、运营公司改革试点的实施意见》要求国有资本运营公司按照“双向进入、交叉任职”的原则来选择公司党组织、董事会以及经理层的成员，以平衡二者间关系。①

二、国有资本运营公司决策权配置的模式选择

《关于推进国有资本投资、运营公司改革试点的实施意见》明确提出了“改革国有资本授权经营体制，完善国有资产管理体制，实现国有资本所有权与企业经营权分离，实行国有资本市场化运作”的试点目标。这一目标的实现主要依赖于国有资本运营公司资本运作时的决策权配置。而该配置既要尊重现代企业治理的科学规律，又不能脱离我国的现实国情。

（一）公司决策权配置的理论主张

Brealey 和 Myers 认为公司治理就是公司控制，即制定投资与融资决策的权力。就当前各国的立法实践来看，在普通商事公司中，经营决策权一般有两种配置模式，即“董事会中心主义”和“股东会中心主义”。前者强调董事会对公司经营决策的权力，主张除非法律或者公司章程把权力赋予股东会，否则公司的经营事项应由董事会决策；后者则强调股东会作为公司决策机构，有权最终决定公司事务，作为控制经营者工具的股东会是公司治理机制的中心，董事会仅是对其负责的执行机构。

上述两种模式均体现了现代企业治理在所有权与经营权分离的情况下，公司机关分化及权限分配的法律逻辑，即满足以股东有限责任为起点而提出的对公司财产的客观性、中立性运营的要求，并且应当保障公司机关之间维持牵制和均衡。② 法律要实现公司治理的理想，关键取决于公司内部权力配

① 《关于推进国有资本投资、运营公司改革试点的实施意见》：“符合条件的党组织领导班子成员可以通过法定程序进入董事会、经理层，董事会、经理层成员中符合条件的党员可以依照有关规定和程序进入党组织领导班子，党组织书记、董事长一般由同一人担任。”

② ［韩］李哲松：《韩国公司法》，吴日焕译，中国政法大学出版社 2000 年版，第 338 页。

置的科学性，从法经济学的视角看，此种权力配置应当符合以下几方面的要求：其一，剩余索取权与剩余控制权的配比，拥有剩余索取权和承担风险的人应当拥有控制权。如果承担风险的人没有控制权，而有控制权的人不承担风险，那么将会导致“廉价投票权”的产生。其二，具有专业优势、信息优势，难以对其进行监管的人应有一定的剩余索取权和控制权。由于这些人往往处于优势地位，难以对其进行有效监督，因此最好的办法就是自我监督。所谓自我监督就是让其享有剩余索取权，使个人利益与企业不确定的“剩余收入”相联系，那么在“经济人”理性下，其通常会尽力履行自己的职责。其三，权力配置应符合社会经济发展带来的生产、经营和管理方式的变革，以及公司对高效、科学的经营决策机制的需要。

基于上述权力配置的要求，将公司的经营决策权配置给董事会相比股东会而言更为合适，这也是域外公司治理发展的一个趋势。诸多研究表明，在不同国家的公司发展中，公司控制权呈现出不断下移的趋势，从股东会到董事会，甚至到经理层。可以说，演变的结果是董事会逐渐取代了股东会，成为公司事实上的控制者，而股东会在客观上被不断形骸化。很早以前美国学者就把股东大会称为一种仪式化的东西，仅仅是“没有观众的演出”①，英国的《经济学家》则将其描绘为“闹剧的年会”（Annual General Farce）。究其原因主要在于，随着社会经济不断复杂化，公司在扩大经营的同时专业化日益增强，出现了如下几方面的制度需求：

首先，效率对制度的需求。作为非常设性决议机构，股东会需通过会议形式对公司事务进行决策。但受制于地域、股东人数和成本效率的考虑，股东会在实践中很难经常召开。“股东会中心主义”逐渐难以适应现代社会瞬息万变的商业环境，无法适应商事活动的高效率要求。而且，如若董事会代表公司与第三方签订的合同必须需经股东会批准方可对公司产生拘束力，则董事会无法独立开展经营活动，这不仅会对公司的经营效率产生严重影响，

① ［美］W. E. 哈拉尔：《新资本主义》，冯韵文等译，社会科学文献出版社2001年版，第239页。

而且也不利于保护善意的交易相对人，有碍商事交易的安全。

其次，实现了控制权与风险的合理匹配。传统公司治理将公司控制权赋予股东，是因为其认为股东承担了公司剩余风险，而公司的其他利益相关者则可以通过其他路径进行自我保护，例如，职工可以领取固定工资、债权人可以通过事先签订的合同和担保获得收益。可以说，除投资关系外，有关的回报都可以在事前确定，并受到契约保护，为此，应该赋予投资者以剩余控制权。但该观点因社会经济的发展而逐渐受到挑战。资本市场的成熟，使得股东可以通过“用脚投票”脱离投资风险，随时退出公司，相反，职工、债权人等利益相关者却事实上分担了公司剩余风险。例如，职工虽然领取“固定”工资，但随着工龄增加，其所积累的专用性技能越多，被裁员后付出的代价也就越大，而职工的专用性人力资本并无法通过事前契约得到完全保护。因此，如果依据剩余索取权与剩余控制权相配比的原则，承担剩余风险的职工等利益相关者也应当分享剩余控制权。那么，在诸多的利益相关者中，公司的剩余控制权应当赋予谁？实际上，单独赋予任何一方，都有可能影响到他方的利益，因而，控制权单独配置给任何一方都是不经济的，也是不合理的。此时，就需要一个相对客观公正的第三方出现。就公司而言，这个第三方应该是董事会。董事会作为公司代表，与不同的参与者签约，公司的各类投资者都同意放弃对于投入企业的专用性资产的“剩余控制权”，并将其让渡给董事会。此时，董事会合法取得了公司的“剩余控制权”。[①] 董事会通过优化内部结构，吸收各方利益代表进入，并通过表决权的行使，制定出能够为各方利益相关者所接受的公司价值判断标准，并基于该标准进行经营决策，

---

① 该解释充分体现了企业契约联结理论和董事会关系理论。企业契约联结理论认为绝大多数组织只不过是充当个人之间一系列契约关系之联结的法律拟制体，“公司或者企业”只不过是充当契约关系之联结的法律拟制的一种形式。See Frank H. Easterbrook and Daniel R. Fischel, The Corporate Contract, *Columbia Law Review*, 1989, 89 (7), pp. 1416 – 1418. 董事会关系理论认为董事会是公司内部联盟的“工具”（“tool” of Internal Coalition）。这一“工具”被用作“桥梁策略”（bridging strategy），公司借以协调其与各利害关系人以及构成公司环境的其他因素三者之间的关系，从而为公司的生产与发展提供大量功能性资源。Dallas, ibid, at 13 – 14；转引自何美欢：《公众公司及其股权证券》（上册），北京大学出版社 1999 年版，第 508 – 511 页。

从而在实现各方利益协调的同时促进公司发展。美国学者 Demb 将其称为“公司生存空间”。①

再次，体现了股东利益异质化。可以说，股东会权力因股东异质化而加速下放。“股东群体同质”是传统公司代理理论的前提假设。但这一假定实际上背离了客观事实。随着新型投融资方式的不断兴起，尤其是类别股的产生，加上股东间认知水平的差异，股东对风险的评估和偏好的不同，股东异质化的现象越来越明显，进而对公司的经营管理权产生深远影响。董事会不再仅仅被视为是大多数资本的代表，而是被认为承载了更多样的利益目标。为适应这一需要，董事信托责任的内涵不断扩大，董事会的裁量权也越来越强。由于传统的股东会决议机制在达成股东协议方面存在诸多弊端，不能真正反映“异质化”股东的意愿表达，因而，弱化股东会职能、强化董事会职能成为现代公司的立法趋势。

最后，随着现代社会的发展，分工不断细化，对经营者的专业水平要求日益提高，股东虽具有资金实力，但未必具有经营能力，面对纷繁复杂的商业决策，股东尤其是中小股东往往依赖于董事的商业判断。尽管“股东会中心主义”下，明确董事会只是股东会的执行机构，但事实上，由于受信息劣势、专业劣势等条件的限制，董事会事实上反控制了股东会，股东会难以对其进行有效监管。为了降低代理成本，更好的办法就是让其进行自我监督，允许董事会享有一定的剩余索取权和控制权，使个人利益与企业不确定的“剩余收入”相联系，那么在“经济人”理性下，董事通常会尽力履行自己的职责，进而实现公司利益以及股东利益的最大化。

（二）董事会中心主义的确立

关于国有资本运营公司的决策权配置问题，理论界在“股东会中心主义”与“董事会中心主义”的辨析中，相对主张“董事会中心主义”。这与

① Ada Demb & F. Friedrich Neubauer, How Can the Board Add Value, *European Management Journal*, 1990, 8 (2).

上述现代公司投资决策权配置的理论主张相契合。正如《OECD 国有企业公司治理指引》所规定的，政府应该预防过度干预国有企业的管理，并促使国有企业董事会承担起董事会的职责。为达到预设目标，在国有企业的日常经营管理中，政府不应过度参与，而是应该赋予国有企业董事会充分的经营自主权。就我国国有资本运营公司而言，确立“董事会中心主义”有如下四方面的主要原因：

1. 符合行政化治理向市场化治理的转变需求

这种决策权配置符合行政化治理向市场化治理的转变需求，淡化了国有资本运营公司的所有制特征，努力将其塑造为一个市场化经营的投资主体，符合国有资本运营公司的改革目标。正如有学者所言，推动和参与国有资产运营治理机制市场化改革的突破口，应以“董事会中心”为改革取向。①

行政化治理是指对国企的管控、约束和利益安排等，带有明显的行政权力因素。其表现是多元的，无论在所有权的行使主体、公司治理，还是利润分配以及外部发展空间等方面，都存在比较明显的行政化因素。② 基于“透过权力分配资源”的路径依赖，转变行政化治理的障碍总是存在。而且，各级政府坚持以经济建设为中心，把经济建设作为工作重点，行政权力运行目标与国有企业运行目标极易统一。实践中，行政化治理一方面给国企增加了许多行政负担，但另一方面也常常给企业带来额外好处，尤其是容易获取经济资源，降低运行成本，由此也就引发了国企与私企之间不公平竞争的问题，因而受到诸多质疑。对于国企治理的行政化，有学者研究指出，这是“世界现象”，不仅在我国，在域外国家也不少见，并举例认为，美国为了确保政府公司不追求纯粹的商业利益，确保其不会蜕变为商业工具，政府公司保留有大量的公共政权的影子，以便使政府公司的活动不会游离于公共利益之外，

---

① 胡良才：《国有资产出资人法律制度研究》，西南政法大学 2015 年博士学位论文，第 140 页。

② 蒋大兴：《国企为何需要行政化的治理——一种被忽略的效率性解释》，载《现代法学》2014 年第 5 期。

使政府公司得以考量政府的公共规制目标，并追求更大多数人利益的实现。[①]但必须指出的是，该观点所列举的情况与我国的国情并不相符。域外国有企业主要存在于非竞争性领域，如公用设施、交通、环境保护等，对其成立、运行和监管，多在普通公司法以外，以特别法方式专门予以规制，很少将其视为普通商事公司，因而，对国有企业具体运行的法律调整或多或少地偏向公法规范，国企的设立、公司治理、财务制度以及信息披露监管等方面，都充满了公法因素，因而也就存在明显的“行政化治理”倾向。但在我国，国资广泛存在于各种竞争性行业和非竞争性行业。国企不能有效地去行政化会带来诸多问题：（1）在本该实行竞争机制的领域带来过度垄断，进而滋生国企中的腐败。（2）难以形成有效的公司治理结构。由于决策层、决策机制难以脱离“行政化”，国企无论怎么建立治理结构，都很难塑造出自主经营、自我发展、公平竞争的市场化企业。（3）经营管理效率较低。尽管有很多数据显示我国国企的利润水平和纳税额度远远高于民营企业，但是，却忽视了国企占有的资源、获得的不当竞争优势可能已超过其产生的利润，国企生产产品或提供服务的单位成本并不优于民营企业。正因为此，“去行政化”成为我国国企改革的主要方向。域外的研究文献也不断证明，国家参与商事投资以及对企业行为进行控制是无效率的。[②] 因而，域外各国也在积极进行着国企的市场化改革。在法国，“开始于20世纪90年代后半期，为了和私营部门的发展保持一致，公营企业及其政府所有者致力于使企业的公司治理更加

---

① 蒋大兴：《国企为何需要行政化的治理——一种被忽略的效率性解释》，载《现代法学》2014年第5期。

② 大约从20世纪90年代起，许多文献表明国家官员在运行商业公司中没有相对优势，许多证据记载了世界各地由国家控制运行的公司的华丽失败（magnificent failures）。此类证据证明：国有控股企业与私营部门竞争资源可能会扭曲经济中的资源分配；国有控股企业效率较低，而且往往会污染更多。See World Bank, *Bureaucrats in Business: The Economics and Politics of Government Ownership*, Oxford University Press, 1995; Bernardo Bortolotti & Enrico Perotti, *From Government to Regulatory Governance: Privatization and the Residual Role of the State*, The World Bank Research Observer, 2006, 22（1）, p. 53; Andrei Shleifer & Robert Vishny, A Survey of Corporate Governance, *Journal of Finance*, 1997, 52（2）, p. 737, 767; Maxim Boycko, Andrei Shleifer & Robert W. Vishny, A Theory of Privatization, *Economic Journal*, 1996, 106（435）, p. 309.

符合私营部门的'最佳做法'。许多公营企业的董事会已经采用审计委员会、少数公营企业已经设立了任命和薪资委员会以及战略委员会。公营企业的高层官员的酬劳（普遍低于私营部门同等职位的人）越来越多地与公司的业绩挂钩。"①

我国的国有资本运营公司是国家特设公司，专事国有资本的市场化投资运作，自然应强调行政化治理向市场化治理的转变。

2. 有利于降低代理成本，遏制"内部人控制"

J. 科尔曼认为，委托代理关系是"行为者期望实现某一目标，但缺乏必要的技术和能力，因此，他尽力寻找具有相当技术与能力的其他行动者，利用他们为自己服务，并以支付报酬作为交换手段。"② 通过委托代理，可以实现社会分工，使具有不同禀赋、技能、追求的主体各自获得超额的效用，同时基于社会分工的细化，实现规模效益，最终促进社会进步。此时，出资人即所有者拥有资本运作权、监督权和收益权，经营者行使资产运用权。③

在国有资本问题上，由于真正所有者的特殊性，委托代理关系成为必然，且代理关系层次多、链条长，加之，全体国民不可能真正来实施委托，因此缺乏人格化、具体化的委托人，这也就造成在后续的多级委托代理关系中，委托人对代理人的行为约束不断弱化。随之，也就产生了国企治理中明显的代理成本，尤其是"内部人控制"问题。作为内部人的经理因激励与约束机制不到位，容易发生腐败、提供虚假财务信息、违规操作、隐瞒企业重大事项等行为，极大地损害了真正委托人"全民"的利益。为维护国有资产的经营安全，往往需要通过相应的管理机制实现对代理人行为的有效约束和监督，

---

① 查尔斯·皮考特：《公营企业的管理：法国经验》，载左学金、程杭生主编：《中国国有企业改革治理：国际比较的视角》，社会科学文献出版社 2005 年版，第 22 页。

② ［美］J. 科尔曼：《社会理论的基础》（上），邓方译，社会科学文献出版社 1992 年版，第 158 页。

③ 张屹山、赵立文、刘玉红等：《论国有企业改革的基本方向》，载《吉林大学社会科学学报》2018 年第 2 期。

避免国有资产的流失。也正因为此，在我国，防止国有资产流失一直以来都与国资国企改革如影随形。那么如何降低这种代理成本，如果国家股东以行政手段进行干预，容易导致“政企不分”的责难，违背了国有资本运营公司组建的初衷，此时，作为国有股东授权的常设机构——董事会，就成为连接股东与经营者之间的桥梁和纽带。从功能主义视角看，在公司治理中，股东和经理人之间的关系实质也是委托—代理关系。作为股东利益的最终代理人，经理应该为股东利益最大化而努力；此时，处于股东会与经理层连接点的董事会，主要职能之一就是对经理人行为进行监督和评价，以督促经理尽职履责，最大限度地减少国有资本运营中的代理成本，减少“内部人控制”所带来的国有资产流失。在域外，公司董事会的职能也在发生着变化，董事会逐渐演变出公司内部监督功能，并不断得以强化和完善，从而使得董事会成为了监督型董事会。①

此时，就需要对我国《公司法》的立法理念进行反思。我国 1993 年制定的《公司法》采取了“股东会中心主义”的治理模式，且一直延续至今。在 2019 年全国人大启动《公司法》修订工作后，我国理论界和立法界对于此次修法中，我国公司治理是仍然坚持“股东会中心主义”，还是借鉴域外商业经济体相对发达的国家或地区的立法经验采取“董事会中心主义”，产生了明显争议。在 2021 年《公司法（修订草案）》一审稿中，立法机关曾试图将我国公司治理模式改为董事会中心主义，在第 62 条明确规定了“董事会是公司的执行机构，行使本法和公司章程规定属于股东会职权之外的职权”，将公司的剩余控制权配置给了董事会，但在随后的二审稿、三审稿以及最终通过稿中，立法机关又恢复到“股东会中心主义”的立场，在第 67 条仍然以列举方式对董事会的职权进行了一一罗列，且在第十项职权中明确规定董事会行使“公司章程规定或者股东会授予的其他职权”，这也就意味着公司

① 沈朝晖：《董事会审计委员会是监事会的平替吗？——我国新公司法引入单层制公司模式的反思与阐释》，载《朱慈蕴教授七秩华诞祝贺论文集》，当代中国出版社 2024 年版。

的剩余决策权仍然由股东会享有。

2023 年修订后的《公司法》之所以仍然沿用“股东会中心主义”的治理模式可能有诸多原因，例如，我国公司的股权集中度普遍较高，一股独大现象明显，控股股东通过资本多数决即可顺利控制公司，因而，缺乏将经营决策权下放给董事会行使的动力。此外，基于国资国企的角度看，为维护国有股东的利益，防止公司化后国有资产的流失，将公司经营决策权更多配置给公司股东会也是一种合乎逻辑的安排。正如有学者研究指出的“股东会中心主义有其存在的合理性和必然性，其减少了转轨时期的公司治理成本，并确保国家行使国有企业控制权。国家通过股东会中心主义的公司治理参与到微观的企业决策，从而保障改革大局的平稳发展。”① 但事实上，由于政府股东外在于公司，也外在于市场，对于身处市场的公司信息掌握相较于内部经理人处于明显弱势，在信息弱势下，政府股东难以真正起到监督经理层的作用，以经理层为代表的“内部人控制”现象并未被有效遏制。因此，对国家出资公司而言，改变立法理念，从“股东会中心主义”走向“董事会中心主义”是有效监督经理层，遏制“内部人控制”，防止国有资产流失的有效措施。这在专业性极强的、专事国有资本市场化运作的国有资本运营公司尤其必要。

3. 符合资本运作的内在要求

国有资本运营公司以市场化运作为目标，以国有资本保值增值为价值追求，决策权的配置要符合专业、高效的要求，以应对瞬息万变的市场，抓住投资机会，并能快速准确地应对市场风险。尤其是在“政府—国有资本运营公司—国有企业”三级管理体制下，国有资本运营公司处于国有资本运作的核心环节。作为国有资本的经营者、身处市场的国有企业的出资人代表，按照市场原则持有和管理国有资本，并追逐企业利益，是新型国有资产经营公

① 刘凯湘、刘晶：《我国股东会中心主义的历史成因——以国有企业改制为线索》，载《法学论坛》2021 年第 6 期。

司的根本特征。[1] 如果还是坚持股东会中心，那么国有资本运营公司的经营决策还是由其唯一股东即政府来主导，难以实现政企分开，更难以发挥市场专业管理人才的作用。目前，我国国有资本运营公司因资本的所有制特征已经在市场上尤其是域外市场上遭到明显质疑，如果政府再对国有资本运营公司的经营进行过度介入和干预，这种质疑无疑会更加强烈，这无论是对资本运营公司自身发展，还是对国有资本保值增值都将不利。

4. 域外国有资本运营的经验借鉴

国有资本运营公司“董事会中心主义”的治理模式有许多成功的域外经验和制度规则可供借鉴。

(1) 新加坡淡马锡控股公司的治理

在淡马锡控股公司，虽然新加坡财政部拥有其100%的股权，但财政部在淡马锡控股公司内部的作用十分有限。作为专事国有资本运营的国有独资公司，淡马锡控股公司尽管是政府的投资代理人[2]，目的是发挥国家所有的机构投资者的作用，注重各种投资回报，追求股东长期价值的最大化，但是，在法律地位上，却是一个独立的私人公司。淡马锡控股公司主要就是通过完善的公司治理机构，尤其是董事会，对投资事项及下属公司进行战略管理。为防止其受到其唯一股东——政府的过度干预，新加坡赋予淡马锡控股公司董事会极大的经营决策权，确立了“董事会中心主义”的公司治理机制。政府作为“消极出资人”并不介入淡马锡控股公司的具体经营活动。同时，为保障董事会职能的正常行使，淡马锡控股公司一方面优化董事会的构成，吸引了不同管理背景和投资经验的人士加入淡马锡控股公司，更好地发挥董事会的商业决策作用；另一方面，极为注重董事会会议机制的发挥，促使董事积极履职，充分体现会议制的民主决策功能。(见图4－1)

---

① 顾琴：《新型国有资产经营公司研究》，吉林大学2012年博士学位论文，第62页。

② Temasek, First Singapore, Next the World, *Economist*, 14 August 2004.

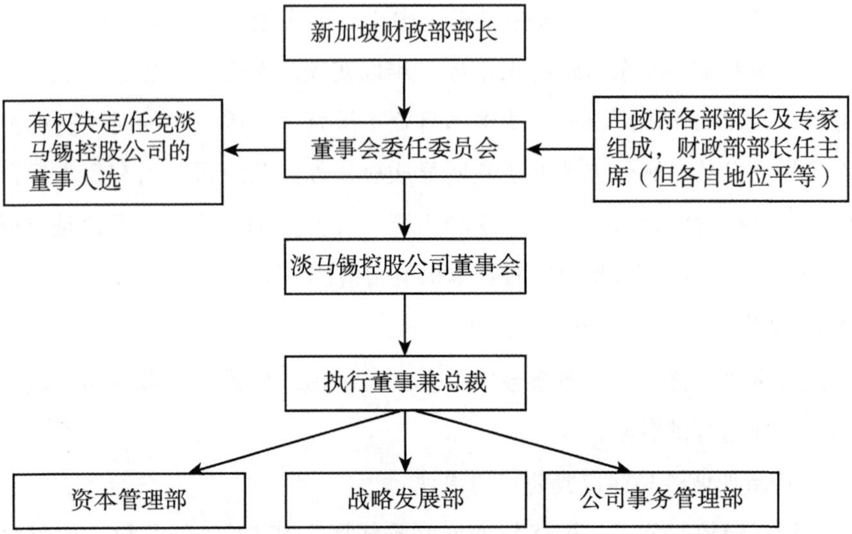

图4－1　相关架构

（2）美国田纳西河流域管理局的企业治理

美国田纳西河流域管理局①（Tennessee Valley Authority，TVA）是美国联邦政府企业。根据《美国政府企业管制法案》，美国的联邦政府企业分为纯国资的政府企业和混合所有制的政府企业两大类。田纳西河流域管理局一直被定位为纯国资的政府企业，董事会是其最高领导层，作为国会和联邦政府的代表，全权负责企业的经营和管理。1933年《田纳西河流域管理局法案》规定，董事会的职责主要包括：开展长远计划以实现企业的目标和方针；确保企业目标和方针的实施；批准企业的年度预算；达成并向国会提交董事会成员与企业员工利益冲突的解决机制；建立企业员工的薪酬机制，等等。董事在任期期间不能从事任何其他事务。企业还设有顾问委员会，以保障决策的科学性和民主性，尤其是在作出重大决策时，可向他们征求意见。

实际上，除TVA外，美国还有其他形态的国有企业（包括公司型）也

① 《田纳西河流域管理局法案》“序言”：“田纳西河流域管理局职责是向田纳西河流域提供电力，并负责灌溉、洪水控制、农业和工业发展。”

是以董事会为治理核心，并将其作为媒介，连接政府和国有企业。董事会在传达、贯彻、落实政府政策意图的同时；又保留一定程度的经营自主权，以减少政府对自身生产经营活动的干预。当然，董事会成员通常由政府提名，并由议会批准。

（3）OECD 对国有企业治理的建议与指引

OECD 建议“国家应当作为一个积极的知情出资人，确保国有企业治理具有高度专业性与有效性”。在 OECD 看来，国有企业的治理应做到以下几点：第一，政府应当允许国有企业拥有完全的经营自主权，以实现既定目标，并且应当克制干预国有企业日常管理的冲动；第二，政府应当允许国有企业董事会履行职责，并尊重其独立性；第三，国有企业董事会应当以其受托责任及政府设定的目标为基础，有效履行制定战略和监督管理层的职能，董事会应当有权任免首席执行官，根据企业长期利益设定管理层薪酬水平；第四，国有企业董事会应当考虑设立由独立且符合条件的董事组成的专业委员会，以支持整个董事会履行职责，尤其是审计、风险管理和薪酬方面的职责；第五，国有企业董事会应当有明确的受托责任，并对企业的经营业绩承担最终责任。

在域外实践中，法国的国有企业、加拿大的皇冠公司（即中央国有企业）、意大利的国家电网公司等基本践行了上述 OECD 的建议。在法国，董事会作为最高决策机构，对政府负责，执行国家有关的经济和产业政策，董事会的主要职责是批准投资、组织机构调整、战略和预算等；在加拿大，43 家中央国有企业都进行了公司化改革，且都建立了董事会，并将经营权交予了董事会行使；在意大利，国家电网公司同样是一家国家拥有 100% 股份的公司，除了《公司法》等法律规定由股东会行使的权力外，其他权力全部归董事会享有。这些域外制度规则和实践经验，可以为我国国有资本运营公司“董事会中心主义”的确立提供一定的经验。

三、董事会决策权的具体规范及其行使

国有资本三级经营管理架构能否真正实现政企分开，关键在于政府股东

的放权与国有资本运营公司的市场化运作，这是因为政府股东的放权程度决定了平台公司的运营究竟是市场化还是行政化。放权程度越高，平台公司的市场化运作成效越高，越容易实现政企分离目标。目前，我国无论在中央层面，还是在地方层面，都开始了诸多国有资本运营公司的试点。在试点改革过程中，董事会是多种治理权力交汇的关键节点，既要执行政府或国资监管机构的相关指令与要求，又要接受党组织的领导，还要负责经营决策以及监督管理层，因而董事会的制度安排，尤其是董事会的决策权配置，成为推动国有资本运营公司市场化经营的关键所在。

（一）经营事项决策权

目前实践中，董事会往往负责制订有关重大经营事项的具体方案，而对这些方案的审核与批准权，掌握在政府股东手中。在行使审批权时，政府股东涉入资本运营公司经营活动的尺度可深可浅。这种行为的主观性与不确定性，难免会对企业（董事会）自治造成干扰。因而，需要突出董事会经营决策在市场化发展中的主导地位。[①] 我国2023年的《公司法》修订中，尽管未采纳“董事会中心主义”的立法模式，但不可否认的是，立法机关也已明显关注到域外公司董事会在公司经营中日益重要的作用，并且在我国《公司法》修订中也得到了一定程度的体现。例如，2023年修订的《公司法》删去了原法第37条中股东会决定公司的经营方针和投资计划的规定，却保留了原法第46条规定的董事会决定公司的经营计划和投资方案的权力，将公司的经营和投资事项更多地交给更了解公司、产品、行业以及市场的专业人士；再如，修订后的《公司法》就公司融资的决策权，允许股东会授权给董事会自主决策，主要体现在“股东会可以授权董事会对发行公司债券作出决议”，同时，在股份有限公司中，允许采取授权资本制，由董事会自主决策公司新股的发行事项，包括发行时间、发行对象、发行数量、发行价格等，董事会

① 刘筠筠主编：《国有资产管理法律与政策研究》，中国政法大学出版社2018年版，第100－101页。

的经营决策权大为加强。此外，修订后的《公司法》还对公司合并事项进行了细化，拆分出了简易合并，并在第219条规定，公司与其持股90%以上的公司合并或者公司合并支付的价款不超过本公司净资产10%的，可以不经股东会决议，经董事会决议即可。上述这些规定契合了公司作为市场主体，面对激烈的市场竞争，应将经营管理事项交由专业人士决策的基本理念，提高公司经营决策的有效性和合理性。

在实践层面值得关注的是，目前我国中央和各地方政府在有关国有资本运营公司的改革试点中，也在积极探索和不断扩大对董事会的授权。2017年4月，《国务院国资委以管资本为主推进职能转变方案》开始实施。在该方案中，国务院国资委将出资人的部分权利授权试点企业董事会行使，取消、下放、授权43项国资监管事项，这一做法显然应予肯定。以中粮集团为例。该集团是我国首批国有资本投资公司的试点企业，经过授权，中粮集团董事会在企业规划和投资方面的决策自主权逐渐得以提升。首先，企业可自主决定五年发展规划和年度投资计划，董事会还可确定1~3个新业务领域，向国资委备案后，在投资管理上视同主业对待；其次，在资产处置权方面，公司内部企业之间的产权无偿划转、通过产权市场转让国有产权、子企业增资、公司及子企业重大资产处置、增减持上市公司股份等事项也可由企业自主决策。① 此外，作为国有资本投资公司试点企业的华润（集团）有限公司还专门制定了投资管理办法，共有六个部分，分别为总则、投资可行性研究、投资项目的评估、投资审批、出资和投资项目的管理。该办法适用于集团、一级利润中心及其控股公司进行的投资活动。所有投资项目的决策权被赋予了集团的常务董事会，董事会的决策权得到大幅度提升和认可。当然，今后随着董事会资本运营能力的日益增强，国有资本运营公司董事会应当可以向政府股东争取更多的授权经营事项，在战略制定、对外投资、资本运作、项目

---

① 楚序平等：《中国国有资本投资运营公司改革模式探析》，载《清华金融评论》2017年第7期。

退出、体制机制等方面获得更大的自主权。①

就法律制度而言，今后对于国有资本运营公司董事会经营决策权的配置可进行如下规则完善：

1. “概括式”授权的立法例选择

“概括式”授权的立法例其实也是对“负面清单”管理方式的借鉴，即对于法律、行政法规、章程没有规定应当由政府股东行使的权利，原则上均应由董事会行使，以促使政企分开。这也是对“董事会中心主义”立法技术和经验的借鉴。依据美国《示范公司法》中8.01（b）的规定，“所有的公司权力均须由董事会行使或由董事会授权行使，公司的业务或事务也必须在董事会的指导下经营管理，但董事会的上述权力须受公司设立章程中明示限制的约束或受由7.32条认可的股东协议的约束”。从立法技术的角度看，列举式和概括式存在明显不同。列举式立法技术主要是通过列出具体的行为规范，对特定的情况进行详细的规定，优点在于明确性和可操作性强，适用于行为模式相对固定、可选行为相对有限的情况，但如果规范的内容过多，或者涵盖的范围过广，列举式立法技术可能会导致法律的不经济和低效率。与之相对，概括式立法技术则是将有关事项的共性特征抽象出来，以包容性语言作出一般规定。这种方式赋予了相关机构较大的自由裁量权，能够适应复杂多变的社会生活，而且，概括式立法的弹性较大，可以根据实际情况进行灵活调整，保持法律的适应性和有效性。从上述两种立法技术简要的分析和对比来看，对于国有资本运营公司董事会的职权规定，宜采取概括式立法，因为公司投资经营的事项纷繁复杂，基于立法者的有限理性，经营中的各种情形难以事先一一列举，采取列举式立法会造成挂一漏万，且对于没有列举在范围内的事项，由谁决定又可能会产生理解上的分歧，引发制度适用的高成本。鉴于董事作为专业的具有丰富商业经验的管理者，有能力基于自身的专业判断做出有利于公司的经营管理决策，且会对其决策独立承担法律责任，

① 帅长斌、柳显军：《加快提升国有资本运营公司投资平台核心竞争力》，载《国有资产管理》2023年第9期。

因而，相较于列举式立法技术，借鉴美国《示范公司法》的规定，将公司经营决策权概括式授予公司董事会更为合理。其实，我国2008年通过的《企业国有资产法》在第31条对国有独资公司董事会的职权进行规定时，对出资人职责的界定与“董事会中心主义”的概括式立法有着类似的立法旨趣。该条规定“国有独资企业、国有独资公司合并、分立，增加或者减少注册资本，发行债券，分配利润，以及解散、申请破产，由履行出资人职责的机构决定”。从文义解释看，该条只是将国有独资公司合并、分立，增加或者减少注册资本等明确的、特定的事项交由履行出资人职责的机构决定，那么，可以合理推定，对于国有独资公司其他的经营管理事项应由董事会决定。

今后，通过“概括式”授权的立法方式厘定政府股东的权力边界，并将企业的经营管理权原则性地赋予公司董事会，是防止政府股东深度介入国有资本运营公司经营事项，促使国有资本市场化运营的理性措施。在一般情况下，国有资本运营公司董事会有权概括性地享有公司经营方针和经营计划的决定权，对授权范围内投资决策、资金使用等有自主经营权，不受政府干预。政府股东在对公司事务的管理上，应做到“抓大放小”。之所以必须“抓大”，是因为重大事项关涉公司前途命运，与“全民”这一唯一股东的利益休戚相关，政府作为股东代表必须对该类事项极为敏感和关注；而之所以必须“放小”，则是因为与政府相比，由具有丰富市场经验的董事来经营管理公司业务，更利于提升公司的经营绩效。

2. 不同类型国有资本运营公司董事会决策权的差异化安排

在肯定国有资本投资运营公司经营决策权通常应当配置给董事会的同时，立法或政策制定者应当关注到不同的经营性国有资本，其所肩负的任务不同，因而专事国有资本运营的平台公司就应当根据不同的国有资本功能进行差异化的决策权安排。这也是我国新一轮国资国企改革所提出的“分类改革、分类监管”的政策要求和彰显。在《国有企业改革深化提升行动方案（2023－2025年)》中，深化国有资本投资、运营公司和产业集团分类改革、分类监管被明确提出；在《中华人民共和国国民经济和社会发展第十四个五年规划和2035年远景目标纲要》（以下简称《“十四五”规划》）中，深入开展分类授权放权，科学合理界定政府及国资监管机构，国有资本投资、运营公司和所持股企业的权利边界，被得以特别强调。此外，在2019年国务院颁布的《改革国有资本授权经营体制方案》中，也曾提出了出资人代表机构要对国有资本投资、运营公司及其他商业类企业（含产业集团）、公益类企业等不同类型企业给予不同范围、不同程度的授权放权的要求。尤其是，国务院在2018年印发的《关于推进国有资本投资、运营公司改革试点的实施意见》中，明确要求出资人代表机构应结合企业发展阶段、行业特点、治理能力、管理基础等，一企一策有侧重、分先后地向符合条件的企业开展授权放权。可见，根据国有资本运营公司的不同类型，对国有资本运营公司进行分类授权已经在国企改革中被充分关注。

在分类授权的具体规定上，由于我国的国有经济体量巨大，无论是中央还是地方都存在数量较多的国有资本运营公司，因此不可能在法律上做到一企一策，而是需要有一个基本的规则指导，一企一策仅是在统一的制度指引下，在操作层面所做的具体法律适用。因而，在探讨国有资本运营公司的分类授权时，应当还是基于前述的国有资本运营公司的商事性和政策性的分类，进行总体的规则设计。

在思考分类授权时，立法者应特别关注到政策性国有资本运营公司往往是肩负着战略投资、优化国有资本布局和结构的责任，其所开展的并不完全是市场化经营活动，有些时候是根据政府的指令实施特定领域或项目的战略投资，实施特定的优化国有资本布局和结构的任务，国有资本运营公司对于这些业务没有选择权，必须根据政府的指令和要求认真执行。当然，对于国有资本运营公司是否应当承担商业投资以外的这种政策性职能，与前文分析的国有资本内涵一样，存有两种争议。一种观点认为，国有公司的产权归属于政府，而政府同时又是宏观经济的管理者，因此，国有公司治理应当体现政府作为股东的治理特殊性。① 另一种观点则认为，政府履行社会公共管理职能的财政公共投资，以及政府要求的非商业项目，必须与新型国有资产经营公司进行严格区分。② 基于本研究第一部分对国有资本属性的二重性分析可知，国有资本应当既具有收益性功能，又具有政策性功能。因为“国有制是贯彻实施国家政策的极重要手段”③，“无论是传统社会主义计划经济理论还是西方市场经济理论实际上都承认国有企业承担了一定的执行政府公共政策的职能，即都承认国有企业具有一定的政策工具属性”④。尤其在我国，国有企业兼具“经济人”与“政治人”角色，在社会转型过程中能够在提供公共物品和公共服务等方面发挥政府权力难以直接作用的结果。⑤ 只是，在明确某一特定的国有资本运营公司的经营目标和经营范围时，应当尽量将两种功能区分，防止国有资本运营公司在具体经营过程中，在收益性功能和政策性功能之间举棋不定，最终影响经营目标的实现。

在投资决策权的配置上，对于商事性的国有资本运营公司和政策性的国有资本运营公司应当区分对待。具体而言：

政策性国有资本运营公司主要投资于保障民生、提供公共产品和服务的公益性领域和关系国家安全、国民经济命脉的重要行业和关键领域、主要承担重大专项任务的特殊功能性领域，该类投资更注重社会效益的最大化，兼顾资本的保值增值。此领域的国有资本运营公司董事会主要发挥两个基本作用：其一，作为经营管理机构，董事会是连接政府和公司业务管理活动的“桥梁”，使该领域政府的社会经济管理职能能够得以贯彻和落实；其二，董事会是排斥政府过度干预的重要手段，作为公司与外界的连接环节，使公司独立的法律地位得到有效保障。在该领域的国有资本运营公司中，政府股东

① 丁忠明、王振富：《论中国国有公司董事会治理》，载《经济社会体制比较》2008 年第 3 期。

② 顾棽：《新型国有资产经营公司研究》，吉林大学 2012 年博士学位论文，第 63 页。

③ ［俄］于文兰：《发达市场经济国家的国有制》，载《国外社会科学》1994 年第 9 期。

④ 戴锦：《国有企业政策工具属性研究》，载《经济学家》2013 年第 8 期。

⑤ 龚睿：《中国国有企业党的领导制度变迁研究——基于“嵌入式治理”结构视角》，中共中央党校 2018 年博士学位论文，第 36 页。

要求公司投资的领域和项目，董事会不享有否决权，此时，董事会的投资决策权主要体现为执行中的决策，即如何在合法合规的前提下，以更低成本、更高效率的方式实施此类投资，既能实现特定的任务目标，又能节约投资成本。例如，在投资公共产品或服务领域时，是通过政府采购模式进行还是通过 PPP 模式进行，是通过 BT 方式建设，还是通过 BOT、TOT 方式建设，这都是董事会应当考虑的问题。通过投资模式的比较与选择，可以有效提高特定目标任务的完成率、国有资本运行效率以及社会公众的满意度。从政府决策权的视角来看，相较于商事性国有资本运营公司，法律赋予政府的权力相对较多。对该类国有资本运营公司主营业务的改变、投资经营方针以及投资方向、一定数额以上资产转让的特别处理等政府也有决定权。

而商事性国有资本运营公司则主要投资于商事领域，专注于投资回报的最大化，目的在于实现国有资本的增值。此时，商事性国有资本运营公司的董事会主要是依据市场经营的商业经验进行投资决策，从而隔离作为唯一股东的政府对于公司具体投资活动的干预。基于此董事会被赋予了相对广泛的投资决策权，除非法律或章程将决策权赋予政府股东，否则，决策权应由董事会来行使。此外，还应当避免政府股东通过修改章程的方式随意扩权，对于董事会做出的合法决议，政府股东不能随意干预或者否决。

（二）对经理的选任权

在是否必须由国家出资公司的董事会行使对总经理的任免权这个问题上，争议比较大。支持董事会行使对总经理的任免权的观点认为，将任免权赋予董事会是确保总经理对董事会负责的不可或缺的制度前提。如果董事会没有对总经理的任免权，现代公司治理中将总经理定位为公司董事会的辅助执行机构，就会失去一块基石，董事会将缺少监管总经理的手段和动力，无法发挥其应有的监督作用。持相反观点的则认为，只要董事会能够在总经理任免中发挥一定的协商和参与决策即可，不一定是决定作用。在实践层面，域外各国的做法也不一。澳大利亚、丹麦、芬兰、德国、新西兰和挪威等国家明确要求由国有企业董事会任命首席执行官；而有些 OECD 成员国，例如比利时、法国、墨西哥和土耳其等，则明确规定国有企业董事会不负责首席执行官的任命。另外，在一些国家，虽然国有企业董事会正式负责首席执行官的任免，但实际上任命过程受到很强的外部影响，比如任命需要与相关部门进行协商（如意大利），或者需要得到主管部门的批准（如日本）。

尽管域外各国的做法不同，也没有统一结论。但法国的教训和反思给我们带来了一些思考。在法国，国家控股90%的企业里，董事长、首席执行官都是由主管部长提名，经内阁会议讨论通过，以法令形式予以任命。而法国电信、电力两大公司的经营亏损则引发了民众对法国这种国有企业治理机制的辩论。有关投资的重大决策，首席执行官或者没有咨询董事会，或者是咨询时，因董事会没有足够的时间或充足的信息来做周全的考虑而造成决策失误，董事会评估投资所涉及的各种问题的能力最终被证明并未得到充分发挥。而实际上，由于首席执行官一般都是直接向政府负责，常常通过与负责管理的政府部长的亲密关系支配了董事会，但事实证明这些部长并没有得到充分的信息。这暴露了公司治理结构中的根本缺陷，尤其是董事会的结构和工作程序的缺陷，阻碍了其对管理者监督作用的发挥。[①] 可以说，“国有企业董事会在很多情况下丧失其主要职责，甚至失去参与协商关键战略决策的资格，或者只是在事后才知道决策的结果。……在得知决策实际上已经做出的情况下，董事会的讨论就变成一种形式。……这种现象存在的潜在原因就在于首席执行官和政府之间存在直接联系”[②]。因而，由政府直接任命首席执行官会严重“蚕食”董事会的权力，使董事会成为“没有牙齿的老虎”。

在我国，虽然《公司法》《关于国有独资公司董事会建设的指导意见（试行）》等法律和部门规章都将任免经理的权力明确赋予了董事会，成为其法定职权，但现实中，对于政府作为出资人的国有独资公司，由政府“越

---

① 查尔斯·皮考特：《公营企业的管理：法国经验》，载左学金、程杭生主编：《中国国有企业改革治理：国际比较的视角》，社会科学文献出版社2005年版，第24页。

② 法国2003年7月国民大会杜斯特·布拉齐报告1004号《咨询委员会关于改善公共商业企业管理的决策机制的报告》，第77页。转引自经济合作与发展组织：《国有企业公司治理：对OECD成员国的调查》，李兆熙、谢晖译，中国财政经济出版社2008年版，第153页。

权”代替公司董事会直接决定公司总经理的情形较为普遍，这就使得上述制度规则仅停留于纸面。从法国的教训可以看出，应当将总经理的任命权“归还”于董事会，这是实现董事会职责和效力的关键所在。经理作为董事会的辅助执行机构，本就应对董事会负责，这也就蕴含了由董事会任免经理的正当性和必要性。很简单，如果董事会无权任命经理，自然也就无权解除业绩不佳的管理人员，董事会根本无法行使其监督职能，也就难以对公司的业绩承担责任。因此，将总经理的任免权“还给”董事会，是加强董事会职能关键中的关键。在我国2023年的《公司法》修订中，经理是公司董事会辅助执行机构的定位得到了进一步确认，不仅公司是否设置经理，原则上由公司自主决定，而且，给经理何种职权，也不再由立法机关统一规定，而是交由公司章程或董事会根据公司自身情况进行个性化的授予，从而彻底改变了我国自1993年以来所坚持的经理职权法定的传统做法，更加契合了经理对公司董事会负责的定位。

对国有资本运营公司而言，从制度设计之初，就提出应赋予董事会对经理层的任免权，但实践层面的制度执行情况却不理想。仍以中粮集团为例。中粮集团董事会目前仍不具有对总经理的人事任免权，总经理等要职需要国资委任命和考核，除总经理之外的其他高管，董事会虽然具有选聘权，但是仍然需要向国资委报批，因此公司的董事会不具有实质的任免权、考核权等职能。需要肯定和期待的是，尽管制度的落实与制度的规定存在偏差，实然与应然还存在距离，但制度层面的发展方向始终是值得认可的。例如，在《国务院国资委以管资本为主推进职能转变方案》中，国务院国资委再次强调，将出资人的部分权利授权试点企业董事会行使，其中就包括了经理层成员选聘、业绩考核、薪酬管理等；2018年《中央企业领导人员管理规定》也明确要求，要合理增加经理层中市场化选聘职业经理人比例，稳妥推进职业经理人制度建设，有序推进董事会选聘经理层成员试点工作。[①] 相信这种改

① 《建设高素质专业化中央企业领导人员队伍——中共中央组织部、国务院国资委党委负责人就修订印发〈中央企业领导人员管理规定〉答记者问》，载 http://www.xinhuanet.com/2018-09/29/c_1123505627.htm，最后访问日期：2019年2月15日。

革能够切实推动国有资本运营公司董事会对经理选任权的真正实现。正如学者所言，国有企业改革的核心关键就是国有企业人事制度的改革，如果最终把总经理的任命权放到董事会，而不是国资委与组织部，将会是改革中力度很大的内容。[①] 这其实也彰显了英国法学家梅因所说的“所有进步社会的运动是一个‘从身份到契约’的运动”。经理层的这种市场化选任，表面是国企经营者身份的转换，实质上却是管理方式的变革，即改变过去以行政化手段管理国企以及参照党政干部行政管理方式选任和管理国企经营者的做法，将经营者的行政体制调整为职业化、契约化的市场体制，这在本质上就是一种从身份到契约的运动。[②]

（三）对所投资子公司的经营管理权

国有资本运营的效率主要依托于国有资本运营公司所投资的子企业的经营情况。因而在“政府—国有资本运营公司—国有企业”的三层国有资产管理构架中，宏观层面在于改革国有资产管理体制和授权经营机制，中观层面在于建构国有资本运营公司，优化出资人职责的履行方式，提升国有资本运作能力，微观层面则在于尊重和保护国有企业的法人财产权和经营自主权，通过参与市场经营促使国有资产保值增值。[③] 由于国有资本运营公司是国有资本授权经营体制改革的核心，充当着政府与国有企业间“隔离墙”的角色，在此过程中，国有资本运营公司与所投资的子企业之间的法律关系和权利行使就非常关键。

在国有资产的三级经营管理体制中，国有资本运营公司是其所投资公司的股东，在“管资本”理念下，国有资本运营公司对所投资子公司的管理核

---

① 国有企业研究专家李锦的观点。吴凡、谢欣：《上海将进一步深化国有企业分类改革 推进市场化选聘职业经理人制度》，载每日经济新闻，http://www.nbd.com.cn/articles/2017-05-13/1105106.html，最后访问日期：2019年3月10日。

② 王敏：《在国企建立职业经理人制度的思考：从身份到契约》，载《现代管理科学》2017年第10期。

③ 徐文进：《“管资本”功能视角下国有资本投资运营公司研究》，载《东吴学术》2020年第5期。

心就是“管股权”[①]，国有资本运营公司实际上成为国家所有权——国有股权的转换器,[②] 推动国有资产经营由传统的“所有权模式”转变为“股权模式”。[③] 因而，应将国有资本运营公司的行权纳入《公司法》的逻辑体系下。此时，国有资本运营公司仅对所投资的子公司行使股东权利，且应尊重所投资子公司的独立人格，不论是单一股东还是大股东，对于所属子公司的投资决策，也应遵循“董事会中心主义”的治理理念。即子公司的生产经营活动通常由子公司的董事会决定，除非涉及子公司重大的、根本性的事项时，应由子公司的股东会决定。国有资本运营公司是子公司的股东，有权参与子公司的股东会，并通过子公司股东会决议的方式对子公司的重大经营管理作出决定。那么，国有资本运营公司派出股东代表参加子公司股东会时，应根据谁的意志进行表决，即由谁做出决议形成身为子公司股东的国有资本运营公司的意志？显然应当是国有资本运营公司的董事会，而非国有资本运营公司的出资人政府，除非根据国有资本运营公司自身的章程，如果子公司的事项特别重大，数额或重要性已经超越了国有资本运营公司章程规定的自身董事会的权力边界，方可由出资人决定。

在新加坡淡马锡控股公司，作为政府股东的代表，国有控股公司有权利去任命政联公司的董事会成员并规范高管行为，但其并不干预政联公司的具体经营。[④] 在政联公司的治理机制中，淡马锡控股公司主要发挥如下四方面作用：一是，通过建立董事会指引（包括董事会的合理构成、董事任期、董事会规模、各专业委员会的形成）帮助政联公司建立起高效的董事会；二是，促进政联公司集中精力发展其核心竞争力，但并不反对政联公司在为了

---

① 于成水：《国有资本运营公司授权经营研究》，南京大学出版2021年版，第31页。

② 胡俊：《授权视角下国有资本投资运营公司特殊治理的法律改进》，载《法学杂志》2019年第7期。

③ 徐晓松：《国家股权及其制度价值——兼论国有资产管理体制改革的走向》，载《政法论坛》2018年第1期。

④ Ang J. S., Ding D. K., Government ownership and the performance of government - link companies: the case of Singapore, *Journal of Multinational Financial Management*, 2006, 16 (1), pp. 64 - 88.

股东利益最大化的情况下，实现多样化发展的机会；三是，促进政联公司在全球范围内聘任最好的管理者并给予他们市场化的富有竞争力的薪酬；四是，与政联公司紧密合作，采用适当的评价标准去促使股东利益最大化。为更好地帮助政联公司建立良好的公司治理机构，淡马锡控股公司还专门设有一个团队负责下属公司高管人员的有关事宜。

总之，国有资本运营公司通常不应干预子公司的经营管理，其参与子公司的治理是基于《公司法》下的股权行使机制展开；原则上国有资本运营公司对子公司的股东意志是由其自身的董事会形成决议，而非其政府股东，以便促使政府与身处市场的国有企业"隔离"，推动政企分开。在具体的管理事项和管理方式上，国有资本运营公司董事会的职权应主要包括两类：

1. 形成所投资子公司重大决策中的股东意志

如上分析，国有资本运营公司董事会有权代表国有资本运营公司形成所投资子企业的股东意志，要求派出的股东代表按照董事会的决议结果在所投资企业的股东会中进行投票表决，因而，国有资本运营公司董事会的决策权就应当包括对所投资子公司重大经营事项的决策。这是"国有资本运营公司—国有企业"这个层次的投资关系中的重要治理环节，也是国有资本产生收益或实现公共服务职能的根本所在。此时，"国有资本投资运营公司作为新的出资人代表……，以人格化的重要股东身份出现在所投资的企业中，不仅参与企业的管理，更会形成对企业经营者的直接监督，破解国有企业所有权主体虚置的难题"①。尤其是，当国有资本运营公司将自身的主要资产都投到所出资企业，换言之，所出资企业成为其重要子公司，公司主要资产下沉至该公司时，国有资本运营公司通过对子公司经营决策权的行使来把握国有资本的整体运营情况至关重要。

当然，任何制度的设计都是辩证的。虽说对所投资公司的决策是必须的，但不能介入过深，过多过细的经营事项如果都由子公司的股东会决策，进而

① 李晓慧、敖小波：《国有资产监管：演变历程、理论逻辑与改革方向》，载《扬州大学学报（人文社会科学版）》2018 年第 4 期。

由国有资本运营公司通过行使股东权来把握，就势必会对所投资企业的经营效率产生负面影响。在“政府—国有资本运营公司—国有企业”的三级经营管理体制中，如果仅仅是从“政府—国有资本运营公司”层面将国有资本运营公司的经营决策权由政府股东授权给国有资本运营公司董事会来行使，但国有资本运营公司却不对所投资企业进行进一步的授权，所有经营管理事项都牢牢控制在国有资本运营公司，那么，国有资本的投资效率无论是收益性的经济效益还是政策性的社会效益，都难以提升。而从目前国有资本运营公司的试点情况来看，运营公司对下属企业的权限较大、事项审批流程较长的问题仍旧比较突出。① 国有资本运营公司往往对所投资子公司直接进行各种管理，例如，决定子公司的资产重组、产权转让、投资或并购方案、高管选任及其奖惩等，可以说涵盖了对子公司的诸多人、财、事的决策。在这些事项中，诸多决策权本应属于子公司自身的董事会。对此，有观点就主张应将涉及产权管理、企业改制、股份变动、资产收益、重大决策等依法依规应由公司股东会决定的特别事项外的事项，如选人用人、资产配置、生产与研发创新、考核评价和薪酬分配等权力下放给子企业董事会，由子企业董事会自主决策。② 因为，当国有资本运营公司负责着所有子企业的经营管理事项时，基于信息获取能力的限制，其很可能脱离所投资企业的经营实际，对市场的反应较慢，容易造成重大决策风险和损失。这种“放权”也是今后国有资本运营公司经营管理的改革方向。以目前已成为正式的国有资本投资公司之一的国家开发投资集团有限公司（以下简称“国投公司”）为例，在改革授权经营体制方面，国投公司实施了分类授权，将子公司划分为充分授权、部分授权、优化管理三类，其中，在国投电力、国投高新开展充分授权试点，选人用人、自主经营、薪酬分配等70多个原来由总部决策的事项“应放全放”；权力下放以后，重塑了总部职能，形成了“小总部、大产业”，总部仅

① 刘筠筠主编：《国有资产管理法律与政策研究》，中国政法大学出版社2018年版，第93－94页。

② 王伟红、苏琪琪、王金磊：《国有资本投资运营公司规范发展路径构建》，载《财务与会计》2019年第22期。

管主要方向的格局。[①] 这种改革趋势显然值得肯定。

今后，国有资本运营公司可通过制定子公司章程的契机，明确子公司投资决策事项在子公司董事会与股东会之间的权限划分，实现有效的分权与适度的集中管控，对于一定数额以上的子公司重大资产处置或重大投融资事项，应交由子公司股东会决策，通常的经营决策还是应赋权给子公司董事会。而且，即使是重大事项，也应是属于子公司的股东会的权力范畴，国有资本运营公司只能作为股东通过参加子公司股东会的方式体现其股东意志，实现其股权管理，而非直接进行纵向的“穿透式”管控。

2. 提名或选任子企业的董事、监事

国有资本运营公司基于投资关系对所投资的控股、参股公司提名董事、监事候选人，或对所投资的全资子公司派出董事、监事。相较于国有资本运营公司对子公司的经营事项管理而言，这是比较明确也容易操作的。目前在制度层面，《关于推进国有资本投资、运营公司改革试点的实施意见》对国有资本运营公司选派所投资企业董事、监事等也作出了详细规定[②]，并特别注重董事、监事制度建设[③]。在实践层面，为了确保国有资本运营公司的权限有序下放，所投资公司对授权事项平稳承接，上述作为国有资本投资公司的国投公司优化了股权董事制度，对所投资公司派出的董事由兼职改为专职，通过专项制度对股权董事进行专业化管理，力图使子公司董事会成为真正的决策主体和责任主体，并要求董事对决策终身负责。[④] 在该规则下，股权董事决策的独立性得以提高，不再是为国投集团代行决策。这些探索契合了制

① 陈泽秀：《新一轮国企放权改革启动，静待国资委授权清单》，载《时代周报》2019 年 4 月 23 日。

② 国务院《关于推进国有资本投资、运营公司改革试点的实施意见》，国有资本投资、运营公司应积极推动所持股企业建立规范、完善的法人治理结构，并通过股东大会表决、委派董事和监事等方式行使股东权利，形成以资本为纽带的投资与被投资关系。

③ 国务院《关于推进国有资本投资、运营公司改革试点的实施意见》，国有资本投资、运营公司要建立派出董事、监事候选人员库，由董事会下设的提名委员会根据拟任职公司情况提出差额适任人选，报董事会审议、任命。同时，要加强对派出董事、监事的业务培训、管理和考核评价。

④ 陈泽秀：《新一轮国企放权改革启动，静待国资委授权清单》，载《时代周报》2019 年 4 月 23 日。

度发展的应然方向。尤其是2023年《公司法》修订后，在第192条进一步强调了董事履职的独立性，要求董事在履职时不得受控股股东、实际控制人的"指示"，否则，应与指示者（即影子董事）一起对利益受损的公司或股东承担连带责任。①

3. 避免对子企业再投资企业的直接"穿透式监管"

从法律关系来看，国有资本运营公司仅是其直接投资的国有企业的股东，根据《公司法》规则，依法享有股东权利，包括自益权和共益权，通过股权行使维护其出资人利益；与此相应，其所投资的子企业再向下投资的企业，则应由子企业行使对所投资企业的股东权利，国有资本运营公司不得越过中间的子企业径直对子企业再投资的公司行使经营决策权，即国有资本运营公司不应越过中间层公司，以国有资本出资人的身份向各级公司进行"穿透式监管"。实践中，目前国有资本运营公司试点企业基本上仍是采纳或延续了国资监管中集团化管控的要求，由一级企业集团（诸多国有资本运营公司均由此改组而来）对所属集团内各级企业重要的人、财、事实施着穿透式监管。例如，目前已成为正式的国有资本投资公司之一的华润（集团）有限公司制定的《投资管理办法》就适用于集团、一级利润中心及其控股公司进行的投资活动，所有投资项目的决策权被赋予了集团的常董会，并规定除非经集团常董会特别批准外，不得参与不能控股或不能直接参与管理的投资活动，以及不具备形成行业领导者地位的投资活动。

实践层面的这种集团化的穿透式监管实际上有着国资国企改革的政策支持。在国务院出台的《改革国有资本授权经营体制方案》中，虽然强调将依法应由企业自主经营决策的事项归位于企业，但也同时明确了将延伸到子企业的管理事项原则上归位于一级企业；在《关于改革和完善国有资产管理体制的若干意见》中，同样强调要加强对企业集团的整体监管，将延伸到子企业的管理事项原则上归位于一级企业，由一级企业依法依规决策。具体到国

① 《公司法》第192条：公司的控股股东、实际控制人指示董事、高级管理人员从事损害公司或者股东利益的行为的，与该董事、高级管理人员承担连带责任。

有资本运营公司，国务院出台的《关于推进国有资本投资、运营公司改革试点的实施意见》也契合上述改革政策要求，规定将应由企业自主经营决策的事项归位于企业，将延伸到子企业的管理事项原则上归位于一级企业。这里需要强调的是，上述政策中的"一级企业"并非集团内子企业的上一级企业（即股东），而是国资监管体制中的一级企业，常常是指各级国资监管机构直接监管的集团企业。显然，这种穿透式监管遵循的不是公司法的制度原理，而是具有明显的行政管理色彩，这对于建立科学的治理结构形成了障碍。

这种传统的穿透式监管在2023年修订的《公司法》实施后，会面临较大的法律风险。此次修法最突出的特点之一就是明显加强了对公司控股股东、实际控制人的行为规范和责任规制。这主要是针对我国公司股权集中度较高，控股股东、实际控制人在公司话语权较大所引发的公司治理不规范问题。从形式上看，控股股东、实际控制人虽不是公司董事或高管，但却实际上在经营管理公司，故而需从法律层面对其予以制度应对。其中涵盖了公司人格否认、关联交易、事实董事、影子董事、滥用表决权情形下小股东的回购请求等制度，以此保护公司、小股东、公司债权人的合法权益。当国有资本运营公司越过其直接投资的子公司而对下级公司进行直接经营决策时，很可能引发《公司法》上的人格否认或影子董事的法律风险。

总之，在国有资产运营资本化，甚至国际化的背景下，准确、清晰界定母子公司之间的法律关系是国有资本运营公司治理中的重要事项。国有资本运营公司应当依据《公司法》和公司章程对所出资企业行使与股份数相对应的股东权利，并以其出资额或所持股份为限承担相应的风险和责任，减少甚至取消对所出资企业的直接管理，真正成为积极但有限的股东。[①] 在该法律关系中，管股权是国有资本运营公司的重要功能，资本运营公司应摒弃以所有权的占有、使用和处分的权能来支配公司财产，转而以行使股权的自益权

---

① 肖红军：《国有资本运营公司改革进展与深化方向》载《改革》2021年第11期。

和共益权来影响公司决策。[①] 在行权方式上，国有资本运营公司董事会应依法履行对全资、控股、参股企业的资产收益、重大决策和选择董事、监事等股东权利，通过行使股东权参与所投资公司的治理，逐步淡化行政管理色彩。这在改革方向上也契合了政策的要求和导向。例如，《关于改革和完善国有资产管理体制的若干意见》明确规定“改进国有资产监管方式和手段。……通过‘一企一策’制定公司章程、规范董事会运作、严格选派和管理股东代表和董事监事，将国有出资人意志有效体现在公司治理结构中”。《关于推进国有资本投资、运营公司改革试点的实施意见》针对性地强调，应“改进监管方式，从习惯于行政化管理转向更多运用市场化法治化手段。……更加注重以产权为基础、以资本为纽带，依靠公司章程，通过法人治理结构履行出资人职责，将监管要求转化为股东意志”。这些规定也符合了《公司法》的基本要求，与现代企业制度的建构契合。

（四）董事会权力行使的制度保障

1. 强化董事会的会议制

公司治理机制的基本原理之一便是董事会的集体决策。在“董事会中心主义”下更是如此。在发达国家，公司董事会每年召开的频率往往较高，如在美国，公司董事会会议一年平均召开十到十二次。[②] 其实，股东是将公司业务的执行权授权给董事会而非董事个人，这是公司法的基本原理。也就是说，一个单独的董事“没有权力代表公司行事，而只能作为董事会的一员代表董事会行事”[③]。美国法学家对此解释为：董事会作为一个机构存在是基于人们相信一个组织的有效监督将胜过任何个人的能力，集体的智慧和深思熟虑更适合这项任务。[④] 此外，集体决策更加有利于克服个人决策中产生的过

---

① 项安波：《提升国有资本投资运营公司的股权管理能力》，载《重庆理工大学学报（社会科学）》2020 年第 10 期。

② ［美］罗伯特 · W. 汉密尔顿：《公司法》（英文版），法律出版社 1999 年版，第 336 – 337 页。

③ See *Restatement* (*Second*) *of Agency* § 14C cmt. b (1958).

④ See Daniel P. Forbes & Frances J. Milliken, Cognition and Corporate Governance: Understanding Boards of Directors as Strategic Decision – Making Groups, *ACAD. MGMT. REV.*, 1999, 24 (3), p. 490.

分自信以及个人给集体可能带来的代理成本①。也正因为此，董事会的决议形成一定要有实际的会议过程。② 其中的默认假定实际上是，董事会在进行决策时应有研究、辩论、说服和被说服的过程，换言之，“相互咨询和观点交换是董事会发挥功能的应有组成部分”。③

我国公司每年召开的董事会会议次数极少，主要是为了应对法律的最低要求。依据现行《公司法》规定，董事会每年只需召开两次例会，而这无形中助长了董事会一人化的现象。尽管在公司经营过程中，需要在适当的情形下赋权董事长行使董事会的某些权力，但这些权力应当有所限制。而目前，我国国有公司董事会制度对此有待进一步完善。虽然《关于国有独资公司董事会建设的指导意见（试行）》第 18 项规定，董事长可以行使“董事会授予的其他职权，但应由董事会集体决策的重大事项不得授权董事长决定”。但对于哪些事项属于“应由董事会集体决策的重大事项”，该指导意见并未予以明确，因此，在一些国有独资公司中，董事长的职权被无限扩大，有时几乎取代了董事会，“一人董事会”随即产生。相较之下，在其他国家，《公司法》通常都具体列举了不得委托单个董事行使的重大事项。例如，《日本公司法》在第 362 条第 4 项规定了董事会的禁止委托事项，如重要财产的受让与处分、大额借款、经理等高管的任免、分公司等企业内部重要组织的设立与撤销，等等。④ 韩国立法亦规定了对董事代表权的限制，例如，营业转让、公司债发行、新股发行，等等。⑤ 这些制度规则值得我国借鉴。

为强化董事会权利的行使，在限制董事长权力的同时，应当加强董事会

① See Stephen M. Bainbridge, Why a Board? Group Decision Making in Corporate Governance, *Vanderbilt Law Review*, 2002, 55 (1).

② Rufus J. Baldwin and another vs. Thomas H. Canfield. 26 Minn, 43; 1 N. W. 261; 1879 Minn.

③ Stephen M. Bainbridge, *The New Corporate Governance in Theory and Practice*, New York: Oxford University Press, 2008, p. 82.

④ 《日本公司法》第 362 条第 4 项：“董事会不得委任董事下列事项及其他重要业务执行的决定：一、重要财产的处分及受让；二、大额借款；三、经理及其他重要使用人的选任及解任；四、分公司及其他重要组织的设置、变更和废止；五、第 676 条第 1 项所列事项及其他法务省令规定的关于募集认购公司债券的重要事项；……”

⑤ ［韩］李哲松：《韩国公司法》，吴日焕译，中国政法大学出版社 2000 年版，第 460 页。

的会议机制。这对于国有资本运营公司而言，尤为重要。一方面，国有资本运营公司专事国有资本经营运作，所管理的资金额度以及投资规模往往比较高，一旦投资运作失败所带来的风险自然较大；另一方面，全民所有的属性决定了国有资本经营管理的代理成本远比私人企业更高，为了对董事长等个人董事进行有效的制约，应当加强会议体的机制。总之，为更好地实现国有资本运营的经济效益以及社会效益，提高国有资本的运营效果，今后国有资本运营公司应当规定比普通商事公司更加严格的董事会会议召开次数，更好地发挥各个董事的专业才能，为公司决策提供不同视角的专业意见，提高决策的科学性。

2. 尊重董事会的独立性

董事会的独立性是公司治理的基石之一。就国有独资的资本运营公司而言，尊重公司董事会的独立性，是保证政企分开的基本要求。为确保董事会的独立，一旦法律或章程将公司的事务授权给了董事会行使，则出资人不得以其产权关系进行干预，也就是说，对于董事会依法定程序做出的决策，除非违反法律、行政法规或章程的规定，否则政府股东不得以出资人身份否决，或责令其进行新的决策，因为政府往往可能凭借自己的权威再加上自己的出资人身份对董事会权限范围内做出的决议进行干预，而这对董事会的独立性构成了极大威胁。

在传统观念下，股东是公司的最终所有者和公司利益的最终受益者。目前，许多观点认为，董事会的权力来自股东会的授权，侧重于强调权力的“授予”过程。在这一思想下，董事会往往难以获得独立于股东会的法定权力。基于授权关系，作为授权方的股东会如果认为被授权的董事会所作出的决议不符合其利益，其就可能否决董事会的决议，如此一来，股东会事实上可以通过决议的形式对公司的经营事项进行全面干预。但是，随着社会经济的进步和公司法理论的发展，这一思想受到了冲击，该冲击首先体现在1906年英国上诉法院对 Automatic Self – Cleansing Filter Syndicate Co. v. Cuninghame①一案的判决中，该案中，上诉法院法官裁定，公司章程一经把特定的权力授予董事会，股东会就不得干预他们行使此项权力。1909 年英国上诉法院在审理 Quin & Axtens v. Salmon 一案中，进一步指出，除非董事会违反法律和章程，否则股东会不得干涉董事们的决定。1935 年，上诉法院法官更加明确地指出，公司是一个不同于股东和董事的实体。根据公司章程，公司的一些权力授予董事会，另一些权力保留给股东大会。一旦管理权被授予董事会，这些权力就由他们行使，正如董事会不能剥夺公司章程赋予股东会的权力一样，股东会也不得擅自剥夺章程授权给董事会的权力。这一思想，在我国 2023 年的《公司法》修订中也得到了一定程度的体现。尤其是面对实践中公司股东会对董事会权力的僭越行使，2023 年的修法删除了原 2018 年《公司法》第 46 条中“董事会对股东会负责”的规定，将同为公司机关的股东会和董事会的关系从科层级的上下级关系改为平行关系，股东会权力的终点就是董事会权力的起点，二者各自在法律和章程规定的范围内行使着公司的经营管理权。如果公司股东尤其是掌握着话语权的控股股东认为董事会作出的决议违反其意志，仅能通过向法院提起公司决议瑕疵之诉的方式，由司法机关根据《公司法》的规定来判决决议是否有效，而不能由控股股东主导股东会径直作出与董事会表决结果不同的决议，并要求董事会执行。此外，从控股股东角度看，当其认为董事会的决议与其经营思路不同时，可以通过召开公司股东会并做出解任董事的决议，解除公司与董事的委托代理关系，重新选出其信任的董事来间接使公司董事会的决议方向与其相契合，但不能简单地僭越法律和章程对本公司董事会与股东会的权力划分，直接代替董事会行权。

虽然在我国国有公司，尤其是国有独资公司中，对出资人与董事会之间

---

① 在 Automatic Self – Cleansing Filter Syndicate Co. v. Cuninghame 一案中，Cuninghame 公司的股东会以简单多数通过一项决议，指示公司董事会把公司出售给一家新设的公司，公司董事会不同意这一方案并拒绝执行这一决议，他们的理由是，公司章程明确将公司业务的管理权授予董事会，并授权他们依照他们认为合适的条件出售公司的任何财产。上诉法院法官裁定，公司章程一经把特定的权力授予董事会，股东会就不得干预他们行使此项权力。

关系的认识与上述思想存在较大差距，但是，这一理论对促进政企分离、防止出资人过度干预、确保董事会独立决策等方面具有重要的意义。尤其是在以市场化运营为目标的国有资本运营公司治理中，更是如此。换言之，既然政府对国有独资公司的董事会成员做出了选择，就应该相信自己的选择以及董事的能力和信誉。如果出资人根据自己的身份就可以随意否定董事会的决定，那么董事会很容易形骸化，无法发挥其应有的管理能力。如此一来，政府希冀实现国有资本运营公司市场化运营的目标也就更为困难。

3. 尊重董事表决的独立性

与尊重董事会决议独立性紧密相关的一个问题是尊重董事的独立表决。这在国有公司中是一个非常值得关注的问题。就制度层面来看，我国目前的《企业国有资产法》和《企业国有资产监督管理暂行条例》关于履行出资人职责的机构派出的董事应如何对公司事项进行表决，存在不同的规定。其中，《企业国有资产法》在第13条①仅要求履行出资人职责的机构委派的股东代表在参加所投资企业股东会时，应按照委派机构的指示提出提案、发表意见、行使表决权，并将其履行职责的情况和结果及时向委派机构报告，但对于派出董事并无该要求。但在《企业国有资产监督管理暂行条例》中第22条②规定，不仅股东代表，而且国资监管机构委派的董事在参加所投资企业董事会时，对分立、合并、破产、解散、增减资本、发行公司债、任免企业负责人等重大事项上，也应当按照国资监管机构的指示发表意见、行使表决权，并及时报告履职情况。可见，二者对国资监管机构派出的董事的行权要求明显不同。

---

① 《企业国有资产法》第13条：履行出资人职责的机构委派的股东代表参加国有资本控股公司、国有资本参股公司召开的股东会会议、股东大会会议，应当按照委派机构的指示提出提案、发表意见、行使表决权，并将其履行职责的情况和结果及时报告委派机构。

② 《企业国有资产监督管理暂行条例》第22条：国有资产监督管理机构依照公司法的规定，派出股东代表、董事，参加国有控股的公司、国有参股的公司的股东会、董事会。国有控股的公司、国有参股的公司的股东会、董事会决定公司的分立、合并、破产、解散、增减资本、发行公司债券、任免企业负责人等重大事项时，国有资产监督管理机构派出的股东代表、董事，应当按照国有资产监督管理机构的指示发表意见、行使表决权。国有资产监督管理机构派出的股东代表、董事，应当将其履行职责的有关情况及时向国有资产监督管理机构报告。

这里有必要说明的是，《企业国有资产法》颁布于2008年，而《企业国有资产监督管理暂行条例》的最后一次修改是2019年，基于基本法理，法律的位阶显然高于行政法规，因而修订于《企业国有资产法》之后的《企业国有资产监督管理暂行条例》作为行政法规，本应契合上位法的规定，但该条例规定的内容事实上与上位法律存在偏差。而从《公司法》的基本原理来看，《企业国有资产法》的规定无疑是合理的。即，董事虽经股东提名，但是由公司的权力机构股东会选举产生，应当为公司而非提名股东的利益服务，同时，董事应当是基于自己的专业能力为公司利益独立决策并就自主决策承担法律责任，因此，与股东代表的履职要求完全不同，不能要求董事也需按出资人意志进行表决，否则，董事就成为股东的“傀儡”或“牵线木偶”，与现代企业治理应充分发挥董事作为商业经验丰富的专业人士的经营能力，并对其决策负责的独立精神相违背。因此，相较而言，《企业国有资产法》的规定更为合理。

但从我国目前国资监管规则的实然层面来看，要求国有股东派出的董事按照国有股东意志进行表决的规定并不少见，其不仅违反了《企业国有资产法》对董事代表独立履职的要求，而且大大突破了《企业国有资产监督管理暂行条例》规定的范畴，即不仅是要求国资监管机构派出的董事需依据监管机构批准的内容进行表决，而且要求集团企业向集团内子企业派出的董事，上层国有企业向所出资的下层国有企业派出的董事也都要按照集团企业或上层国有企业的意志进行表决，否则，董事将会受到国资监管规则的责任追究，需承担不利后果。这些规则或要求，显然违反了我国2023年修订后的《公司法》第192条关于“影子董事”的规定，使作为所属子公司控股股东、实际控制人的国资监管机构、企业集团、上层国有企业被认定为是“影子董事”的可能性大大增加，进而可能会引发“与名义董事、高管承担连带责任”的法律风险。在实施混合所有制改革的国有企业，因该类管理方式很可能影响小股东利益，因而，应对小股东的涉诉风险很可能增加。

对此，财政部2023年修订的《金融机构国有股权董事议案审议操作指引》（财金〔2023〕2号）的做法或许值得借鉴。相较于财政部2019年发布的指引规则，新规删去了第6条："按照议案审议事项对国有出资人权益的影响程度和风险状况，股权董事的议案表决权限分为以下两类：（一）涉及重大事项的议案，严格按照派出机构的投票指示和要求，发表意见并投票"以及第20条"对于派出机构有明确投票指示的议案，股权董事应严格执行，不得违背投票指示进行表决。"在删去上述"指示"规定的同时，新规还专门在第4条强调："股权董事在审议议案时，……结合专业判断自主发表意见，并对表决结果承担相应责任。"借鉴上述规定的经验，今后无论是国有资本运营公司的政府股东，还是国有资本运营公司都需要优化对派出董事的行权要求，通过建立柔性的指引机制，尤其是鉴于财政部在上述规则中所设计的"风险提示制度"对派出董事的行权进行柔性引导，而非强制性要求董事必须按照其意志进行表决。该规则第5条规定："派出机构应当加强对股权董事履职的技术支持，对股权董事提出的议案审议意见进行审核，并在必要时对议案审议意见进行风险提示。股权董事应当承担的责任不因派出机构出具审核意见、作出风险提示而转移。"同时，在第17条再次强调："对于重大事项议案，派出机构就股权董事审议意见履行相关内部审核程序，并向股权董事反馈审核意见。对于明显违背国家战略政策、金融监管要求和国有金融资本管理相关规定的情形，派出机构需向股权董事作出风险提示。股权董事应当结合实际情况及自身判断慎重表决，并承担相应责任。派出机构作出的风险提示，仅供股权董事在议案审议时使用，未经派出机构许可，不得向所在金融机构等第三方提供。"这种"风险提示制度"能够对董事行权产生辅助判断作用，但却不具有要求董事必须遵守的效力，既能体现国有出资人的观点，又能避免触发《公司法》中控股股东、实际控制人法律责任的风险，可以借鉴。至于上述规定中的"审议意见"，因不排除在司法实践中可能被认定为是一种"指示"情形，进而引发不利后果，建议相对慎重。实际上，"风险提示"本身就可以代表履行出资人职责的机构或企业集团对决议的态度，已经达到了对国有派出董事柔性指引的效果，也就无须再出具明确的

"审议意见"，反而引发风险。

四、党组织参与国有资本运营公司治理的路径阐释

在当代世界各国，国有企业在不同程度上成为政府当局公共政策的试验场。所有国家的经济政策都有深刻的政治烙印，上层建筑对经济基础有很强的反作用力。[①] 在我国，国有企业亦承担了上述功能。国有企业在中国共产党的领导下成为特殊的国家治理单元，担负着特殊政策的试验任务。国有企业这个政策工具运用的好坏一定程度上决定了国家治理的成败和执政党权力实现的优良。[②] 基于这种政治思维考虑而制定的公司法，有学者称之为"政治性公司法"，意指与政治意识形态联系密切的公司法。[③] 在我国，主要指向的就是党组织参与企业治理的公司法。国有资本运营公司由政府直接投资，且为唯一股东。政府无论是基于股东身份还是基于行政管理身份在国有资本运营公司治理中的影响都非常明显，而我国又是一党执政，由此一来，党组织参与国有资本运营公司治理的广度与深度，相较于其他国有公司而言，或许更为明显。如果不能对党组织在国有资本运营公司治理中的定位及其参与治理方式进行合理设计，那么，必然会影响国有资本运营公司市场化运行目标之实现。

（一）党组织参与国有公司治理的法律与政策梳理

在我国，重视党组织参与公司治理，存在《宪法》《公司法》上的依据。其中，《宪法》第6条规定，"社会主义经济制度的基础是生产资料的社会主义公有制，实行全民所有制和劳动群众集体所有制"。而全民所有制的基本表现形式就是国家所有制，遵从党参与国家治理的具体表现形式之一就是通

---

① 蒋大兴：《走向"政治性公司法"——党组织如何参与公司治理》，载《中南大学学报（社会科学版）》2017年第3期。

② 龚睿：《中国国有企业党的领导制度变迁研究——基于"嵌入式治理"结构视角》，中共中央党校2018年博士学位论文，第36页。

③ 蒋大兴：《走向"政治性公司法"——党组织如何参与公司治理》，载《中南大学学报（社会科学版）》2017年第3期。

过党管控国有资本来体现。在多年来的国企改革实践中，党始终在指导和参与国有企业治理。1994 年 4 月国家提出在国有企业试点股份制改革，并指出在试点企业中要充分重视基层党组织作用的发挥；1999 年 9 月，十五届四中全会要求充分发挥企业党组织的政治核心作用，明确提出“双向进入、交叉任职”的企业领导体制；2004 年 10 月中央组织部和国务院国资委党委共同发布《关于加强和改进中央企业党建工作的意见》，要求坚持与完善“双向进入、交叉任职”制度，并在保障党组织政治核心地位的基础上，进一步提出党组织主要参与企业重大问题决策；随着全面深化改革的推进，2009 年 9 月《中共中央关于加强和改进新形势下党的建设若干重大问题的决定》提出，要把党委的政治核心作用体现在企业决策、执行、监督的全过程，使党组织做到“参与决策、带头执行、有效监督”；2010 年 7 月中共中央办公厅、国务院办公厅印发了《关于进一步推进国有企业贯彻落实“三重一大”决策制度的意见》，决定在国有企业推行“三重一大”决策机制，要求国有企业董事会、未设董事会的经理班子在研究国有企业的“三重一大”事项时（即重大项目投资、重大问题决策、重要干部任免以及大额资金使用），应事先与党委（党组）沟通，听取党委（党组）的意见；2015 年 7 月，中共中央办公厅下发的《关于在深化国有企业改革中坚持党的领导加强党的建设的若干意见》以及中共中央、国务院 9 月下发的《关于深化国有企业改革的指导意见》，均围绕深化国有企业改革过程中如何坚持党的领导和加强党的建设做出了原则性规定：一是，提出将党建工作总体要求纳入国有企业章程，使党组织成为公司法人治理结构的有机组成部分；二是在坚持和完善“双向进入、交叉任职”领导体制的同时，提出党委书记、董事长一般由一人担任。在这些政策要求下，国企治理中党组织的作用和功能日益增强。随后，2017 年《中国共产党章程》修订，其中明确规定：“国有企业党委发挥领导作用，把方向、管大局、保落实，依照规定讨论和决定企业重大事项。”这为国有企业党委参与公司治理进一步指明了方向。直至 2023 年《公司法》修订，党对国有企业的领导正式法定化，其中第 170 条明确强调：“国家出资公司中中国共产党的组织，按照中国共产党章程的规定发挥领导作用，研究讨论公司重大经营管理事项，支持公司的组织机构依法行使职权。”

（二）党组织参与国有公司治理的理论与实践困惑

从我国国企管理体制的改革进程来看，党组织的职能和地位问题一直是改革的核心内容之一，主要是在探讨企业党组织的作用与功能。如果党组织同时作为企业的经济决策中心与政治中心，企业经营层的经营管理权难免受到影响，进而可能抑制经营管理者专业优势的发挥；而如果只强调经营层的经营管理权，虽有利于企业的生产经营，但又可能会削弱党组织的作用，尤其是政治核心作用。

从本质上来说，国有企业党的领导制度是关于政党权力实现的制度安排，是政党权力在经济领域和特殊执政领域的实现路径。对此，我们首先应当对国有企业政党权力实现的根本目标进行定位，明确其究竟是政治性的还是经济性的，是只把握政治方向，还是也参与经济/商事决策？经过多年的实践探索，党对国有企业的领导作用日益明确，即“把方向、管大局、保落实”，但在具体操作中，如何厘清和理顺党委会前置研究讨论与董事会经营决策的治理关系，仍然困扰着不同国企的经营管理者。

客观来看，世界上任何国家的国有企业都不是完全的经济组织，都是一种在政府（政党）——公权力控制下的混合型政治经济组织。这是将政治性制度安排嵌入国有企业的基本逻辑前提。因而，国有企业党的领导作为一项政治制度安排，有其存在的必要性。但如果矫枉过正，过于强调国企政治性，虽然可以有效改变以往过分强调国企经济组织地位而使政党权力弱化的问题，但又会产生一个新问题，就是对国有企业“经济属性”的漠视。现代企业治理的一般制度逻辑是，股东选择董事组成董事会进行专业决策，然后由董事会选择职业经理人，在董事会依据自己的职业经验以及法定程序作出经营决策后，将决议事项交由职业经理人具体操作。职业经理人虽具有很强的执行力，但除非执行董事会的决议或接受董事会的授权，否则，不得自行作出经营决策。由此，董事会成为公司经营决策中心，就自己做出的决策对公司负责，在法律上承担自己决策的责任。我国国有企业一直以建立现代企业制度为改革方向，那么在公司治理过程中就应根据市场规律，遵循公司法的制度原理，在公司决策过程中增强决策的专业性和科学性，尽可能发挥董事会决策功能。同时，如果国企党委会管理的事项过于宽泛（实践中，有的国企董事会和经理层担心破坏党的集中统一领导和承担相应的领导责任而向企业党组织“甩锅”，党委会几乎包揽了“三会一层”的事务性工作），反过来，也耗费了国企党委会大量精力，并非有利于其职能设计的初衷。

总之，党委会与董事会的关系是实践中国企治理绕不开的难题。由这一职责界分难题随之带来的衍生问题是，在“交叉任职、双向进入”的机制下，兼任董事和党委会成员的党员个体的责任承担会出现困境。按要求，国有企业作某项重大决策时，应由党组织先于董事会、经理层提出意见建议，如果党组织在作出决议时，兼任董事的党委会成员不同意党委的决定，但是基于民主集中制，该决议仍获得了通过，那么，该决议在进入公司董事会表决时，该董事将陷入两难境地。作为党组织成员，身为董事会成员的党员即使不同意党组织决定，但依据党内规章，党员个人必须服从组织决定，必须按照党组织意见在董事会进行表决；但作为董事，依据《公司法》其本应依据个人能力和判断进行独立表决。但在这种情况下，其显然无法独立。而随之衍生的更为复杂的问题是，如果该决议事后被证明有问题，出现重大决策失误给公司造成损失时，该董事是否应当承担责任？如果依据《公司法》，其在投了赞成票后，显然需要承担个人责任；而如果要求其担责，显然又不公平，损害了该董事党员的个人权利。要解决上述问题，关键还在于通过一系列的制度供给，合理界定国有企业的政治与经济功能，进而厘清党委会介入国企经营管理的维度。

（三）党组织在国有资本运营公司治理机制中的“嵌入”

1. 明确党组织参与国企治理的政治属性

尽管各国国有企业治理都或多或少具有公权政治色彩，但是，作为市场经济主体的国有企业必须遵循市场经济的一般游戏规则，因而，我们需要合理限定政府的权力边界，将政治体系的作用范围框定在公共领域，实现国家与市场的适度分离，释放市场经济和社会自主性空间。① 虽然有学者坚持认为，只要党组织参与了公司治理，就很难区分其参与是“政治参与”，还是“经济参与”？即便是政治方向的把控，也需在经济决策中进行及实施。因此，很难将此种“参与权”仅仅局限在“政治参与”的范畴。② 但是，保持国有企业管理的“经济性”极为必要，如果以政治管理职责为本位的党委会可以实质性的代替企业董事会行使经营决策权，那么，企业管理中的专业优势恐难充分发挥。因此，加强国有企业党的建设的目的，应当是促进党组织政治核心作用的发挥。有学者在对我国国有企业领导体制的政策演进路径分析后也认为，“国有企业党组织在功能定位上经历了由经济政治等全面性功能逐渐向强调政治性功能转化这样一个发展历程”。③ 这种政治功能主要体现在，保障企业的社会主义性质，代表全体公民的利益诉求和维护国家政权的安全，保证党的路线方针政策在企业的贯彻、监督企业决策的合法合规性、保护职工民主权益，监督企业经营者行为、保护国有资产安全、做好党员的教育工作等。

2. 优化党组织在国有公司治理机制中的“嵌入”方式

“嵌入”理论是一种关于公共权力与市场关系的研究范式，最早由英国学者卡尔·波兰尼（Karl Polanyi）在《大转型：我们时代的政治与经济起源》一书中提出，他用“嵌入”理论分析了经济与社会之间的关系。“嵌入”（embeddedness）表达的是这样一种理念，即“并非像经济理论所说的那样，经济是自足的，而是从属于政治，宗教和社会关系的”。④ “人类经济沉浸于

① 夏美武：《当代中国政治生态建设研究——基于结构功能分析视角》，苏州大学 2014 年博士学位论文，第 164 页。

② 蒋大兴：《走向“政治性公司法”——党组织如何参与公司治理》，载《中南大学学报（社会科学版）》2017 年第 3 期。

③ 罗虎：《中国特色现代国有企业制度创新研究——兼论中国“国企模式”的形成、内涵和发展》，社会科学文献出版社 2016 年版，第 54 页。

④ Karl Polanyi, *The Great Transformation*: *The Political and Economic Origins of Our Time*, Boston: Beacon Press, 2001, p. 24.

其自身的社会关系之中”,[①] 从人类历史上讲，市场是伴随着商品交易的产生而产生的，同时市场自产生之日起便与公权力发生了密切联系。在原始社会末期所发生的以物易物的交换，“这种交换是由氏族首领代表进行的”,[②] 可以说，自原始社会末期，人类社会便开始了大规模的市场交换过程，这种交换在一定意义上是由公共权力所主导的。而在其后，无论是在以农耕文明为主要特征的东方社会还是以采邑制度为主要特征的西方社会，国家公权力都适度地介入了市场交易过程。市场并非一个完全独立的经济理性主体而摆脱于公权力的干预而存在。[③]

基于上述“嵌入”理论，在作为经济制度安排的国有企业似乎更应嵌入党组织这一政治制度安排，但应当注意政党权力嵌入国有企业的“度”。既要防止国有企业脱离政党控制，又要防止国有企业成为一个纯粹的政治组织而失去经济组织的属性。同时，国有企业的党组织不同于行政机关，是经济领域的党组织。怎样在以契约关系和交换关系为基础的市场经济中保持政党组织的特性是对中国国有企业党的领导制度的又一考验。当把“嵌入”这个词运用到国有企业党组织参与国有企业治理中时，已经阐释了一个涵义，即首先尊重现代企业的治理机制和治理原则，在承认这一基本管理制度的同时，将国有企业党委会嵌入现代企业治理机制中。在具体的嵌入方式上，可以有两种方式：

（1）科学的“前置程序”

为不断完善党对国有企业的领导作用，提升“前置程序”的科学性，应当对党组织“研究讨论公司重大经营管理事项”的规则进行合理优化：一是，应明确党委会在“前置程序”中对“研究讨论”事项的决策效力。如上所述，党组织的研究讨论原则上应更为侧重政治角度。这一定位决定了党委

---

① Karl Polanyi, *The Great Transformation: The Political and Economic Origins of Our Time*, Boston: Beacon Press, 2001, p. 48.

② 曹沛霖：《政府与市场》，浙江人民出版社1998年版，第71页。

③ 龚睿：《中国国有企业党的领导制度变迁研究——基于“嵌入式治理”结构视角》，中共中央党校2018年博士学位论文，第23页。

会在“前置程序”中所形成的意见可以分为如下几种：其一，有关经营事项的政治性判断。主要是判断经营事项是否符合党的方针、政策，是否背离国家的宏观经济政策，是否符合广大群众的利益。这是党组织参与国企治理的核心内容，也是党组织对企业经营政治方向的基本把握。其二，有关经营事项的合法合规性判断。党组织在参与公司治理时，有权对企业的经营事项是否违反国家法律、法规作出判断，当党组织发现企业经营事项有违法违规情形时，有权提出异议，予以制止。其三，有关经营事项商业判断的建议权。这里强调的是“建议权”，而并非像上面两种情形那样，可以直接否定。党组成员虽然具有良好的政治素养，但他们可能并非具有丰富商业经验的职业经理人，很难对企业的经营活动作出商业判断，因而，当党组织发现公司某项业务决策对公司存在巨大的商业风险时，其可以针对该经营事项提出意见和建议，但不得代替董事会作出实质性商业判断。既然是商业判断，那么就应当由具有丰富商业经验的董事会来作出。否则，由不擅长经营的党组织来深度介入企业的商业判断事项，很容易对企业的经营产生掣肘，且因其参与了决策，最终也要为国企经营失败承担风险。

二是，应在国企分类管理的基础上，对党组织参与决策的事项进行差异化设计。根据分类管理的指导思想，党的权力在不同类型的国有企业中实现的方式和目标是不同的。党组织介入经营决策的广度与深度应当与国企所执行的任务有关。具体到国有资本运营公司而言，如果是商事性国有资本运营公司，因主要追求的是经济性功能，党组织主要是把握政治方向，经营性事务应更多地交给经营管理者；而如果是政策性国有资本运营公司，因其是政府履行公共职能的重要途径，因而，相对需要强化党的领导，研究讨论的事项范围相较于商事性国有资本运营公司更为广泛。这是必要的，也是该类国有资本的“政策性”功能所决定的。此外，因该类资本运营公司的根本任务在于提供公共产品，或完成政府交办的特定功能性任务，且往往不进行海外的投资并购，因此，在该类国有资本运营公司中加强党组织的领导不会陷入海外投资时治理结构遭受质疑的困境。

（2）严格的高管监督

在新一轮国企改革中，强调国企加强党组织领导的主要原因之一就是，国企经营管理者的行为失范以及由此引发的国资流失。近年来不断查处的大型国有企业高层管理人员贪污腐败案引起了政府的高度重视。一方面，国企内部的监管出现严重缺位，董事会中外部董事以及监事会的作用并未很好发挥；另一方面，在国企外部，相关监管政策和法律法规不够完善，导致一些国企高管利用政策漏洞逃脱监管。从党的领导角度来看，这被总结为是国有企业内部“党的领导、党的建设弱化、淡化、虚化和边缘化”的表现。国有资本运营公司专事国有资本的投资运作，日常经营管理中，管理层的“道德风险”相对较高，通过强化企业治理结构中党的领导，能够形成对国有资本运营公司经理层的有效制约和直接监管，最终维护国有资产的安全。

五、经营决策机关的结构优化

在公司治理结构中，董事会上受制于股东（大）会（国有独资公司中为出资人），下控制经理层，是连接二者的桥梁，处于“承上启下”的重要地位。故而，董事会的结构及运行状况，直接决定了公司治理结构的成败。对于专事国有资本运营的国有独资公司而言，更是如此。

（一）董事会构成的多元

构建多元化的董事会构架，其目的在于使董事会内部能够反映出多种利益相关者的利益诉求，而这些利益诉求又在董事会内部产生相互制衡的作用，最终促使公司所做出的决策达到公司利益最大化的目标。同时，各个董事多元化的背景和能力，使得董事会内部实现了人力资源的互补。Zahra 和 Pearce 的研究发现，董事会规模与公司绩效呈正相关，董事会的人数越多，就越能更好地提供各种技术、知识背景，越不会使董事会流于形式，从而能够为公司提供更多的建议和意见，增强公司业务决策的科学性，增加公司业绩。所以，董事会成员的多元化就包含了两方面的内容，即来源的多元化和知识结构的多元化。具体到国有资本运营公司，董事会的构成主要体现在如下几点：

1. 政府董事制度的确立

政府董事属于外部董事，由政府委派，代表的是政府这一出资人的利益。在国有资本运营公司中，政府作为唯一出资人，基于投资关系，有权选择董事进入国有资本运营公司董事会。设置政府董事的目的在于：一是，可以解决政府股东外在于公司造成的信息弱势，使政府股东能够即时、准确了解公司的经营信息；二是，有利于对执行董事、经理层人员的监督，解决国有独资公司治理结构中决策层与执行层高度重合、内部人控制问题；三是，有利于政企的适度分离，通过政府董事在董事会中的投票权来反映政府出资人的意愿，避免政府对国有资本运营公司直接的行政干预，这一点对于政策性国有资本运营公司而言十分重要。因为政策性国有资本运营公司的主要任务是通过投资行为执行政府安排的特定任务，政府对企业“该做什么”有非常明确、清晰的认知和指示，明确划定了该类国有资本运营公司的投资范围，对此类任务公司必须接受，并按照政府要求的内容、方式、时间、质量进行投资，不得以任何理由拒绝执行。由于公共产品的供应或者国计民生领域的投资具有很强的正外部性，往往关系到民众最基本的生存条件，保障其供应也是政府的职责，[①] 此时，由政府派出政府董事，其实也是股东董事，进入公司董事会，参与公司决策有利于该类国有资本运营公司特定公共目的的实现。

关于这类董事的来源，学界有两种观点。一种观点认为，应当由政府作为出资人代表基于选任权或提名权将自己的公务人员选派到公司，担任该类公司中的“政府董事”；同时，国有股东要对这类董事充分授权，其自身不再介入企业的经营管理和市场运作，充分体现分权制衡和市场导向。[②] 另一种观点主张，该类董事应该“社会化”，从全民中产生。实质上就是以体现

---

① 张安毅：《国有公共企业制定专门法的必要性与制度设计——从适用〈公司法〉到制定〈国有公共企业法〉》，载《理论与改革》2014 年第 4 期。

② 魏洁：《分类管理下的国企董事会治理与建设》，载《东方企业文化》2015 年第 3 期。

“全民性”的董事取代行政任命的董事。有学者提出，从缩短国企的委托代理链条角度出发，选拔社会化董事，使得国企这一委托代理链条缩到了最短，委托人与代理人之间的身份基本实现了合一。① 相对而言，前一种观点较为合理。政府作为国有股东代表，负有对国有资产的经营和管理职责，由其从自身机构中委派或提名董事，有利于深入了解企业的经营状况，解决出资人代表的信息劣势，维护经营性国资的安全和经营目标的实现。此时，“政府董事”与国有资本运营公司之间是混入了政治因素的契约，与一般的外部董事和执行董事相比，其参与了两种法律关系，具有“经济人”与“政治人”的双重身份，因而，负有及时向政府股东如实报告国有资本运营公司经营状况的义务。有学者甚至认为，严格执行国有产权代表的报告制度，是国有产权代表的首要法定义务。② 一般而言，政府董事报告的内容，依企业规模、性质、时期不同而有所不同，通常情况下包括人事、财务、投资项目、资本收益及其他重大决策事项。当然，在认为政府董事应为政府公务人员的情况下，需要修改《公务员法》的规定，允许公务员兼任国有资本运营公司的政府董事。由于政府董事进入国有资本运营公司是作为政府代表履行公共职能，并非市场化的职业经理人，因而，在身份上其仍属公务员。为使其不被所任职企业“俘获”，政府董事不得从任职企业领取报酬，对其奖罚仍应依据公务员标准进行。③

其实，从域外国有企业的发展实践来看，如美国、法国、日本、德国、罗马尼亚、波兰等的国有企业以及我们熟知的淡马锡控股公司都有政府董事的存在。OECD 甚至认为，“国有企业董事会的第一个主要特征就是董事会中有国家代表”。④ 这里需要强调的是，即使政府董事由国家提名、任命，但其并不具有超越于其他董事之上的权力，在行使职权时，仍然实行一人一票的

① 蒋建湘：《委托代理视角下国企公司治理的改进》，载《法律科学》2014 年第 6 期。

② 李建伟：《国有独资公司前沿问题研究》，法律出版社 2002 年版，第 165－167 页。

③ 胡改蓉：《论公共企业的法律属性》，载《中国法学》2017 年第 3 期。

④ 经济合作与发展组织：《国有企业公司治理：对 OECD 成员国的调查》，李兆熙、谢晖译，中国财政经济出版社 2008 年版，第 130 页。

民主决策机制。例如，在美国，国企的董事中包含了大量的“公共董事”(public director)，这些公共董事多来自政府部门，旨在确保国企实现公共职能，有些联邦层面的政府公司，甚至还是部长兼任职务。兼职的公共董事一般不在公司领取报酬，例如，在联邦融资银行（Federal Financing Bank，FFB)，其所有董事均不得就其在董事会中的履职领取薪酬。管理人员同时兼任联邦政府其他授薪职位的，不得再就银行中的任职领取薪酬；未兼任联邦政府其他授薪职位的银行管理人员的薪酬，应由董事会按照文官及分类法（civil serviceand classification laws）定期确定。美国若干政府公司董事会构成情况如表4-1所示：

表4-1　美国若干政府公司董事会构成情况[1]

政府公司名称	董事构成
圣劳伦斯海路发展公司（St. Lawrence Seaway Development Corporation，SLSDC）	SLSDC拥有一个具备管理权力的行政官。行政官拥有管理公司的权力。行政官由总统任命，但必须通过参议院的确认。行政官的任期为7年。行政官直接向运输部部长报告
旧金山普雷西迪奥信托基金（Presidio of San Francisco Trust）	信托基金董事会由7名成员组成，其中1名由内政部部长或其指定人员担任，其余6名由总统任命。6名董事每届任期从前任董事任期到期之日起算为4年。董事任期不得超过8年
联邦融资银行	董事会由5名成员组成，FFB的所有董事均由财政部官员兼任，其中，董事长由财政部部长担任，其余4名董事由总统从联邦机构的官员或雇员中任命
美国田纳西流域管理局(Tennessee Valley Authority，TVA)	2004年将董事会从3人制、专职制变为9人制、兼职制，要求每年至少召开4次会议。新的董事会依然由总统任命、参议院确认。至少有7名成员必须是TVA服务区域的合法居民

[1] 蒋大兴：《国企为何需要行政化的治理——一种被忽略的效率性解释》，载《现代法学》2014年第5期。

在关于政府董事的探讨中，还有一个值得思考的问题，即是否应当赋予政府董事在董事会决策中的一票否决权。有学者认为，政策性国有资本运营公司董事会中必须有国资监管机构的代表，并且该代表拥有对于损害国家利益、公众安全等不符合公益目标的决策一票否决权。[①] 在其看来，为充分发挥外部董事的监督决策职能，加强其在董事会中的话语权，可以采取外部董事一票否决制度。在目前的改革实践中，也有极个别国企尝试过该制度，例如葛洲坝集团一公司、三公司、新兴际华集团等。对于政府董事的一票否决制，其实面临很多制度困境。首先，政府董事一票否决制与董事会“一人一票”的表决原则相冲突。董事会决议以表决的形式作出，每名董事有一票表决权。如果外部董事一票否决，在一定程度上是对“一人一票”投票机制的否定。其次，对于公司治理而言，政府董事由政府派出，主要是为了表达政府意志以及对执行层进行监管，并不代表其具有管理能力上的优势，而事实上，“一票否决”是赋予了政府董事在决议事项上的个人决策权，他们的知识、能力、好恶都会直接影响决策的方向，不能排除决策的偶然性和非合理性，因而，对于该做法，需谨慎对待。

2. 独立董事制度的改革

在所有权和控制权分离的公司中，独立董事是缓解代理问题的关键。独立董事在董事会发挥监督和制衡管理层或控股股东的作用，有利于董事会做出的决策符合公司的最大利益，对所有股东都是公平的。在域外，公司治理一直致力于改善董事会结构。例如，为了强调董事会的独立性，英美国家要求董事会中独立董事的比例占有多数。在东亚地区，亚洲金融危机以后，各国（地区）要求其上市公司董事会中独立董事的比例要达到30%。一些国家还对独立董事的定义做出了严格界定。例如，新加坡《公司治理准则2018》就规定，独立董事是指在行动、性格、判断方面保持独立，与公司及其关联企业、主要股东及其高级管理人员之间不存在妨碍合理判断的关系，能够为

① 马忠、张冰石、夏子航：《以管资本为导向的国有资本授权经营体系优化研究》，载《经济纵横》2017年第5期。

公司的最佳利益作出独立判断的董事；董事会的提名委员会每年会在情况需要时判断董事是否独立。而独立董事在优化公司治理中的作用，不仅存在于普通商事公司中，在国有公司中也同样需要。在法国，国有企业1/3的董事会成员必须是“合格人员”，即独立于国家和管理层的人；在斯洛伐克共和国，董事会大部分成员必须是独立的；在英国，《公司治理联合准则》也是国有企业的行为基准，其要求大型企业董事会中的大部分成员是独立董事；[①] 在新加坡，考虑到淡马锡控股公司有可能会面临来自财政部或政府行政干预的风险，淡马锡控股公司董事会的组成人员也主要是独立董事，[②] 其不仅要保持与管理层的独立，还要保持与财政部或政府的独立。截至2022年3月底，淡马锡控股公司董事会由14名董事组成，其中12人为非执行独立董事，占董事总数的84%，是由各界精英组成的跨国精英集团。[③]

从上述域外经验来看，在我国国有资本运营公司董事会的构建中，也应当注重独立董事的作用。这里首先需要阐明的是，国有资本运营公司中的独立董事不同于上述的政府董事。尽管国有资本运营公司作为政府独资成立的公司，独立董事也是由政府股东任命，但是，政府董事往往是由政府从其公务人员中选择适当的人士担任，主要是站在政府股东的立场考虑问题，其对于抑制“内部人控制”现象确实可以起到一定的制衡作用，但却无法摆脱政府行政力量的影响和束缚。而独立董事则是来源于社会，属于行业专家和社会精英，其所代表的不是政府股东利益，而往往是社会公共利益，同时，作为专业的、经验丰富的商业专家，独立董事往往能够对国有资本运营公司的资本运作提供更为专业的经验，提升国有资本的运营效率，实现其经济效益和社会效益。此外，在国有资本运营公司董事会决策时，如果政府董事的表决意见出现偏差，独立董事在一定程度上可以起到矫正作用。因为，政府董

① 经济合作与发展组织：《国有企业公司治理：对OECD成员国的调查》，李兆熙、谢晖译，中国财政经济出版社2008年版，第137页。

② See *Temasek review* 2007, http://www.temasekholdings.com.sg, May 6, 2008.

③ 潘泽清：《完善国有资本投资运营公司治理结构的建议——基于对淡马锡模式的分析》，载《财政科学》2022年第12期。

事在决策时，其背后体现的往往是政府股东的意志，而政府在作出国有资本运营公司的决策时，也有可能是失灵的。“当政府政策或集体行动所采取的手段不能改善经济效率或道德上可接受的收入分配时，政府失灵便产生了。”① 按照政治学家弗里德曼的观点，政府的一个重要特征就是“花他人的钱，为别人办事”，但由于公民对政府无法做出及时有效的监督，且政府在进行决策，特别是进行经济决策时，对市场信息反映存在滞后，难以有效地对市场活动做出系统决策，因而，就需要独立董事从企业和社会公众角度出发，促使企业作出合理的商业决策，并在一定程度上监督公益目标的实现。②

这里还需区分的是，独立董事不同于当前国有企业治理中所规定的外部董事。目前，我国国有公司中同时存在“外部董事”与“独立董事”两个概念。在《公司法》中，第173条第2款规定了国有独资公司的董事会成员中，应当过半数为外部董事，并应当有公司职工代表；在第136条针对上市公司的规定中，要求的则是应当设独立董事。因而，基于现行《公司法》规定，如果是国有上市公司，采用的是“独立董事”制度；而如果是国有独资公司，则采用的是“外部董事”制度。关于外部董事的具体规则，在我国《关于国有独资公司董事会建设的指导意见（试行）》《国有独资公司董事会试点企业外部董事管理办法（试行）》《董事会试点中央企业专职外部董事管理办法（试行）》（已失效）等国资委颁布的文件中，规定的较为具体。对于“外部董事”与“独立董事”，仔细分析不难发现，二者并非简单的用语差异，而是有本质不同，体现了不同的立法旨趣。依据一般的企业治理规则，根据董事会成员是否在公司任职，董事可分为内部董事和外部董事。在公司任职的董事会成员为内部董事；不在公司任职的董事会成员为外部董事。此外，不在公司任职，但与公司有其他重要利害关系的董事为准内部董事。③而只有既不在公司任职，又与公司没有其他重要利害关系的董事才能被视为

① 于建嵘：《抗争性政治：中国政治社会学基本问题》，人民出版社2010年版，第136页。
② 高明华、于延明：《政府规制与国有垄断企业公司治理》，东方出版中心2016年版，第135页。
③ 苗壮：《美国公司法：制度与判例》，法律出版社2007年版，第137页。

独立董事。因此，外部董事的概念应该上位于独立董事。在本研究中，国有资本运营公司的外部董事其实包括了独立董事和政府董事。

独立董事制度的出现，是为了保持董事会的独立性，使得董事会既可以摆脱经理层的反控制，又可以防止控股股东的过度干预，以便公司董事会可以做出最利于公司利益的决策。因此，独立董事的“独立”体现为两种独立，既独立于控股股东，又独立于经理层。但是，目前我国国有公司董事会中采取的外部董事制度，却仅仅是独立于经理层，并不独立于政府——这一唯一股东或控股股东。这种立法的价值倾向非常明显地体现在国资委颁布的部门规章中。在《关于中央企业建立和完善国有独资公司董事会试点工作的通知》（已失效）中，国资委明确规定，试点工作的基本思路之一是建立外部董事制度，使董事会能够作出独立于经理层的客观判断，① 但是却没有强调外部董事应独立于政府的思想。不仅如此，在随后颁布的《外部董事管理办法（试行）》中，国资委更是明确规定了其对外部董事的全面管理。② 这集中体现在国资委对外部董事的任免、考核以及所设定的外部董事对国资委的报告制度等方面。由此可以看出，目前的外部董事制度在某种程度上就类似于本文构建的政府董事制度。唯独不同的是，政府董事应当是政府从其工作人员中选派，但是外部董事却是从市场选聘而来。因此，我们的外部董事制度实质是一种介于政府董事与独立董事之间非此非彼的嫁接体。而这个“嫁接体”由于更多地受制于政府，因而难以独立。

而我国国企的公司制改造，首要目的或者说改革方向就是政企分开，对于国有资本运营公司更是如此。当前，我们虽然强调外部董事的引入是国有

---

① 《关于中央企业建立和完善国有独资公司董事会试点工作的通知》（已失效）规定：“建立外部董事制度，使董事会能够作出独立于经理层的客观判断。充分发挥非外部董事和经理层在制定重大投融资方案和日常经营管理中的作用。董事会中应有经职工民主选举产生的职工代表。”

② 《外部董事管理办法（试行）》第15条：“外部董事任职时，由国务院国资委向外部董事颁发聘书”；第16条：“外部董事履行以下职责：（一）贯彻执行中共中央、国务院和国务院国资委关于企业改革发展的方针、政策和决议……”；第17条：“外部董事享有以下权利：……（七）有权就可能损害出资人或任职公司合法权益的情况，直接向国务院国资委报告……”；第22条：“建立外部董事工作报告制度。外部董事每年须向国务院国资委书面报告本人履行职责的详细情况……”。

独资公司董事会试点的突破口，而且鼓励外部董事在董事会中席位过半，以此做到政企分开；同时，寄希望于通过市场化的选聘机制，寻求专业的人才、成功的企业家来管理公司，提高公司经营效率，但目前的外部董事制度实际上很难起到以上作用。从外部董事管理办法来看，政府牢牢牵制着外部董事的行为，使外部董事成为政府的代言人，很难真正根据自己的商业判断进行经营决策。希冀通过这些专业人士、成功企业家发展公司、提高公司效益的目的容易落空，同时，也不利于政企分开。有学者也犀利地指出，“一条贯穿外部董事选任、履职、激励与退出的权力链条业已形成，且在合力作用下相当稳固。借由选任权力，政府股东可依据自身喜好而非企业需要限制外部董事主体资格，并指定具体人选，实现对外部董事的‘事先’管理；借助履职机制与激励机制，政府股东影响乃至控制了外部董事的行为，使其最大限度地贯彻股东意志，而非依据自身判断治理企业，从而实现对其的‘事中’管理；借助退出机制，政府股东可直接行使解聘权力，淘汰‘不懂事、不听话’的外部董事。……因为独立性遭到了整体机制系统地否定，外部董事沦为出资人代表机构的‘代理人’，其行为全部向出资人代表机构负责，并不是以企业为最终服务对象。政府股东在顺应改革的授权中，只要牢牢把握外部董事的相关权力，就仍可控制现时与未来的平台公司。甚至在董事会‘一人一票’等议事规则的包装下，这种控制将日渐加强。”① 因此，这些所谓的外部董事，设立再多，还是难以隔断与政府之间的联系。相对于独立董事制度而言，这是很大的缺失。还“外部董事”以自由，让其真正“独立”，将其塑造为公司法上的“独立董事”极为必要。

在国有资本运营公司独立董事的来源上，政府股东的理念应当更为开放，应更多地从行业专家和社会精英中选聘，其应是财务、法律、相关行业以及公益领域的专业人士，可以对企业的经营决策和经营活动作出专业判断，进而提升董事会决策的科学性。需要强调的是，一旦独立董事被任命，应由国

① 王怀勇、王鹤翔：《描述与重构：国有资本投资运营公司外部董事独立性研究》，载《商业研究》2021 年第 3 期。

有资本运营公司而非作为国有股东的政府与其签订合同。因为，独立董事是为公司利益服务，政府之所以有权决定独立董事的任命，仅仅是因为其所享有的国有资本运营公司的表决权，但它并非直接聘用独立董事的一方当事人，否则，容易使独立董事将自己作为政府利益的代言人，而丧失其独立性。

为保证独立董事的独立性，独立董事在所任职的国有资本运营公司不享受薪酬待遇，其作为独立董事的补偿应是津贴。对独立董事的激励不是来自薪酬，而更多的是声誉机制。当然，为保障独立董事的作用发挥，独立董事每年必须保证在国有资本运营公司投入一定的工作时间，以便充分了解公司的经营状况，为其有效行权提供必备条件；同时，为了保障独立董事能够将足够的精力投入参与决策和监督制衡中去，必须对其兼职的数量进行限制。否则，即使构建了以独立董事为主的董事会，其同样难以作出专业的、合理的商业决策，影响国有资本运营公司的经营效率。正因如此，有研究者开始反思独立董事制度的真实效用，甚至认为采取董事兼职并由独立董事监督董事会的模式是失败的。① 尽管该观点过于极端，但是，其的确阐释了一个问题，即应当特别强调独立董事的尽职履责。由于国有资本运营公司专事国有资本经营的特殊定位，其投资决策对国有资本的经济目标与社会目标实现至关重要，因此，应当限定独立董事在所任职公司的工作时间，包括所兼职公司的数量。对此，证监会在《上市公司独立董事管理办法》中对于独立董事在上市公司的任职进行了明确规定，即同时兼职不得超过 3 家，在每家公司的现场工作时间应当不少于 15 日。基于国有资本运营公司功能的重要性，这种类似的限制应该较上市公司对独立董事的任职要求更为严格。

3. 执行董事人数的限制

为促使董事会的决策科学、合理以及顺利实施，董事会中应当设有执行董事。他们也是公司的高管人员，负责公司日常的经营活动。由于执行董事相对于政府董事和独立董事而言，拥有大量的公司经营信息，对公司及其业

① 鲁桐：《金融危机后国际公司治理改革的动向及启示》，载《国际经济评论》2012 年第 4 期。

务了解的广度和深度往往高于他人，由其作为董事，可以在一定程度上解决信息不对称的问题，促使董事会做出的决策更加符合公司运行的实际，也更符合市场的需要。同时，让经营管理层的人进入董事会并参与决策，能够使经营层准确把握董事会决策的意图，进而选择最适合的执行方式，促使决策得以顺利实施。

然而，由于董事会的另一主要职能是监督执行层的执行情况，因此，董事会应当保持一定的独立性，不得与执行层的人员交叉过多，否则就容易产生执行层对董事会的反控制，弱化董事会的监督职能。① 实际上，从域外公司的治理经验和教训来看，董事会与经理层是否应当分离，应当多大程度上分离是一个难以把握的问题。如果二者分离度过高，董事会作出的决策可能会脱离公司经营的现实，或者决策信息掌握不充分，或者对执行中将出现的问题估计不足；但二者重合度过高，又会造成监督者和被监督者的身份重叠，代理问题容易滋生。对此，国外研究曾分别出现了“两权分离假说”②、“两职合一假说”③ 和“环境不确定假说”④ 三种主张。就我国而言，由于转轨时期下的“内部人控制”现象比较突出，内部人侵吞国有资产的现象较为常见，因此，对董事会与经理层的兼任应当持审慎态度，否则容易形成“自己监督自己”的无效机制。美国金融学会前会长詹森（Jenson）就曾建议，“从减少董事会规模以及较好地监督总经理的角度考虑，董事会

---

① Williamson, O. E., *The Economic Institutions of Capitalism: Firms, Markets, Relational Contracting*, New York, The Free Press, 1985, p. 127.

② 基于委托—代理理论的“两职分离假说”。该理论认为，董事会受股东会委托，代表公司并负责公司经营管理，形成第一级委托代理关系；董事会又聘用经理负责日常生产经营活动并对其进行监督，二者又构成第二级委托代理关系。在所有权与经营权相分离的现代公司中，经理的自利性和有限性可能损害股东的利益，因而董事会的监督十分必要。只有两职分离，才能维护董事会监督的独立性，提高公司的绩效。

③ 基于现代管家理论的“两职合一假说”。该理论认为，对经理内在机会主义和偷懒的假定不合适，而且他对自身尊严、信仰以及内在工作满足的追求，会使他努力经营，成为公司资产的好管家。两职合一有利于提高企业创新，适应瞬息万变的市场环境，从而有助于提高企业的经营绩效。

④ 基于资源依赖理论的“环境不确定假说”。该理论认为，环境的不确定性是影响董事会结构及其作用的重要因素。因此，两职是合是分，依环境而定。

中应该只有一个内部董事（执行董事）”。[①] 从各国的实践经验来看，执行董事在董事会中的人数一般也不多。我国《公司法》在2023年修订后，要求国有独资公司的董事会中外部董事应当超过半数，也是对该经验的制度借鉴。

最后，需要探讨的是，在国有资本运营公司中，是否一定需要职工董事？尽管国有资本运营公司是国有独资公司，依据《公司法》的规定应当有职工董事。但是，对于国有资本运营公司这个特殊的国资运营平台而言，应当进行例外规定。设置职工董事的目的在于，让职工以特定方式参与公司决策机构、介入公司决策程序、监督公司决策执行，并保护全体职工权益。它对协调公司劳资关系、提高劳动效率等应当说有着积极意义。[②] 美国学者玛格丽特·M. 布莱尔的分析是，职工也要承担与特定投资，特别是与“人力资本”投资相关的风险，尤其是那些技术密集或定向服务的企业，职工因其技艺只能专用于本公司而不可避免地要承担剩余风险。[③] 因此，职工应有资格参与公司治理。其中，由职工代表进入董事会，参与公司事务决策，是对职工利益保护的重要路径之一，也是民主管理在现代企业制度下的发展与延伸。但不得不说明的是，职工董事的资历或经营能力往往有限，且其行权时往往是以职工利益为出发，对于专事国有资本运营的公司而言，其能力和局限性都比较明显，很容易造成以非专业的、职工利益最大化为倾向的职工意见影响或否定经营管理专业人士所作出的专业的、前瞻的经营判断，对国有资本运营效率造成掣肘。而且，国有资本运营公司主要是进行资本投资运作，与其他从事实体生产的产业类国有企业不同，职工“人力资本”的沉默风险和成本相对较小，因而，该类国有公司中并非必须设职工董事，今后在法律制度设计上，可对其进行例外规定。

---

① 徐振东：《论在银行公司治理中实现三权有效制衡》，载《国际金融研究》2003年第9期。

② 李敬湘：《隐含契约下国有企业高管更替问题研究》，经济科学出版社2011年版，第209页。

③ ［美］玛格丽特·M. 布莱尔：《所有权与控制——面向21世纪的公司治理探索》，张荣刚译，中国社会科学出版社1999年版，第212页。

（二）国有资本运营公司董事会架构的分类设置

1. 政策性国有资本运营公司董事会之构成

对于政策性国有资本运营公司而言，应当设立董事会。尽管有观点认为，非竞争类国有企业中的功能类国有独资企业以及国有独资的公共服务类企业也可不设董事会，从提高运行决策效率出发，可探索执行董事兼任总经理的模式。① 但这一观点值得商榷。因为政策性国有资本运营公司有“三个目标”，第一目标是完成政府交办的任务，这是由功能性所决定的；第二目标是节约成本费用、增加国资收益，这是由企业的效益性所决定的；第三目标是以国有资本带动社会资本、运用市场力量实现经济多元化，这是由国有资本的引导性所决定的。在市场经济体制下，上述任务的实现均离不开管理经验丰富的经营者。如何能够对公司的经营管理进行科学决策，能够在成本最小的情况下完成政府任务，同时增加国有资本的收益，需要公司治理的核心——董事会充分发挥其专业作用。

在董事会成员的具体构成上，由于政策性国有资本运营公司的一个主要目标是向公众提供足够数量的、高质量的、安全的公共产品和公共服务，同时，应当在保质保量的前提下，努力降低公共产品的生产和供给成本，实施严格的成本控制，政策性国有资本运营公司董事会应当由政府董事、独立董事以及执行董事三者构成，并形成“三三三”的均衡结构，这样可以将政府的宏观信息优势以及任务目标、独立董事的市场判断优势、内部执行董事的企业信息优势相结合，做出最有利于公共目标实现的决策。同时，根据有学者的研究建议，该类国有资本运营公司还应当在董事会下设立与公益目标相关的专门委员会，如成本控制委员会、安全控制委员会等。② 其中成本控制委员会召集人应该由具有财务背景的独立董事担任，安全控制委员会召集人则应当由政府董事担任。作为董事会的专业工作机构，专门委员会应为董事

---

① 罗新宇主编：《国有企业分类与分类监管》，上海交通大学出版社2014年版，第187页。

② 高明华等：《中国国有企业公司治理分类指引》，东方出版中心2016年版，第36页。

会决策提供咨询和建议。

2. 商事性国有资本运营公司董事会结构之优化

对于商事性国有资本运营公司而言，注重投资回报的效率性是其重心所在。由于这类国有资本运营的市场化竞争程度高、经营管理的专业性强、资产管控和资本运作要求高，为提升公司商业投资决策的质量和效率，增强投资战略决策的前瞻性和管理决策的应变能力，应当强调独立的专业人士在董事会中的作用，使董事会能够凭借成员的专业知识、丰富的商业经验对公司事务进行决策，并进而对经理层实施有效监管，最终实现公司利益的最大化，因而，这类国有资本运营公司的董事会应当以独立董事为主导，其应占有董事会席位的1/2以上，以保证该类公司董事会的独立性与专业性，防止董事会受控于政府这一强势出资人和经理层这一内部人。

需要特别强调的是，对于商事性国有资本运营公司而言，强调独立董事的过半数，以此有力隔开政企关系，非常重要。

首先，从管理角度而言，这可以使商事性国有资本运营公司聚焦于商业目标，防止国家利益与商业利益的冲突。作为股东，政府同样希望它所投资的商事性国有资本运营公司能够提供可接受的回报，并继续激励其创造新的价值。这与其他股东的要求并无差别。① 因这类公司以追求经济效益为投资目标，本质上就属于“商人”，只是其股东“恰巧是政府而已”，因而应被塑造为一个私人投资主体，尽量去除行政干预，也就是去除行政管理的公共目标对商业目标的掣肘，使这类国有资本运营公司能够专注于商业价值的实现。这也是政府设立该类公司的初衷所在。因而，政府应当与该类公司保持“一臂之距”，不干预其日常经营管理。以淡马锡控股公司为例，新加坡政府经常声明淡马锡控股公司是一个商业实体，政府不干涉其投资活动。淡马锡控股公司的商业目标使其能够在不考虑复杂政治和社会因素的情况下，对所投

① S. Dhanabalan, *Role of Government Ownership of Business in the Era of Globalisation & Role of Temasek* (12 December 2001), http://www.temasek.com.sg/mediacentre/speeches?detailid=13389, accessed 3 May 2014.

资的公司发挥监督作用。政府这种自律、无为而治的精神，也确保了淡马锡控股公司及其旗下企业能够充分依据正确的商业规则运作，不受与商业无关的政府指令的干扰，最终使得新加坡的国有企业在和域外其他国家的国企相比时，能够脱颖而出。

其次，这有利于提升国有资本的经营效率。在我国，国企分类改革之前，政治目标与经济目标的多元化明显制约了企业发展。正如有学者所指出的，如果一个代理人执行各种各样的任务，就很难评估他的履职能力，因为很难确定一个代理人试图执行哪个任务或哪些任务。[①] 而如果商事性国有资本运营公司的作用仅限于提高经济效益，那么作为一个经济实体，它的经济效益是由经济指标来评估的，尤其是资产负债率和流动性比率等，这就要容易很多。如果再将这种经济效益与经营管理者的薪酬机制以及责任机制挂钩，那么，该类公司的经营效率自然会进一步提高。

最后，这有利于国有商业企业与其他没有政治动机的市场主体之间建立信任关系，促进其国际化。国有公司在海外投资时，很容易受到东道国的质疑，东道国经常指责这些大型国有企业通过市场渠道控制东道国。为此，政府必须给市场发出一个可靠的信号：其正在将管理者的角色与股东的角色分离，不再将国有企业视为国家的工具。如果东道国认为投资国政府的政治诉求和经济利益是分开的，国有资本运营公司可能会有更好的机会进行海外投资。在这一点上，新加坡政府就巧妙地将淡马锡控股公司定位为“恰好由财政部拥有”的“国际投资者”[②]。这种定位为其发展，尤其是“走出去”战略的实施提供了很好的制度支持。以淡马锡控股公司和新加坡政府投资公司（Government of Singapore Investment Corp，GIC）同时投资印度 ICICI 银行为例。根据印度银行管理规则的规定，一个外部实体不能单独持有一个印度银行超过10%的股权。在2006年8月，印度储备银行曾拒绝了淡马锡控股公司和 GIC 的报价，即合计购买20%的印度 ICICI 银行股份，因为他们被视为一

① Tirole J.，Corporate Governance，*Econometrica*，2001，69（1），pp. 1－35.

② Effect of Government Links in Neutral，not Negative，*The Business Times*，7 September 2006.

个关联实体。但此决定于 2006 年 11 月被推翻，因为印度方面最终承认这两家投资公司相互独立，且独立于政府，随后，在 2007 年 10 月，淡马锡控股公司和 GIC 合计获得 20% 的印度 ICICI 银行股权。[①] 这一点对于我国目前国有企业的“走出去”战略具有一定的借鉴意义。我国的国企经常面临“非市场经济主体”的责难，进而面临“反倾销、反补贴”的诸多制裁，为此，我国政府及国有企业花费了大量时间和精力来向所投资的东道国政府及国际投资纠纷解决机构证明国有企业与政府的相互独立性，但解释或证明的效果往往并不明显，类似的纠纷或制裁还是在不断出现。如果我们能够有意识地尽力切割政府与商事性国有资本运营公司之间的政治关系，让东道国政府相信二者间是“非政治动机”的商事投资，那么，相对于我国国有企业进行海外投资、参与国际市场竞争而言是有利的。

① India Reverses Investment Rulings on Temasek，GIC，*The Straits Times*，18 June 2007.

第五章 国有资本运营公司经营者管理机制的创新

经营者的才能是公司治理结构有效发挥作用的基础，决定着公司经营的绩效，是公司能够在激烈的市场竞争中立于不败之地的关键。尤其是在现代公司治理中，所有权和经营权的两权分离促使所有者应当通过合理的选任机制选出有能力的经营者作为代理人负责公司的经营管理；同时，由于代理成本的存在，公司治理的核心任务之一就是要逐渐消除股东与经理层之间的利益差距，以期减少代理成本，使股东回报得到改善，从而增加公司整体利益。[①] 此时，就需要对经营者给予足够的激励并进行有效的制约，在一定程度上，公司治理结构的实质就是所有者与经营者之间以激励约束为核心内容的利益制衡机制。

这一点在国有公司中至关重要。国有资产“全民”委托人身份本身“虚化”，加之国有企业从真正股东“全民”到最终经营者的委托代理链条冗长、关系繁杂。在这样的代理关系中，国有股东（“全民”）追求自身利益最大化的积极性和约束代理人的激励本就不够，而多层委托代理链条使得产权保护的动机不断衰减，偏离于终极所有者目标的各级代理人的行为必然使代理成本不断上升，国企公司治理也就不可能有实质性改进。[②] 而解决国有资产所

① 孙玥璠、杨有红：《国有非上市公司外部董事管理机制：创新与完善》，经济科学出版社2014年版，第15－17页。

② 蒋建湘：《出资人股权诉讼与企业国有资产保护——兼评我国〈企业国有资产法〉的实施》，载《法律科学（西北政法大学学报）》2009年第6期。

有权固有缺陷的有效方式之一，就是通过法律制度设计，促使国有公司能够选择出高素质的经营管理者，对其进行科学考核，进而根据考核结果设计合理的激励约束规则，最终实现国有资产效益最大化的目标。

具体到国有资本运营公司，在“政府—国有资本运营公司—国有企业”的三级经营管理体制中，国有资本运营公司能否实现市场化运作是改革成败的关键之一。而要实现国有资本运营公司的市场化，除了要合理配置公司的决策权外，还需构建一支专业化的运营团队。在三级管理体制下，政府持有国有资本运营公司的股权，通过股权行使，可依法向国有资本运营公司选派董事，组成国有资本运营公司的董事会；同时，董事会根据公司发展的需要选择出适合的经理层，由经理层具体执行公司事务，最终实现公司高效运作。易言之，政府尽管是国有资本运营公司的唯一出资人，但不应对国有资本运营公司进行直接的行政化管理，而是应通过“管人”的方式实现“管资本”，提升国有资本运营效率。[①] 只是政府这一股东在“管人”的过程中，虽然扮演着“理性经济人”的角色，但最终的代理人——经营者同样也是“理性经济人”，在国资经营过程中，不能排除二者的利益目标可能发生冲突，“内部人控制”“道德风险”“搭便车”等现象时有发生，并最终导致公司经营成本增加。[②] 因此，在关涉国有资本运营公司经营者的制度设计上，除设定科学的选任机制外，还需进行合理的激励与约束，通过利益共享的激励机制调动经营层的积极性，同时辅之以严格的法律责任，强化经营层违法行为的不利后果，尽可能减少代理成本。

一、国有资本运营公司经营者选任机制的改革

有观点认为，现代企业有效运行的实践表明，在委托代理制下，企业组织的效率和经营实绩，或许不在于资产为谁所有或实行什么样的财产制度，

① 胡良才：《国有资产出资人法律制度研究》，西南政法大学2015年博士学位论文，第140页。

② 袁东明、陶平生：《国有资本投资运营公司的运行与治理机制》，载《发展研究》2015年第6期。

更重要的在于由谁来经营，怎样选择和决定经营者。[①] 在国企改革领域，有学者也犀利地指出，国有企业产权改革的核心就是要解决对经营者的选择问题；国有企业治理最大的问题就是无法保证经营权控制在真正的企业家手里。[②] 的确，目前我国对国有企业的管理还是难以走出行政化依赖的路径，作为政府直接投资的专事国有资本运营的独资公司，国有资本运营公司在经营者选任中往往面临着更加明显的行政化掣肘，而这必然将影响到国有资本授权经营体制改革和国有资本市场化运作目标的实现，为此，对国有资本运营公司的法律制度建构就必须重视经营者选任机制问题并及时进行制度创新。

（一）经营者的行政化选任制：现状与问题

1. 经营者行政化选任的现状

受长期计划经济体制的影响，我国现行国有企业管理者的选任机制仍带有浓厚的“行政化”色彩。尽管国企的市场化改革在不断推进，但实际上，目前我国国企的重要高管仍主要是通过行政途径任命产生，尤其是大型国有企业的董事长、总经理。由于当前正在进行试点改革的国有资本运营公司或者新组建，或者由原国有集团公司改制而成，作为典型的大型国有独资公司，其高管同样是以上级主管部门或相关政府部门选任为主。

以隶属于国务院国资委的 97 家央企为例，这些央企都具有相应的行政级别，其中，53 家为副部级企业（也称“中管企业”），44 家为厅局级企业。据报道，53 家副部级央企的董事长、党委（党组）书记、总经理的人选需要由中央政治局常委会研究决定，这与一般副部长级干部的任免权限相同，因此也被认为相当于副部级干部；这 53 家央企中的副职领导，以及 44 家厅局级企业的领导班子成员则均由国资委党委研究决定；同时，44 家厅局级企业的法定代表人（多数为董事长）还须报国务院党组任前备案同意。[③]

---

① 白英姿、马正武主编：《国有资产经营公司研究与案例》，中国财富出版社 2013 年版，第46 页。

② 张维迎：《国企治理的最大问题》，载《董事会》2014 年第 8 期。

③《三类央企“一把手”级别不同，任命程序完全不同》，载 https：//www.163.com/dy/article/IJ97KJ1I0511DFSC.html，最后访问日期：2024 年 9 月 6 日。

从现行制度规则来看，国企高管的行政化选任机制与干部管理的交流制度紧密相关。交流制度又常被称为国有企业的“旋转门”，是指国有企业领导和党政机关、事业单位的领导干部相互交流、轮岗。该制度容易造成国企经营者在企业经营中的目标错位，其行为导向往往并非创造企业利益的最大化，而是期待被尽快平行调动到党政部门或提拔任用。这也正说明，目前国企经营者管理与党政干部管理比较接近，是非市场化的交流。[①] 当前，这种交流制度存在相关的政策法规支持。中共中央办公厅、国务院办公厅印发的《中央企业领导人员管理规定》就明文确立了中央企业领导人员之间的交流制度，并且这种交流可以在企业与党政机关及事业单位之间进行。[②] 中共中央组织部、国务院国资委党委负责人在介绍该制度时，称“《规定》分别明确了不同岗位领导人员一般应当交流的情形，比如，董事长、总经理在同一职位任职满 9 年且还能任满 3 年以上的，一般应当交流；还比如，纪委书记、总会计师一般应当交流任职。从培养锻炼中央企业领导人员出发，《规定》强调加强中央企业领导人员在党务工作岗位与经营管理岗位之间的轮岗交流……”[③]。基于此，现实中存在很多中央企业负责人来自重要政府官员的现象，尤其是 53 家中管企业管理者与党政系列副部长级交流互动频多，例如，时任水利部副部长刘伟平出任中国长江三峡集团有限公司董事长，时任天津市人民政府副市长朱鹏出任中国电子科技集团有限公司董事、总经理。此外，《公务员法》也规定了相应的交流制度，企事业单位中符合资格的人员可以调入机关担任领导职务，其他机关的公务员基于培养锻炼的需要，也可以派到企事业单位挂职锻炼。由于国有资本运营公司是政府设立的专事国有资本投资经营的国有独资公司，在中央层面，会被纳入《中央企业领导人员管理

---

① 罗新宇主编：《国有企业分类与分类监管》，上海交通大学出版社 2014 年版，第 182 页。

② 《中央企业领导人员管理暂行规定》第 49 条：“完善中央企业领导人员交流制度。对需要重点培养和因工作需要、按照规定需要回避以及其他原因需要交流的，应当予以交流。交流可以在企业之间、行业之间、企业与党政机关及事业单位、人民团体、群众团体之间进行。”

③ 《建设高素质专业化中央企业领导人员队伍——中共中央组织部、国务院国资委党委负责人就修订印发〈中央企业领导人员管理规定〉答记者问》，载 http：//www. xinhuanet. com/2018 - 09/29/c_1123505627. htm，最后访问日期：2019 年 2 月 15 日。

规定》的管理范畴，在地方层面，同样也会被纳入地方政府规定的交流制度范围，进而对国有资本运营公司的高管选任会产生直接影响。

2. 行政化选任引发的问题

国有资本运营公司通常可以被分为两类，即以营利为目标，追求国有资本的高效运作、实现投资回报率最大化的商事性国有资本运营公司和不以营利为目标，更关注社会效益实现的政策性国有资本运营公司。在这两类公司中，行政化选任制度对于政策性国有资本运营公司的管理具有一定的积极作用，但对于商事性国有资本运营公司而言，却会产生一定的掣肘，因而，对国有资本运营公司过度采用行政化选任制度会与其市场化目标相冲突，对管理层的发展和公司经营带来现实难题。具体表现为以下几方面：

第一，造成企业间的投资关系囿于“行政化”束缚中，治理机制难以理顺。尤其是国有资本运营公司与其投资的全资或控股公司的经营者（董事长、总经理）通常都由党委组织部门任命，在级别上有时难分上下，造成国企经营者之间事实上存在着行政干部级别制度与资产产权制度相背离的情形。就干部管理制度而言，国有资本运营公司的经营者与其所投资企业的经营者同时由组织部门直接管理，相互间往往不存在上下级的隶属关系；而就产权关系而言，国有资本运营公司是所投资公司的股东，基于投资关系，其可通过公司法设定的治理机制，决策和监管所投资企业经营者的活动。但在行政化选任体制下，二者的关系难以协调，使基于投资关系而产生的本应明确的法律关系囿于“行政化”的束缚中。汇金公司与四大国有商业银行间的关系就是一个典型案例。

第二，造成高管定位模糊，影响国有资本运营公司的经营效益。正如国家同时具有公法人格和私法人格却界限模糊易引发职能混乱一样，[①] 如果国有资本运营公司高管，尤其是商事性国有资本运营公司高管同时具备政治性要求与营利性要求，双重且相悖的政治逻辑与经济逻辑易引发高管激励制度

① 丁传斌：《地方国有资本运营法制探索》，北京大学出版社 2017 年版，第 22 页。

和约束制度的失效。作为中央政府或地方政府独资设立的资本运作平台，国有资本运营公司在传统的治理路径下，往往具有较高的行政级别，基于上述交流制度的分析，政府官员与企业高管很可能通过“旋转门”在不同身份之间进行切换，此时，管理层的去留升迁并不完全依赖于国有资本的运营效果；另外，由具有行政级别的官员管理国有资本运营公司，使其能够自由游走于政、经两界，且具备超出普通政府官员和企业家的权力，由于身处企业外部的政府股东处于监管的信息劣势，而企业内部又缺乏有效的权力制衡机制，因而，难以对其形成有效制约。企业管理者这种“亦官亦商”的任职现状，最终损害的其实还是国有资本的运营效益。

第三，可能影响商事性国有资本运营公司经营目标的实现。一方面，在“行政化”选任机制下，市场经验丰富的、有管理能力的经营者常常难以被选入国有资本运营公司。其实不仅是国有资本运营公司，整个国有企业都存在类似问题。另一方面，行政化选任主体与私人投资者存在着实质性差异，其无须为自己的选择承担风险。就国资监管机构而言，有关法律法规在对其选人用人职责进行界定时，通常只是常规性的要求，“要通过法定程序对企业负责人进行任免、考核并根据其经营业绩进行奖惩，建立符合社会主义市场经济体制和现代企业制度要求的选人、用人机制”，而对国资监管机构选人用人失误时的处置，也只是在《企业国有资产法》第68条中笼统规定，对其直接负责的主管人员和其他直接责任人员依法给予处分。但对于责任认定、处分程序及承担方式却无具体的操作性规定。实际上，这种责任追究本身就难以实现，实践中也鲜少出现。由于行政任命的国企经营者通常是由集体决策产生，如果出现选人用人失误，则应是向集体追责，而向集体追责也就意味着无人负责。此外，行政化选任机制下所选择的国企高管，相对而言更注重“政治回报”，为防止政治风险和政治责任，其在市场化的经营国资过程中，往往比较保守，很难将追求企业经济效益最大化作为其行为目标，而这必然会影响具有收益性功能的国有资本经营目标的实现。

第四，偏离了现代企业治理机制中权力的分配与制衡。我国自20世纪

90年代初就开始进行国有企业的公司制改造，而行政化选任制度却与现代企业治理准则以及《公司法》的规定存在明显不同。依据《公司法》规定，董事会由股东会选举产生，总经理由董事会选择并向董事会负责。但是，实践中，政府或国资监管机构却常常根据国企级别直接以任命的方式确定国企的管理人员。虽然2008年《关于董事会试点中央企业董事会选聘高级管理人员工作的指导意见》由中组部与国资委联合发布后，非特大型央企董事会就拥有了除总经理之外管理人员的职位的选聘权，但是需报国资委备案，而总经理和特大型企业的经理层的选聘权依然没有下放，仍旧是由中组部或者国资委直接任命。随之带来的问题是，与选任机制相应，对管理层的考核与薪酬决定权也未被授予董事会，这就显然打破了公司应有的治理制衡机制。

第五，对国有资本运营公司的域外投资产生掣肘。由于国有资本运营公司，尤其是商事性国有资本运营公司主要是进行资本投资运作，追求国有资本的保值增值，因而势必会响应国资国企改革的“走出去”战略，进行域外投资。而国有企业管理者的行政化选任，在一定程度上会成为我国域外投资遭到东道国质疑的重要原因之一，进而也成为我国在国际上受到“国家资本主义”论攻击的重要理由。在中美贸易战中，美国多次指责我国国企并非纯粹的商业实体，而是被政府控制进行海外投资扩张的“行为体”，其中一个主要依据也是国企高管的行政化任命和政企不分问题。① 如果国有资本运营公司的法人独立性遭到域外国家或地区的质疑，东道国谴责国有资本运营公司通过设立海外子公司或者通过海外并购的方式去获取东道国敏感信息，或通过海外投资控制其战略性自然资源或其他重要生产要素，则显然不利于国有资本投资“走出去”战略的实施。为此，政府应当给市场发出一个可靠的信号，即将其管理者身份与股东身份分离，不将国有资本运营公司及所投资的企业视为政府的工具。如果东道国相信政府的政治诉求和经济利益相分离，

① Statement By U. S. *Trade Representative Robert Lighthizer on Section* 301 *Action* (July 10, 2018), https://ustr. gov/about - us/policy - offices/press - office/press - releases/2018/july/statement - us - trade - representative, Last visited on December 16 2018.

国有资本运营公司和所投资的国有企业就会有更好的机会进行海外投资。

在这一问题上，新加坡政府对淡马锡控股公司的态度及做法非常值得借鉴。淡马锡控股公司一直将自己定位于一个“国际化的投资者”，只是它“碰巧由财政部持有”而已[①]。但其实，在新加坡国有控股公司的发展历程中，很长一段时期也曾出现过内部经营管理的行政化现象。政联公司的董事通常是由政治人士担任，且往往是有着较高级别的公务员。[②] 政治人士服务于董事会，尽管可以使政府对公司进行监督和保持控制。但问题也会随之产生：一是，董事会成员之间可能产生目标冲突。作为政府代表的董事可能追求特定的政府目标而非经济利益最大化，而非政府代表的董事则往往侧重于追求投资回报。[③] 二是，尽管政府代表的董事通常有着良好的素质且基于优良表现而被提升，但政府部门的成员是典型的政治精英，缺乏冒险精神以及足够的创业动力，[④] 因而，这种选任机制极大地抑制了国有企业的发展。直至2002年，淡马锡控股公司选出了第一个非高级公务员出身的首席执行官，并且从国外引进了具有丰富商业经验的人士管理政联公司，才开始挑战原有的由退休军官、公务员、政治人士经营国有企业的管理体制。[⑤] 同时，为保障淡马锡控股公司董事会的独立性，更好地发挥董事会的商业决策作用以及对经理层的监督职能，在董事会席位构成中，独立董事的数量大大超过执行董事。此外，为配合国际化战略的实施，淡马锡控股公司还专门建立了一个国际投资小组，任命了11名来自美国、英国、日本、中国、印度等国家的具有不同管理背景和投资经验的人士参加，表明了淡马锡控股公司纯商业性的

---

① Effect of government links in neutral, not negative, *The Business Times*, 7 September 2006.

② Phillip H. Phan, Corporate Governance in Singapore: Development and Prognosis, *the Academy of International Business Annual Meeting*, 12 July 2004.

③ Sam Roseme, Singapore Economic Balancing Act: How a Company's Collapse Challenged the Country's New Corporate Governance Regime, *UCLA Pac. Basin L. J.*, 2007, 24 (2), pp. 249 – 271.

④ Krause, Lawrence B., *The Government as an Entrepreneur*, *in The Singapore Economy Reconsidered*, ed., by Koh Ai Tee, Krause, and Lee Yuan (Singapore: Institute of Southeast Asian Studies), 1987.

⑤ Sara Webb and Trish Saywell, Untangling Temasek, *Far Eastern Economic Review*, 2002, 165 (44), pp. 42 – 45.

独立经营立场。该机构对于淡马锡控股公司海外并购业务的发展具有明显作用。这样的管理者选任机制有利于在国家投资的控股公司与私有化的国有企业之间建立起非政治动机的信任关系，这对于推进淡马锡控股公司国际化投资的步伐大有裨益，为其长远发展，尤其是“走出去”战略的实施，提供了很好的制度支持。以2007年12月淡马锡控股公司动用44亿美元收购美林公司的股权为例，该笔交易之所以能够进展顺利，就是因为双方都理解该交易是基于明确的商业目的。而在此过程中，淡马锡控股公司国际化战略咨询师发挥了关键性作用，其缓解了美林公司的信心不足，增强了美林公司对淡马锡控股公司商业化目的的信任。

（二）国企经营者行政化选任难以转变的缘由

我国传统的国企治理中，高管选任以行政化为主。虽然2009年出台的《中央企业领导人员管理暂行规定》就提出了公开招聘、竞争上岗、中介推荐等多样化的选拔方式，对于董事会和经理层还分别规定了委任制、选任制、聘任制的不同模式，[①] 但行政化选任仍占主导地位。2015年，国企改革重启，《关于深化国有企业改革的指导意见》再次强调要对国有企业高管人事制度进行市场化改革，要求建立国有企业领导人员分类分层管理制度，推行职业经理人机制，同时推行企业经理层成员任期制和契约化管理等，[②] 但长期路

---

① 《中央企业领导人员管理暂行规定》第12条规定：“选拔中央企业领导人员，主要采取组织选拔、公开招聘、竞争上岗等方式进行，也可以探索采取委托人才中介机构推荐方式进行。其中，对经理班子成员的选拔应当逐步加大公开招聘、竞争上岗的力度。”第13条进一步明确规定，对董事会成员实行委任制、聘任制或者选任制；对设立董事会的中央企业经理班子成员实行聘任制，经理班子人选经组织考察、按照管理权限审批或者备案同意后，由董事会决定聘任；对未设立董事会的中央企业经理班子成员实行委任制或者聘任制。

② 《关于深化国有企业改革的指导意见》，建立国有企业领导人员分类分层管理制度。坚持党管干部原则与董事会依法产生、董事会依法选择经营管理者、经营管理者依法行使用人权相结合，不断创新有效实现形式。上级党组织和国有资产监管机构按照管理权限加强对国有企业领导人员的管理，广开推荐渠道，依规考察提名，严格履行选用程序。根据不同企业类别和层级，实行选任制、委任制、聘任制等不同选人用人方式。推行职业经理人制度，实行内部培养和外部引进相结合，畅通现有经营管理者与职业经理人身份转换通道，董事会按市场化方式选聘和管理职业经理人，合理增加市场化选聘比例，加快建立退出机制。推行企业经理层成员任期制和契约化管理，明确责任、权利、义务，严格任期管理和目标考核。

径依赖形成的行政化选任机制难以从根本上改变。作为政府直接投资的、独资形式的国有资本运营公司也很难摆脱既有路径的制度影响。其中主要原因在于：

第一，传统国企管理模式的路径依赖。制度变迁常常需要一个过程，在经济转型期，即使国有企业进行市场化改革，也难以使其与社会公共职能彻底划清界限。可以说，政府尽管在力推国有企业的市场化改革，但基于现实需要，又仍然依赖国有企业承担一定的社会公共职能。面对国企“授权经营”的大背景，此时，如何使被授权的国企经营者能够主动契合政府意图，履行政府期待的社会公共职能，显得尤为重要。而继续保留国企改制后经营者的选任权成为最简单有效的方式。通过委派经营者，政府可以对企业产生实质性影响，确保对国有企业的控制权。如此一来，即使国企改制后，管理层仍然会关心政府的偏好。这也是为何我国国企改革的政策导向与实践执行会出现偏离的深层原因。易言之，从国资国企改革的发展方向来看，建立市场化的现代企业制度是趋势，我国也早在2000年，就由中央办公厅印发了《深化干部人事制度改革纲要》，要求建立与社会主义市场经济体制和现代企业制度相适应的国有企业领导人员管理制度；2003年党的十六届三中全会通过的《中共中央关于完善社会主义市场经济体制若干问题的决定》也再次提出，要按照现代企业制度的要求，完善企业领导人员的聘任制度。但实践中仍然存在行政任命为主、官员和企业领导交叉任职、行政级别难以取消的现象。

第二，国企分类改革推进的困难制约了高管选任机制改革。根据《关于深化国有企业改革的指导意见》的思想，国企被分为了三类，即公益类国企、处于充分竞争领域的商业一类国企以及承担特定功能性任务的商业二类国企。从总体功能定位来看，国企应当被分为生产私人产品、以逐利为目标的国有商事企业和生产公共产品、主要体现公共服务职能的国有公共企业。① 国有企业的分类对于国企高管的选任机制影响显著。但实践中，由于国企经

① 参见胡改蓉：《论公共企业的法律属性》，载《中国法学》2017年第3期。

营活动的复合性，营利性业务与非营利性业务交融，“造血”功能与“输血”功能同在，分类改革的推行远比政策的理想设定要更为复杂。现实中同一企业的经济目标和公共目标的区分并不容易，甚至政府或相关部门仍然希望将国有企业的政治目标与经济目标混合。在政策层面，国务院出台的《关于推进国有资本投资、运营公司改革试点的实施意见》虽从功能角度分别对国有资本投资、运营公司进行了界定，规定国有资本投资公司主要以服务国家战略、优化国有资本布局、提升产业竞争力为目标，在关系国家安全、国民经济命脉的重要行业和关键领域，按照政府确定的国有资本布局和结构优化要求，以对战略性核心业务控股为主，发挥投资引导和结构调整作用；国有资本运营公司则以提升国有资本运营效率、提高国有资本投资回报为目标，以财务性持股为主，通过股权运作、基金投资、价值管理等方式，实现国有资本合理流动和保值增值。但这种划分本身并不合理，且在各地国有资本投资、运营公司的试点实践中也并未严格区分，由此，也就影响了国有资本运营公司高管人员的选任模式，即更注重市场化还是更注重行政化。

（三）经营者选任由行政化转向市场化的制度推进

如何推进国有资本运营公司经营者选任由行政化转向市场化，是构建国有资本运营公司法律制度时需解决的关键问题。因为对于专事国有资本运营的平台公司而言，要实现国有资本投资运营的良性运转就更需要将经营者的身份定位为真正的企业家或经理人。

1. 明确经营者的市场化定位

在市场经济比较发达的国家和地区，各国政府尽管仍会保持对国企董事会的控制力（比如有权任命董事），但通常董事会也有权控制经理人的任命，有权依照市场化原则从职业经理人市场选拔人才。就职业经理人产生的逻辑来看，真正的企业经营者的一个显著特征就是非行政化。该理念是建立在经济运行系统独立于政治运行系统这一公私分离的制度分野基础之上的。[①] 作

① 胡海涛：《国有资产管理法律实现机制若干理论问题研究》，中国检察出版社2006年版，第201页。

为从事企业经营活动的专业化队伍，职业经理人的选择、评价、激励和淘汰均应依托于市场机制。以新加坡淡马锡控股公司为例，淡马锡控股公司的高层团队是多元背景人才的聚合，既有公务员又有来自跨国企业、国有企业、民营企业的人才，其中的专业管理团队由全球化选聘产生。据悉，淡马锡控股公司约有40%的资深管理层来自新加坡以外的国家，选任标准为金融投资的专业知识、商业管理经验和诚信品格等。[①] 淡马锡控股公司设立了主要由域外成功商业人士组成的国际化管理团队，既有助于商业竞争，又能显示出与政府分离的独立身份，从而助力于国际社会认可，富有很大的借鉴价值。[②] 我国当前所面临的国内外市场竞争环境已发生巨大变化，为应对现代经济的挑战，国有企业在经营者选任制度上也需做出回应。尽管国有企业具有资产来源“国有”的特殊性，但只要是以企业形态存在，就离不开具有丰富的企业管理经验和市场运营能力的专业人员的管理。作为国有资本市场化运作的专业平台，国有资本运营公司的经营者更需明确其专业化、职业化和市场化的定位，逐步取消行政级别。这一点对于商事性国有资本运营公司而言，尤为必要。因该类国有资本的运营本身就是以追求利润最大化为首要目标，没有社会公共目标的掣肘和冲突，因而，应成立由具有丰富商业经验的董事为主构成的董事会，并且可以由董事会独立从职业化的经理人市场中选聘适合企业发展的、具有丰富企业经营经验的、信誉良好的高管。

2. 有效协调党管干部原则与市场化选任机制的关系

在应然层面，按照市场规则选择经营者属于经济体制改革的范畴，但是党管干部原则属于政治体制改革的领域。从本质上来看，如何有效协调二者之间的关系，其实就是如何处理好经济体制改革与政治体制改革之间的衔接问题。当然，国企毕竟不同于私人企业，它是国家经济活动的物质基础，如果完全放弃该原则，显然不符合我国的国情。而现行制度的规定又简单笼统，国有企业负责人一方面被当作党政官员，另一方面还承担着企业家

① 李曙光等：《国有资产法律保护机制研究》，经济科学出版社2015年版，第502页。
② 胡改蓉：《新加坡国有控股公司的制度设计及面临的挑战》，载《法学》2014年第6期。

的角色。这样的制度设计并不合理，如何将二者进行有效衔接，是解决问题的关键。

从长远来看，党组织参与企业经营者选任的方向应予以调整，由以注重个体为对象的、具体的、事务性的微观管理模式向人才培养、制度设计、政策实施监督等宏观管理模式转变。另外，还应当加强国企经营者选任的标准设定以及人员管理，如提名、考核、淘汰、聘免等，保证选任程序得以规范化，并且制度实施可以得到监督，从而确保市场化选人用人机制真正能公开、透明。当然，从目前实际运作来看，党管干部原则还是在国企经营者选任的微观层面深度介入，难以立即从微观转向宏观，但即使在微观介入的方式上，还是有市场化改革的空间。

考虑到国有资本运营公司专业化的资本运营需要，应当首先对公司事务执行层面的经理，包括总经理、副总经理以及所投资子公司层面的经营管理团队等进行市场化选聘。尽管国有资本运营公司是由政府独资设立，但是和以往不同，因其专事国资的市场化运营，为实现公司经营目的，管理公司的经营者理应是真正意义上的职业经理人，从这层意义上来说，他们不应享有相应级别的政治待遇，也不会被派到相应的党政机关任职。这一改革思路在政策层面和实践层面也在不断推行。在政策层面，2017 年，国务院办公厅发布的《关于进一步完善国有企业法人治理结构的指导意见》特别强调，要积极探索董事会通过差额方式选聘经理层成员。在实践层面，被列入国有资本投资公司试点企业的新兴际华集团有限公司（以下简称新兴际华）已经对此进行了有益的探索。2015 年 10 月，新兴际华董事会采取“党组织推荐、董事会选择、市场化选聘、契约化管理”的办法，完成了总经理选聘，并实现市场化管理。①

新兴际华的上述选任方法相较于之前的国企管理者选任有明显进步，但还具有进一步的完善空间。相较于“党组织推荐、董事会选择”的模式，

① 江苏省国资委课题组编著：《国企改革十大难题》，江苏人民出版社 2016 年版，第 51 页。

“董事会选择、党组织审核”或许更为合理，即董事会依职权通过市场化的标准和程序挑选出合适的候选人，将其提交给党组织部门进行审核，如果党组织在审核过程中发现该候选人有严重的“政治问题”，不适合担任相应的职位，可以在提出充分的理由之后，将其否决。但否决后董事会仍可通过市场化的方式另行选择合适的对象，再次提交党组织审核，直到最终候选人被选择确定下来。这样既能保障董事会选择出适合资本运营公司发展需要的高管，并能够通过提名机制对高管产生监督和约束作用，同时，又能够保障党组织的政治审核，实现二者的有效衔接。这也是对加拿大国有企业（皇冠公司）首席执行官遴选模式的借鉴。在加拿大，皇冠公司有三种首席执行官的遴选模式：第一种模式是“中央选派”。在该模式下，政府直接选出首席执行官，甚至不与董事会协商。第二种模式是“中央搜寻”。在该模式下，候选人的搜寻和招聘由政府负责，但是遴选标准或确定候选人等事宜，政府需要与董事会进行协商。第三种模式是“董事会搜寻”。在该模式下，董事会占据主导地位，由其领导搜寻过程，举行首席执行官的面试，确定人选后制成候选人名单，并提交政府做最终决定。在这三种模式中，“董事会搜寻”模式被认为是最理想的模式，因为在选任过程中，政府和公司都有参与其中，不仅有助于强化首席执行官的责任，还可以促进公司与政府之间的互相信任和尊重。① 这一做法值得我们借鉴。

3. 国有资本运营公司所投资公司的经营者应市场化选任

在“政府—国有资本运营公司—国有企业”的三级管理体制下，政府不应再对国有资本运营公司所投资子公司的人、财、事进行直接掌控，更不能再直接选任所投资子公司的董事、监事及其他高管人员，切实实现行政管理关系向产权管理关系的转变。据之前上海证券交易所的一项调查显示，相当大比例的国有控股上市公司的经营者仍具有行政级别，这些董事长和总经理及公司其他高层管理人员多数是由政府或相关部门“内定”，可见，在国有

① 经济合作与发展组织：《国有企业公司治理：对OECD成员国的调查》，李兆熙、谢晖译，中国财政经济出版社2008年版，第153页。

上市公司中，仍然实施着“党管干部”和“行政提拔”的机制。① 尽管该调研报告已经发布一段时间，但从选任机制改革的进度看，至今该现象仍然较为明显。

对此，应及时进行市场化改革。因为与私人企业不同，国有企业的真正所有者虚位，因而只能将企业的控制权委托给政府或政府有关部门去行使，但因政府或政府有关部门不是企业的真正所有者，不拥有企业的剩余索取权，因此企业的经营结果与他们的利益没有直接关系，此时，政府官员或许就会出于自身利益考虑，利用手中掌握的控制权在企业中牟取各种私人利益。这便诱发了“道德风险”，由控制权派生出来的选拔权变成了一种“廉价投票权”，最常见的手段便是在选拔经营者的时候或者接受寻租，或者优先任命一些与自己关系密切的人。这也是国企与私人企业一个明显的不同。在私人企业中，企业生产效率的高低直接影响着企业所有者的投资收益，所以，所有者有充分的动力去选择能力强的经营者管理企业，最终形成高效的经营者选拔机制。那么，回到国企语境，既然“廉价投票权”本质上就是一个控制权被政府官员滥用的问题，为避免该问题，最直接的方法之一就是限制政府的企业控制权，包括经营者选任权。为此，就有必要寻找到比政府官员更有效地行使企业控制权的合约参与者，同时又不妨碍国家对企业的最终控制，最终实现国有资本保值增值的目的。以国有资本运营公司为中介的国有资产三级管理体制，可以说是找到了一个良好的出路。该模式的关键就是在政府和国有企业之间插入一个具有独立法人身份的国有资本运营公司。该公司有着自己独立的经营目标和考核机制，为了良好地完成政府股东设定的国有资本经营任务，相比于政府官员，其有着更大的动力和积极性从市场上选择真正有能力的企业家来经营和管理公司，这些企业家不再受制于政府官员，可以从人事上切断政府对于国有资本运营公司所投资公司的直接控制，使“廉价投票权”问题得以解决。如此一来，国有资本运营公司所投资公司的管理

① 郑石明：《公司治理中的政府角色研究——基于我国国有控股上市公司的分析》，经济管理出版社2012年版，第101-102页。

者就应当由处于中间层的国有资本运营公司通过市场化手段来行使，减少政府的干预。

二、分类考核机制的建构

在国有企业所有者与经营者的委托代理链条中，由于所有者与经营者不相一致的效用函数，使得委托代理双方的目标在不同程度上产生差异，甚至完全相反，从而出现代理者的道德风险问题。考核机制是建立激励约束制度的基础，是完善国有企业治理的重要组成部分，它将所有者目标传递给经营者，使经营者的努力方向与所有者目标相一致。因此，通过构建考核准则，可以减少信息不对称和降低代理成本，提高国有企业的绩效。《关于推进国有资本投资、运营公司改革试点的实施意见》就要求，应当对国有资本运营公司实行绩效评价，即“国有资本投资、运营公司要接受政府或国有资产监管机构的综合考核评价，考核评价内容主要包括：贯彻国家战略、落实国有资本布局和结构优化目标、执行各项法律法规制度和公司章程、重大问题决策和重要干部任免、国有资本运营效率、保值增值、财务效益等方面”。上述规定原则性地提出了考核要求，但是，如何对不同类型的国有资本运营公司，针对性地制定出不同的经营者考核机制，还需理论论证和制度细化。

从制度经济学角度来看，国有企业要想适应外部环境，提升自身发展动力，必须进行内在制度优化。在进行国有资本运营公司经营者的考核机制设计时，构建规范化、体系化的评价指标至关重要，需要将高管的回报与其为公司发展所做的努力相联系，既要通过奖惩结合体现其工作价值，又要能够增加其工作压力、动力和积极性。不同的评价指标可能将高管行为引向不同的方向，对公司产生不同的影响和效果。实践证明，分类考核是增强考核针对性、科学性的有效方法，也是企业负责人普遍关注的问题。代理人若追求多样化的任务，将难以对其履职行为进行评价，因为哪个或哪些任务是代理人试图去追求的，并不确定。[①] 因此，只有契合不同行业、不同定位、不同功能进行国有资本运营公司绩效的分类考核并不断加以完善，才能真正发挥激励与约束管理者的作用。依据前文分析，国有资本运营公司总体上可以被分为两大类，即商事性国有资本运营公司与政策性国有资本运营公司，二者具有不同的功能，因而，考核与评价目标也应不同。

（一）商事性国有资本运营公司的考核内容

考核内容是整个评估考核系统运行的指南，是实现企业经营目标的重要手段，因此，评估内容应当与企业战略总体目标相协调。通过评估与考核引导人们的行为，使企业经营者的代理行为能够符合企业发展的需要。就商事性国有资本运营公司而言，应当将考核重点设定于如下两方面：

1. 经济性要求

该类国有资本运营公司的运营目标是实现资本收益和价值创造的最大化。作为股东，政府通过国有资本运营公司，希望所投资的公司能够给予可接受范围内的回报，并持续鞭策其不断创造新价值——这与其他股东的要求并无差别。[②] 因此，能否实现经济利润最大化是评价该类资本运营公司经营者行为的主要标准。但在指标设定上，需注意如下几点：第一，注重以市场价值指标和财务指标作为 KPI（关键绩效指标）。一方面，按照市场平均的资本成本和资本回报率水平作为保值增值的考核要求，[③] 即关注横向对比；另一方面，结合企业自身发展阶段和实际发展状况设定考核指标，原则上年度目标不低于前三年考核指标实际完成值的平均值，任期目标不低于前一任期考核指标目标值和实际完成值的平均值，即进行纵向对比。通过横向对比指标与纵向对比指标的观测，设置合理的考核数值。第二，防止考核指标

---

① Tirole J. , Corporate Governance, *Econometrica*, 2001, 69 (1), pp. 1 – 35.

② S. Dhanabalan, *Role of Government Ownership of Business in the Era of Globalization & Role of Temasek* (12 December 2001), http: //www. temasek. com. sg/mediacentre/speeches? detailid = 13389, accessed 3 May 2014.

③ 郭春丽：《国有资产管理体制改革的总体思路和实现路径》，载《宏观经济管理》2014 年第 10 期。

被“短期行为”主导。市场价值指标和财务指标的优点在于明确、可比、指标数据容易获取，但其导向性都存在着共同弊端，即容易导致“短期行为”，不利于公司的长远发展。最常见的例子就是企业的资本性投资在当前支出，但收益却在未来发生，这往往会影响公司的财务指标表现，也就影响对经营管理者的评价结果。对此，应当在指标设置上体现长期可持续发展的理念。

2. 合规性要求

经营者在经营管理国有资本运营公司过程中，既要严格遵守法律法规、部门规章以及其他规范性文件，同时还要遵守企业内部的章程和内部管理制度。尤其是在投资事项决策中，不得未经法定程序擅自作出重大投资决策；在重要人事任免上，应注重任免程序的合法合规。如果企业在经营管理中出现违法、违规现象，应当与企业经营者的考核与评价直接挂钩，从而约束管理者依法经营。除违法违规情况外，在进行合规性评价时，还需要考虑企业的涉诉情况、行政处罚情况，纪检监察及巡视情况，甚至信用评价情况，等等。

3. 综合性评价

除经济性、合规性要求外，对于该类国有资本运营公司管理者的评价还应包括公司发展的总体情况，例如，公司发展与公司定位及公司经营规划或长期战略的契合度、公司核心竞争力的培育与提升情况、公司未来发展潜力与面临的主要风险等，以便作为唯一出资人的政府能够对该类平台公司的经营予以宏观上的把握和判断。

（二）政策性国有资本运营公司的考核维度

该类国有资本运营公司的经营目标不在于国有资本经济效益的最大化，而是通过国有资本的经营实现公共产品提供的社会目标。该类公司所开展的业务既有政府交办的任务，也有主动开展的业务。政府交办的任务中有些属于贯彻国家战略，有些属于落实国有资本布局和结构优化。此时，国有资本运营公司的主要任务是完成政府要求的指定投资，并在投资后持有相应股权，但并不直接介入被投资项目的具体建设与经营中。在对此类投资进行考核时，在宏观层面考核的是，国有资本运营公司是否在运营过程中完成了政府要求的调整产业结构、能源战略、环境保护、国家安全等社会目标；在具体微观层面考核的是，其是否保质、保量、按时完成了投资，投资的效果以及投资成本是否超过了预算。

对政策性国有资本运营公司经营者的考核与评价，学术界基本形成共识，即分类管理、分类考核，不能按照统一标准进行，尤其是不能以盈利情况作为考核的核心指标。但到底应以何种具体标准来考核和评价，学者又有不同的意见，并形成了以下的代表性观点：（1）公益类企业以保障民生、提供公共产品和服务为主要目标，该类企业除了担负着国有资产保值增值的目标外，还承担了政策性目标，有时候为了达成政策性目标还面临着亏损的风险。因此，在考核公益类国企经营者时，不应只根据企业盈利来评估，还要关注政策性目标的完成情况以及产生的社会效益大小。① 采用一些经济社会、环境、效率等方面的定性指标对其进行考核。②（2）公益类企业应引入政府主管部门评价机制，重点考核功能作用和运营能力、成本控制和持续能力。③ 对公益类企业，重点考核成本控制、产品服务质量、营运效率和保障能力。对于公益类企业应主要以提供的公共产品与服务的质量作为主要考核项目，其考核指标应以服务满意度为核心。④（3）国有公共企业应重点考核效益费用比。⑤ 由于公共服务类企业会逐步集中大量的国有资本，因此，首要的考核要求就是对国有资本使用效率的考察。较低的市场化程度要求对此类企业进行业绩考核时要弱化盈利能力的占比，重点考核资产质量状况、成本管理控制、营运效率等方面内容。此外，由于公共服务类企业存在的公益性特征，

---

① 曲亮、谢在阳、郝云宏等：《国有企业董事会权力配置模式研究——基于二元权力耦合演进的视角》，载《中国工业经济》2016年第8期。

② 程民选、王罡：《关于公益性国有企业的理论探讨》，载《当代经济研究》2014年第3期。

③ 周丽莎：《经理层应实行任期制和契约化管理》，载《现代国企研究》2015年第19期。

④ 贾小雷：《公益类国有企业特殊法律规制的理论与实践》，载《北京行政学院学报》2014年第2期。

⑤ 陈斌：《完善国有企业分类的建议》，载《中国财政》2015年第11期。

在其考核中有必要引入社会评价的内容。[①]

上述观点均有其合理性和可借鉴性，基于政策性国有资本运营公司的特殊目的，本研究认为在具体考核维度上主要包括如下几方面：

1. 成本控制水平

由于政策性国有资本运营公司的考核标准无法参照市场平均的资本成本和资本回报率制定，因此，应进行社会成本和收益分析。[②] 即重点考核该类公司经营国有资本的社会效率。国有资本的社会效率是指国有资本承担的非经济性社会目标和任务的完成状况。国有资本运行的社会目标包括：保证国家安全、实施政府政策、提高国家信誉、抵销外部性、提供公共物品、增加国家的自给能力和提高国家的竞争力、促进地区发展等。应当看到，政府为实现这些目标而投资的国有资本运营公司与商事性国有资本运营公司在初衷上完全不同。这种不同根源于公共产品的特殊性。以公共基础设施建设为例，其产品大多属于“公共产品”或“准公共产品”，由于这类产品的非排他性和非竞争性特征，导致生产或提供公共物品无利可图，或者很难盈利，因此以利润最大化为目标的私人企业不愿意生产公共物品；而国家本身负有对民众的“生存保障义务”，这就促使政府应当通过运营国有资产进行公共产品的生产或供给，满足民众的基本生活需求。可见，国有资本的运行从一开始就是政府履行其社会责任的一种手段或工具，增进社会福利成为国有资本的首要目标，有时甚至是唯一目标。但是，生产或提供公共产品的国有资本的运行也不是不讲成本。因为公共产品的生产也需要耗费有限的社会资源，如何在尽可能降低成本，减少财政压力的情况下，提供尽可能多的公共产品，也是该类公司所关注的重点。因此，能否有效控制成本水平，以最小的投入获得最大的产出，是评价该类政策性国有资本运营公司经营者经营能力和管

① 闫华红、邵应倩：《完善国有企业分类绩效评价 提升国有资本运行效率》，载《财务与会计》2016 年第 18 期。

② 郭春丽：《组建国资投资运营公司，加快完善国有资本管理体制》，载《经济纵横》2014 年第 10 期。

理水平的主要标准。通过经济性考核和评价，促使经营者降低单位公共产品或服务的成本，提高国有资本经营效率。在设定具体经济性评价标准时，可以参考其他国家或地区提供同类或近似公共产品或服务的单位成本，或者本地区私营企业（如果有私人企业提供的话）提供同类或近似产品或服务的单位成本。

此外，实践中，政策性国有资本运营公司可能还承担着优化国有资本布局和结构的任务，例如政府可能将一些经营不善的企业、需要转型发展的企业整体划入运营公司，甚至还可能将需要进行企业化改造的事业单位整体划入运营公司。运营公司利用其运营平台的资金、人员、管理、统筹等方面的优势，采取剥离、重组、出让、改制等系列措施，完成被划拨企事业单位的改制改造任务。在完成此类任务过程中，国有资本运营公司往往要投入大量的资金、人力等成本，甚至要长期承担被改制企事业单位的冗员负担，但却不会产生经济效益。因而，在对此类业务考核时，重点在于考核任务的完成情况及完成效果，即是否实现了优化国有资本布局和结构的目标，在此过程中是否达到了平稳、安定的社会效果。当然，也不是完全不考虑经济效果，但经济效果不是看资本的收益情况，而是以最小的成本和代价实现既定目标，完成既定任务。

2. 公众满意度

选择公众满意度作为评价标准，是因为公众是该类国有资本投资产品的最终使用者，关系到人民群众的基本生活需要，且公共产品和准公共产品是不能选择且不可替代的，因此，是否向公众提供数量充足、质量达标的公共品，满足公众对公共品数量与质量的需求，直接决定了政府设立国有公共企业的目的是否实现以及在何种程度得以实现。因而，公众的满意度就自然成为评价该类国有资本运营公司经营者贡献的重要标准。此外，以人民群众的满意度作为评价指标可以促使公共企业提高用户体验。不同种类的公共产品或服务本身也具有较大的差异性，所以，不宜为所有的公共企业设定统一的社会评价体系，而是应该结合公共产品或服务的特点，有针对性地确定社会评价的具体指标，可以通过抽样调查、投诉情况或者社会中介机构评估等方式客观、全面反映公众对于公共产品或服务的真实评价。可以说，与营利性国有资本一样，该类国有资本的投资也要求有回报，只是这种回报或收益并不一定是利润或其他有形物，而可能是其他利益，例如，公众满意度、能够体现执政党意识形态偏好的政治利益、社会稳定等。①

3. 合规性要求

如同商事性国有资本运营公司一样，政策性国有资本运营公司也必须是在合法合规的前提下进行经营管理。合规性要求自然也应成为对其管理者进行考核的主要内容之一。

4. 综合性评价

除上述三项评价指标外，对于国有资本运营公司经营者的考核还应设定综合性评价指标，包括公司发展状况是否符合公司的经营规划或长期战略，公司在节约资源、环境保护、技术创新、社会责任等方面的表现。通过综合性评价，以软约束方式促进国有资本运营公司的自我提升。

总之，通过对政策性国有资本运营公司经营者的考核，应当有利于保证必要的公共产品供给，并控制质量，满足社会需要；同时能够兼顾“管资本”职能，主要是控制成本，尽可能提高公共产品的供给效率；此外，还应契合于国家战略调整和经济结构优化的需要，进行有序的国有资本投资经营。

此处需特别说明的是，在当前实践中，国有资本运营公司可能并非从事单纯的某一类业务，而是同时经营收益性业务和政策性业务，因而无法将一个国有资本运营公司完全限定为商业类或公共类。对此，在进行考核时，仍然应以分类考核的思想为指导，区分企业内的不同业务形态，根据不同标准分别进行考核，再根据不同业务在公司总体业务中的规模和权重进行总体评价。

---

① 齐艺莹：《国有资本效率论》，经济科学出版社2005年版，第83页。

三、国有资本运营公司经营者激励机制的完善

经济分析法学派的代表波斯纳教授在《法律的经济分析》中曾指出，“人是自利的理性最大化者，人们会对激励（incentive）做出反应，如果一个人的环境发生变化，而他通过其行为就能增加他的满足，那他就会这样去做”。[①] 美国哈佛大学教授威廉·詹姆士的研究结果也表明，在缺乏科学、有效激励的情况下，人的潜能只能发挥出20%～30%。[②] 可见，有效的激励机制对于构建一个良好的公司治理结构至关重要。尤其是在企业所有权与经营权分离的情况下，基于经营者与股东利益不一致性以及信息的不对称性和合同的不完备性，使得企业经营管理者存在机会主义的冒险可能。代理者一般都享有信息优势，如果没有合理的制度设计，在履职过程中就极易发生“道德风险”和“逆向选择”。因此，为了促使作为代理人的经营者能够恪尽职守地经营和管理公司资产，委托人就需要给予经营者必要的激励。《OECD 国有企业公司治理指引》也指出，国有企业应制定明确的薪酬政策，以促进企业实现中长期利益，并吸引、激励合格的专业人才。

（一）当前经营者激励机制的不足及主要原因

在我国国资三级经营管理体制中，建构中间层的国有资本运营公司是为了促使国有资本所有权与企业经营权相分离，从而确保国有资本市场化运作；同时，以市场化的方式推动国有经济布局优化和结构调整，提高国有资本配置和运营效率，更好服务国家战略需要。这两个目标的实现都取决于国有资本运营公司经营者的积极性和才能贡献。但是，我国当前国企经营者激励机制存在不足，尤其是国企承担了较多的政策性负担且通常采用行政级别工资制度，弱化了国有企业的薪酬激励机制，并诱使国企高管通过在职消费、权

---

① Richard A. Posner, *Economic Analysis of Law*, Beijing: China Social Sciences Publishing House, 1999, pp. 3－4.

② 《加快发展和完善国有企业中长期激励机制》，载《经济参考报》2021年5月27日。

力寻租等获取其他补偿,[①] 反而，造成了国有资产的不当损失。

1. 当前激励机制存在的问题

第一，市场化激励尚不成熟，激励机制与经营绩效的关联度较弱。在我国国企经营者的薪酬激励中，薪酬水平与经营者承担的责任、风险以及付出的劳动和贡献相关性仍需提升，薪酬制度制定的标准和依据不明。一方面，部分国企在市场上具有特殊地位，经营者利用这种特殊地位在市场竞争中抢占优势而获取高额薪酬，引发了公众对国有企业高管与普通员工之间薪酬差距的激烈争论。例如，根据2020年A股上市公司高管薪酬排行榜，有6家上市公司的高管薪酬总额超过1亿元人民币，前3家高管薪酬总额分别是中金公司1.58亿元、中信证券1.49亿元、中国平安1.18亿元，媒体对高管薪酬的报道，使得公众将注意力集中到收入分配差距中来，对于社会公平正义的感知引起各界争议。[②] 另一方面，在社会舆论压力等外部因素影响下，政府又采用了“一刀切”式的行政限薪命令，引发了另一种薪酬机制的扭曲。这种“一刀切”式的管理虽然有助于提升国资监管机构的执法效率和尺度统一，但却容易造成企业内部的薪酬决定机制被架空，同时，绩优公司的经营者激励出现了不足。另外，“旋转门”现象也影响了国企薪酬激励机制的功能发挥。尤其是，由于国企高管的对调和轮换情形较为普遍，常常出现一个国企的经营者凭借自身努力，提升了企业业绩，但由于转岗和交流，被调至另一经营效益并不理想的企业，在“为他人做嫁衣”后，却领取不到符合本人贡献的薪酬；再或者，一个能力不佳的国企经营者在任职期间因经营管理失职，使得效益较好的国有企业出现亏损，但最后也被调去另任他职，避免

---

① 郑志刚等：《国企高管的政治晋升与形象工程———基于N省A公司的案例研究》，载《管理世界》2012年第10期；陈仕华等：《国企高管政治晋升对企业并购行为的影响———基于企业成长压力理论的实证研究》，载《管理世界》2015年第9期；张霖琳等：《监管独立性、市场化进程与国企高管晋升机制的执行效果——基于2003～2012年国企高管职位变更的数据》，载《管理世界》2015年第10期。

② 《上市公司2020年发了4.8万亿工资 非银金融业人均薪酬超70万》，载http：//sl.5tock.cnfol.com/qushizh：bo/20210511/286664805.shtml，最后访问日期：2024年9月2日。

了薪酬方面的“惩罚”。这些情形下，国企经营者的薪酬实际上与任职企业效益未产生强相关性，与其贡献度也难以关联。这种履职的不稳定性，也会造成国企管理者对自己经营成果预期的不确定性，影响薪酬激励机制的发挥。

第二，经营者激励措施的长期性不足。目前我国国企重短期激励，轻中长期激励的现象比较明显。管理层短视理论（managerial myopia theory）已然指出，公司管理层与股东本就存在着时间与风险层面的不同偏好，管理层更期待公司业绩在短时间内迅速增长，公司能否获得长远发展则非其考虑重点。[①] 但是在很多行业，尤其是科创领域，技术研发前期投入的大量资金和人力很难在短期内产生收益，此时，缺乏长期激励就容易诱发经营者的短视行为，降低研发投入，进而影响企业的创新能力和长远发展。尽管我国国企改革正在积极推行员工持股计划，但实践中采用“股权”“期权”等长期激励机制的国企并不多。按照目前《中央管理企业负责人薪酬制度改革方案》等文件的要求，国企高管的薪酬组成包括股权激励在内的“中长期激励”，但实证研究显示，在国资委的重点推进下，即使“双百企业”（国资骨干企业）对国有控股上市公司实施股权激励的比例也仅达到19%。[②] 长期激励机制之所以尚未发挥应有效应，一方面是因为员工持股计划还处于试点阶段，政策本身还不完善，甚至存在“行权禁止”和“行权收入交公”等现象，使得股权激励的制度功能大打折扣；[③] 另一方面，资本市场的不成熟也会影响股权激励等措施在国企中的推广和运用。因此，目前对国企经营者激励的重点仍是当期经营业绩。但是，由于企业很多经营决策行为的有效性需数年后才能展现，只重当期激励就会促使企业经营者单方面追求短期利益，诱发短期行为，从而损害出资人的根本利益甚至企业的长远发展。

---

① 郭建军：《上市公司高管薪酬的法律规制》，西南政法大学2016年博士学位论文。

② 参见杜雨萌：《国资委：央企所属“双百企业”19%已实施国有控股上市公司股权激励》，载《证券日报》2020年4月3日。

③ 楼秋然：《国企高管薪酬：个性特征、中国问题与规制路径》，载《证券市场导报》2020年第6期。

2. 国企经营者激励机制失衡的主要原因

其实，自改革开放以来，我国国企改革一直在探索如何建立有效的激励机制。[①] 无论是以政企分开为导向的“放权让利”，还是以高层激励为主的年薪制和员工持股计划，都是这一思路的体现。但迄今为止，国企有效的激励机制仍旧是处于探索中，行政化的色彩仍旧比较明显。这主要是因为两方面原因：

其一，受传统的国企治理体制影响，国企管理者往往表现为“身份行政化”，容易被视为国家公务人员而非具有独立权利和责任的经营者，经营者薪酬与绩效挂钩的制度设计在传统理念下难以得到认同。

其二，从经营者产生机制来看，诸多重要国企的经营者基本上都由政府主管部门通过行政化的方式予以任命，导致经营者从经营企业变成“经营领导”，市场化的选任机制以及统一、开放的经理人市场尚未真正形成。这种产生方式直接影响了国企管理者激励机制的“行政化”。

（二）现行激励措施的改进方略及评析

1. 现行激励措施的改进

随着新一轮国企改革的展开，2014 年起，一系列与国企经营者薪酬相关的制度改革先后推出。

2014 年 8 月，中共中央政治局审议通过了《中央管理企业负责人薪酬制度改革方案》以及《关于合理确定并严格规范中央企业负责人履职待遇、业务支出的意见》。《中央管理企业负责人薪酬制度改革方案》明确规定中央企业负责人[②]的薪酬由基本年薪、绩效年薪、任期激励收入三部分构成；坚持分类分级管理；建立与中央企业负责人选任方式相匹配、与企业功能性质相适应的差异化薪酬分配办法；严格规范中央管理企业负责人薪酬分配；明确

① 牛利民、陈建丽：《国企改革中高管激励制度浅析》，载《时代经贸》2006 年 S1 期。

② 中央企业中由中央管理的负责人，包括由国务院代表国家履行出资人职责的国有独资或国有控股企业，由中央管理的企业董事长、党委书记（党组书记）、总经理（总裁、行长等）、监事长（监事会主席）以及其他副职负责人。

"党管干部"原则适用于国有企业的经营者；强化对国企经营者的行政管理，严格适用中央八项规定，以此抑制经营者薪酬的畸高，杜绝天价薪酬。在实践层面，自2015年1月1日起，中国石油、中国石化和中国移动等72家央企实施了薪酬改革。通过查阅上市公司年报可见，改革后央企负责人薪酬呈整体下降趋势。例如，中国石油主要管理人员的薪酬总额从2014年上半年的611万元下降至2015年上半年的460万元，降幅25%；中国建筑核心管理人员的薪酬从579万元降至382万元，降幅34%；中国中铁管理人员的薪酬从250万元降至213万元，降幅15%。[①] 在央企的带动下，各地国资也纷纷跟进。据资料，浙江、江苏、广东、江西、福建、湖北等25个省份相继公开了对省属国企负责人的薪酬限制方案。在这些方案中，大多数地区都将国企高管的基本年薪限制在了企业职工的2倍以内；同时引入任期激励收入，将包括基本年薪、绩效年薪和任期激励收入在内的三部分收入限制在了8倍以内。[②] 这些薪酬调减基本上与《中央管理企业负责人薪酬制度改革方案》保持了一致。但"一刀切"式的薪酬方案也随即引发了各方对其合理性的怀疑。在国企限薪措施实行之后，许多经营者纷纷离职。同时，过于严苛的薪酬管制在一定程度上也削弱了薪酬激励机制的作用，带来在职消费、偷懒主义和机会主义等道德风险，造成企业代理成本和风险的增大。[③]

2015年8月，中共中央、国务院印发了《关于深化国有企业改革的指导意见》，试图建立起更为合理的薪酬政策。该指导意见明确规定，根据不同企业类别和层级，有针对性地实行选任制、委任制、聘任制等不同选人用人方式。这意味着，市场化方式选任出的国企经营者，根本上有别于国家公职人员。经营者既然是通过市场化的途径被选聘，理应按照市场化的标准向其支付薪酬，在薪酬确定时，首先关注的是其在年度经营中所表现的经营能力

① 参见《五部委解读"国企改革意见"不会引发新降薪潮》，载《北京晨报》2015年9月15日。

② 参见《25省份国企限薪 部分高管收入腰斩》，载《新京报》2016年4月25日。

③ 麻勇、胡杰：《我国国企职业经理人市场化困境与政策建议》，载《环渤海经济瞭望》2012年第6期。

和个人贡献，再结合企业的业绩高低、市场份额比例以及是否实现其他社会效益等因素进行综合考虑，以确保国企经营者薪酬的外部公平性，减少离职情况；与之相反，由政府任命的经营者本质上是代表政府对国企进行运营和管理，享受一定的行政级别，自然也就不应适用市场化的薪酬标准，而是应参照公务员的薪酬机制，从而改变不同选任方式下统一管理的缺陷。易言之，薪酬制度的确定应当结合国企经营者的选任方式，同时，还应考虑所在国企的企业性质。2015 年 12 月国务院国资委、财政部、发展改革委联合出台的《关于国有企业功能界定与分类的指导意见》进一步明确了应当对商业类国企和公益类国企经营者薪酬的确定和监管进行差异化管理。2016 年 3 月通过的《国民经济和社会发展第十三个五年规划纲要》也再次强调，建立国有企业职业经理人制度，完善差异化薪酬制度和创新激励。随后，2019 年国务院通过的《改革国有资本授权经营体制方案》也再次重申了应当对市场化选聘的职业经理人实行市场化薪酬分配制度，完善中长期激励机制。在具体的中长期激励政策上，国务院国资委等三部门在 2016 年就已经联合出台了《关于国有控股混合所有制企业开展员工持股试点的意见》，专门就此做出了规定。由于该规定主要适用于“混合所有制企业”，因而，对政府独资设立的国有资本运营公司而言，目前尚无适用的空间。

2. 激励制度改革措施评析

（1）积极意义

首先，在理念上，现行改革力图兼顾薪酬制度的公平与效率。既要改变畸高的、不合理的经营者薪酬机制，进一步加强和完善对经营者薪酬的监督措施，防止“天价薪酬”现象；也要把握适度的标准，防止由于薪酬限制措施过多过死，企业经营趋于保守，缺乏活力。为此，现行政策关注到应当根据国企改革的分类原则，对于不同类型的国企制定不同的薪酬制度，利用薪酬机制充分激励经营者，使其薪酬与选任方式、职业贡献、企业经营成果等因素挂钩。

其次，力图优化经营者薪酬构成，使经营者薪酬机制能够发挥激励作用，同时关注到企业内部薪酬制度的公平性。《中央管理企业负责人薪酬制度改革方案》明确了国企经营者薪酬的构成内容，包括基本年薪、绩效薪酬以及任期激励三种。基本年薪是在岗职工平均工资的2倍，旨在缩小国企薪酬差距，减少由内部差距引起的矛盾；绩效收入是将经营者的经营状况量化的过程，体现了薪酬对于经营者的激励作用，原则上该部分不超过基本年薪2倍；任期激励则是为了引导经营者将眼光放到更为长远的公司效益，有利于企业本身和经营者个人的长远发展，同时也能增加薪酬构成的灵活性，使得薪酬结构更为多元化。任期激励一般为3年，在任期考核基础上，按照不同系数确定发放标准，但不能超过基本年薪和绩效收入的30%，总的收入不超过在职员工平均工资的8倍左右。

再次，严格规范隐性的履职待遇。尽管在新一轮国有企业改革之前，从账面来看，大部分国企经营者的薪酬似乎比较合理，天价薪酬只占少数比例，但这并不意味着看似合理的国企经营者薪酬没有任何问题，其中，处于灰色地带的隐性福利是不少争议和矛盾关注的焦点。为解决这一问题，2014年出台的专门针对履职待遇和业务支出的文件，对于合理合规的履职待遇和业务支出作出了清晰的界定，严格限制国企经营者的灰色待遇。

最后，注重中长期激励。通过中长期激励机制的构建，使经营者与企业形成“利益共同体”，促使其更加尽职地为企业提供经营管理服务。值得关注的是，《关于国有控股混合所有制企业开展员工持股试点的意见》将员工持股限定在了竞争性的市场。因为提供公共产品的国有公共企业并不以经济利益为最终价值追求，其更注重社会效益，且这类企业往往占有着一定的资源优势或处于垄断地位，企业即使取得一定的效益，也难以客观衡量经营者的贡献度。因而，现有政策将长期股权激励限定于竞争性行业的国企。

（2）缺陷与不足

当然，我国目前的国企经营者薪酬制度改革仍处于探索阶段，还存在一些问题，需要通过立法在不同层面对其进行规制和引导，使薪酬制度可以真正反映公平，实现激励作用。总体而言，目前薪酬制度改革存在的问题主要集中于两方面：

其一，可能产生企业内部经营者之间的掣肘，影响经营者的相互协作以及积极性。按照国企经营者选任方式不同适用不同的薪酬制度，目的在于实现经营者与外部人员之间的公平，即市场化选任的经营者与经理人市场的其他职业经理人之间的公平，以及组织行政任命的经营者与其他的公职人员之间的公平。然而，制度建构的理想与具体落实总是会存在落差。实践中，这可能又会产生新的问题，即两类不同选任方式和激励方式的管理人，在国企内部相互间或许难以形成政策制定者期待的合力，反而会成为彼此间的掣肘。这主要是因为二者薪酬分配的差异、考核结果的差异以及立场的差异。其中市场化选任的经营者与组织任命的经营者悬殊的薪酬差异是二者互为掣肘的重要原因。如上分析，对于组织任命的经营者而言，其薪酬结构由基本年薪、绩效年薪、任期激励收入三部分构成：基本年薪按月发放；绩效收入按照不同行业的经营规模、经营效益，在考核的基础上进行发放；任期激励多为3年，根据任期综合考核结果确定标准进行发放。此外，在薪酬结构调整的基础上，央企和地方国企还先后实施了限薪令，降低了基本薪金，并明确了薪酬的最高限额。因此，国企负责人的薪酬水平相比之前出现了大幅缩水。据统计数据，在限薪政策出台后，广东国企负责人薪酬下降超过30%；浙江下降31.5%。[①] 组织任命的经营者自身薪酬由高至低，与职业经理人的高薪形成鲜明对比，极易产生心理落差。这种落差会导致该部分经营者不愿为企业经营投入过多精力，加之国有资产流失所隐含的政治责任，使得其在作出决策时相对更偏于保守。但对职业经理人而言，因其实行市场化薪酬分配机制，故而，在工作态度以及决策偏好上与组织任命的负责人形成明显差异，基于市场化的驱动，趋利避害，追逐利益成为职业经理人的本能。在优胜劣汰的商业环境下，市场化选任的经营者出于对高薪的追求会积极投入工作，加之

---

① 《25个省份国企限薪 负责人总年薪不得超过职工8倍》，载《新京报》2016年4月25日。

风险与收益呈正相关关系，为获得高额利润，其在作出决策时也更倾向于风险偏好。这些差异，加剧了二者之间的摩擦，进而相互掣肘，也就影响了企业决策的有效和高效。此外，由于经营者无论是如何选任产生，对于国企经营所负的法律责任是一样的，这就造成了不同经营者的激励机制不同，但法律责任却相同，进而引发国企内部经营者之间新的不平衡，影响经营者之间的协作性，难以实现内部公平和外部公平的统一。

其二，业绩的关联性仍需加强。将高管的收入与企业的业绩相挂钩，能激励高管更加关注企业的经营效益，提升管理水平和决策能力，从而形成良性的激励机制；同时，由于国有资产属于全民所有，将高管收入与国企业绩挂钩，可以有效防止高管在企业亏损的情况下仍享受高薪，促使国有资产实现保值增值；此外，这还有助于增强公众对国企治理的信任。实践中，公众对国企高管高薪的质疑往往源于企业亏损与高薪并存的矛盾，通过改革薪酬机制，将高管收入与企业经营业绩挂钩，可以增强公众对国企的信任度。

（三）经营者激励机制的纵深化探索

1. 准确定位国有资本的不同经营目标

在国企分类改革的背景下，正确理解国有资本的不同经营目标，可以推进国有资本运营公司经营者激励机制的改革进程。企业经营者的价值在于利用自身的能力改善企业绩效。但在商事性国有资本运营公司和政策性国有资本运营公司中，企业绩效的体现显然不同。在商事性国有资本运营公司中，经营者的绩效体现在明确的经济效益上；而在政策性国有资本运营公司中，经营者的绩效并不完全与企业经济业绩相对应。由于该类公司强调国有资本的政策性功能，政府股东在对经营者进行评价时，很难清楚地区分企业经营状况恶化是由于经营者管理不善导致的亏损，还是由于背负政策性负担而产生的政策性亏损，而其所投资的企业也往往具有垄断性，即使企业经营状况良好，也难以确定其利润来源是来自垄断性收益，还是经营者的投资决策能力，所以，在该类公司经营状况不好时，经营者很可能以政策性亏损为由推卸经营管理的责任，而经营状况良好时，委托人又可能借口国有企业的垄断性地位不给予经营者以合理的业绩收益回报。[①] 可见，对政策性国有资本运营公司而言，经济业绩评价既非是第一位的要求，也难以作出客观的判断，相较而言，公共产品的供给、国家战略目标的落实才是更为重要的目标。

2. 不同经营目标主导下经营者的不同激励机制

对于商事性国有资本运营公司，因其注重经济效益，所投资的企业往往处于市场充分竞争行业，因而，对该类公司经营者的激励应以市场化为主，薪酬多少应主要基于管理者的实际贡献。如果经营者薪酬激励逐步完成市场化变革，那么薪酬的激励作用会传导到公司绩效上，使二者之间的关系越发密切。因为在竞争中立政策下，即使是政府独资的国有资本运营公司进行市场化投资，所投资企业也不因政府最终投资者的身份而享有不公平的优惠政策支持，其经营业绩以及国有资本的投资收益都是源于市场公平竞争的结果。此时，为了促使国有资本运营公司的经营者能够在国内外投资项目选择时，充分运用自己的商业经验，选择有良好潜力的、能为国有资本运营带来最大收益的投资项目和被投资企业，应当对资本运营公司的经营者进行市场化激励。这是激励机制中“市场化理念”和“经济人理念”的彰显。在“市场化理念”下，当政府不再对商事类国有企业进行特殊政策支持时，商事性国有资本运营公司的经营者薪酬按市场规则来确定，有助于促进国有资本的增值。[②] 这对于吸引更多的优秀管理人才加入国有资本运营公司至关重要。否则，同样的付出、同样的商业风险，有能力的经营者为何要选择低收入的国有资本运营公司？而且，如果国企管理者的人力资本不能得到合理的认可和回报，根据公平交易理论，企业经营者会在其他方面寻求补偿，以此获得平衡。例如，借助所任职位的权限增加职务消费、扩大灰色收入，或者减少自身人力资本的投入，降低对企业的责任感和事业心。当然，在市场化薪酬的具体适用过程中，可以有一定的弹性。例如，在美国，通常会邀请第三方机

---

① 李连仲主编：《国有资产监管与经营》，中国经济出版社2005年版，第133页。

② 高明华等：《国有企业分类改革与分类治理——基于七家国有企业的调研》，载《经济社会体制比较》2014年第2期。

构对国内同行业、相似规模的私企进行薪酬调查，对于国有企业急需或市场稀缺人才，采取高于市场价位的薪酬水平；而对于竞争力一般或可替代性较强的职位则实行市场中等或较低工资。[①] 在"经济人理念"下，建立市场化的激励机制尽管在短期看似乎是以国有资产给予经营者高额奖励，但从长远来看，国有资本的投资收益也会随着经营者激励数额的增长而增长，甚至远远超过支付给经营者的薪酬成本。亚当·斯密早在《国民财富的性质和原因的研究》中就指出："在钱财的处理上，股份公司的董事为他人尽力，而私人合伙公司的成员则纯粹是为自己打算。所以，想要股份公司的董事们监视钱财的用途，像私人合伙公司的成员那样用意周到，那是很难做到的。"[②] 为此，只有通过激励机制方可有效降低代理成本，使经营者在追求自身利益最大化的同时，也实现了政府股东，最终是"全体国民"的利益最大化的目标，最大限度地增加国有资本的收益。

对于政策性国有资本运营公司，因其资本运营的目标以及资本运营的环境与商事性国有资本运营公司本质上不同，故而，在激励方式中，经济激励会相应受到一定限制。具体分析如下：其一，国有资本投资的政策性目标决定了资本运营公司经营者的薪酬与公司的业绩不存在显著关系。例如，企业内部控制质量的加强可能会提高企业经营的效率，但是不能提高其经营者薪酬与业绩的相关程度。[③] 市场化的薪酬机制都是与企业的业绩相关联，但政策性国有资本运营公司的经营者薪酬与业绩敏感性显然较弱，这与国有资本的政策性功能，如保障民生、服务社会，提高公共服务的效率和能力直接相关，也与调整国有资本的战略布局和产业结构密切关联。有些投资项目周期长，偏重政策性效应，业绩无法用一般的方式进行衡量，甚至很多短时间内无法盈利，往往在经营者任期结束时也看不到明显的项目进展和回报，因而，

---

① 肖婷婷：《国外国有企业高管薪酬》，社会科学文献出版社 2015 年版，第 33 页。

② ［英］亚当·斯密：《国民财富的性质和原因的研究》（下册），中译本，商务印书馆 1994 年版，第 303 页。

③ 张璇、郑乔乔、赵惠芳：《内部控制对国有企业高管薪酬业绩敏感性的影响研究——基于国有企业分类改制的背景》，载《华东经济管理》2017 年第 1 期。

仅仅通过经济效益无法衡量经营者的工作。当然，需说明的是，这类政策性国有资本运营公司虽然不能如同商事性国有资本运营公司那样，完全依赖于经济效益，实行完全的市场化激励机制，但并不代表不关注经济效益。正如上文的考核机制所分析，在对政策性国有资本运营公司的经营者进行考核时，也必须关注实现社会目标的成本问题。要在保质保量地完成社会目标和政策目标的前提下，兼顾经济效益，降低单位产品的成本，因此，还是需要进行一定的经济效益考核以及进行相应的经济利益激励。其二，政策性国有资本运营公司所投资的项目或企业，因其产品的公共性、社会性，往往处于市场垄断地位，或者具有排他性经营权，缺乏市场竞争力。该类项目或企业的业绩取得或许比较丰厚，但可能更多的是依靠垄断地位，而非主要基于经营者的贡献，因此，对该类资本运营公司的经营者薪酬设计也就不能完全根据国有资本投资回报的经济效益来判断。综上两点可以看出，对政策性国有资本运营公司经营者的激励机制设计要比单纯追求经济效益最大化的商事性国有资本运营公司复杂。

3. 不同激励机制设计的具体表现

（1）“倍数”规则的不同适用

经营者薪酬与职工工资体现的虽然都是人力资本价值，但这二者对企业经营而言却具有完全不同的意义。管理者在企业生产经营过程中，不仅需要运用自身的知识、智慧以及经验技能，同时还要从事带有全局性和前瞻性的决策工作，从本质上看，管理者提供的劳动蕴含着个人智力活动以及管理能力，是一种更为高阶的复杂劳动。相对于职工的简单劳动而言，劳动报酬有差距甚至很大的差距有其合理性。根据最优契约理论，较高的薪酬是高管能力和努力程度的体现，可以作为人力资本溢价的合理解释。[①] 如果刻意要求国企经营者的薪金不应与职工平均工资差距过大，会与市场化要求不符。国企也很难从市场上寻求到具有商业经验的管理者。如前所述，如果国企管理

① Bizjak J. M., Lemmon M. L., Naveen L., Does the Use of Peer Groups Contribute to Higher Pay and Less Efficient Compensation, *Journal of Financial Economics*, 2008, 90 (2), pp. 152 – 168.

者的人力资本不能得到合理的报酬，根据公平交易理论，企业管理者自然转向消极的方式，或窃取公司财富，或减少自身人力资本投入。有研究观点就认为，薪酬管制的本质是对管制对象的价格限制，也就是对经理人价值的市场定价的限制，不符合劳动力供给的市场规律。[①] 薪酬管制的实施可能会带来新的道德风险和逆向选择问题，管理层可能会偷懒、推卸责任，从而导致“不作为”；也有可能通过寻求隐性激励的增加来补偿货币薪酬的减少，从而增加“乱作为”的风险。[②]

其实，不仅在我国，域外也有关于经营者薪酬的限制规定，但同样也是引起了相应的质疑。2012 年 6 月，法国政府正式公布关于“薪酬框架管理”政策的具体细节，法国政府表示，自 7 月开始，52 家法国国企将改变其高管原有工资制度，实施工资封顶，而最高工资标准相当于最低工资标准的 26.7 倍。该政策内容主要是针对法国电力、法国邮政、法国国营铁路公司这样的以国家为主要股东的企业，而国企高管的报酬将由各公司内部管理机构讨论决定，因公司而异。同年 7 月 26 日，《国家限制国有企业高管薪酬》法令更是明确规定最高年薪总额的具体标准，即国有企业和某些经济性、社会性目的机构高管年薪总额不得超过 45 万欧元。虽然这一数额可以通过简单法令进行修订，但是法令中规定修订应当受到法院的严格审查。[③] 这一限薪令发布后，引起了强烈反响。法国高管聘任领域专家弗罗伦斯·马涅认为“限薪令”根本是“荒谬的”，她指出这一措施降低了国有企业与私有企业在人才选聘上的竞争力，加大了国有企业人才聘用的难度。如果国家进一步对收入加以管束，法国国企高管的薪酬将远远低于国际人才市场水平，还将加速人才向海外流失。[④]

---

① Bainbridge S. M., Dodd – Frank: Quack Federal Corporate Governance Round Ⅱ, *Minnesota Law Review*, 2011, 95 (5), pp. 1779 – 1821.

② 沈真真、李明辉：《薪酬管制与国企高管行为——基于“不作为”和“乱作为”视角》，载《北京工商大学学报（社会科学版）》2021 年第 3 期。

③ 肖婷婷：《国外国有企业高管薪酬》，社会科学文献出版社 2015 年版，第 31 页。

④ 肖婷婷：《国外国有企业高管薪酬》，社会科学文献出版社 2015 年版，第 91 页。

实际上，国企董事经营者薪酬之所以成为一个敏感话题，并非民众对所有行业和领域的国企经营者薪酬都有不满，而是所设计的薪酬制度没有体现分配正义。亚里士多德曾言："合乎正义的分配（政治权利）应该考虑到每一受任人的才德和功绩（公民义务）。"① 因此，分配正义的关键就在于坚持根据贡献授予回报、根据付出授予收入、根据才德和功绩授予公职等各取所值原则。由于那些缺乏合理基础的畸高的经营者的薪酬是一种非正义的分配，自然会引起民众的非难。② 激励机制的目的是督促经营者勤勉、忠实地履行自己的义务，同时，发挥经营者的管理能力，提高企业业绩，进而促使投资人利益最大化。因此，在设计国企经营者的激励机制时，应当充分考虑企业所处环境因素，尤其是行业因素、地区因素等对经营者管理能力的要求，进行公平的制度构建。因为国企所处行业不同、地区不同，竞争度就不同，此时，经营者的压力自然不同，那么人力资本付出的多少显然也就不同。

具体到国有资本运营公司，基于法律的公平理念，对于商事性国有资本运营公司经营者的激励机制设置应当市场化，通过参照市场上同行业的标准予以确定，不应受制于"倍数"上限，如此，方能实现激励机制的外部公平性，吸引优秀人才为国有资本运营公司服务；而对于政策性国有资本运营公司经营者的激励机制设置，则应考虑所从事行业的社会性、政策性，以及所取得的经营业绩可能依赖的垄断性地位或特许经营身份，酌情将经营者报酬

---

① ［古希腊］亚里士多德：《政治学》，吴寿彭译，商务印书馆1965年版，第136页。

② 例如，中国平安公司董事长马明哲的年薪高达6616.1万元（其中税前报酬为4616.1万元，奖金2000万元），总薪酬折合每天收入18.12万元。按照一个普通职工年收入2万元计算，马明哲一年的薪酬相当于3308名普通职工的年收入。如此高的薪酬缺乏一个合理的制度支持，自然引起民众强烈的不公平感。参见《马明哲每天收入18万 平安三高管年薪均超4000万》，载http：//finance.sina.com.cn/g/20080321/08014650670.shtml，最后访问日期：2018年2月24日。再如，中航油（新加坡）股份有限公司总裁陈久霖，其年薪曾高达2350万元人民币。虽然该公司的经营业绩是客观存在的，但同样客观存在的是该公司所享有的对国内民航公司销售航空用油的垄断地位，而后者无疑对公司经营业绩发挥了巨大的促进作用。在这一过程中，公司管理者的经营管理才能到底对公司经营业绩的贡献有多大，值得深思。对此有人认为，垄断行业的高额利润是在占有国有资源的基础上形成的，利润不应简单地分配给高管或者职工，而应该"取之于国，用之于国"。参见《抑制垄断行业高工资》，载http：//news.sohu.com/20070310/n248627687.shtml，最后访问日期：2018年4月13日。

与职工薪酬之间的差距控制在一定的“倍数”范围内。当然，这个倍数的具体确定要“因企而异”，考虑企业所在行业的经营难度、所营运资本的规模大小等因素。

（2）长期激励方式的不同思考

目前，我国国企经营者激励机制的一个主要不足就是长期激励方式的欠缺。这一问题在国有资本运营公司中同样存在。即使现在国家正在试点员工持股计划，也主要是针对混合所有制的国有企业，且是处于充分竞争行业的国企，基于此，政府独资设立的国有资本运营公司完全被排除在员工持股计划之外。那么，是否需要对国有资本运营公司的经营者进行长期激励？如果需要，应如何设计适合该类公司特点的长期激励机制？

首先，国有资本运营公司的经营者同样需要进行长期激励。一个良好的激励机制应当是使管理者既能保证基本的生活收入来源，又能调动其足够的积极性为企业服务；同时，若以发展的眼光看，长期激励应该远比短期激励更能实现企业营利目标。经济学理论多次证明，弥补委托代理缺陷、降低代理成本的最有效方式就是使得企业的“剩余索取权”与“剩余控制权”相匹配，使管理者持有所任职公司的股份，使其个人收益、责任、风险与企业经济效益直接挂钩。① 而在国有企业中“剩余索取权”与“剩余控制权”配置的不平衡相较私人企业更为严重。因此，注重长期激励机制建设，应当是确保国有资产保值增值的有效措施。将经营者的长期利益与公司经营业绩挂钩，使其拥有参与公司股息红利和剩余财产的分配权，能够激励其发挥主观能动性，科学、积极地行使权力。② 此外，针对前述的国企治理中，市场化选任

① 在对企业经营者股权激励的研究中，Harvey 认为，股东应与企业经营者签订激励合同，给企业经营者一定的股票和股票期权，以缓解双方之间存在的委托代理矛盾，从而提高企业业绩；Holmstrom 和 Milgrom 证明，当企业经营者的努力可观测时，最优风险分担同激励没有矛盾，此时帕累托最优可以实现，而在现实中，代理人努力水平是不可观测的，就必须让企业经营者承担部分风险，以实现最优激励水平；Lewellen 的研究发现，通过让企业经营者适当分享所有者剩余权益能显著改善企业业绩。参见魏成龙、杨松贺、席龙胜：《国有企业经营者的经济激励方式》，载《河南大学学报（社会科学版）》2006 年第 2 期。

② 丁忠明、王振富：《论中国国有公司董事会治理》，载《经济社会体制比较》2008 年第 3 期。

与组织化选任的不同管理者之间的利益冲突，可以通过对市场化经营者的长期激励尽量减少二者间的掣肘。在国企经营中，对于组织任命的企业负责人而言，即使考核未达到预期，只要没有造成国有资产流失等后果，也可以调任到其他岗位而无失业之虞；但对于职业经理人而言，考核结果若未达标，不仅面临解聘，也会导致自身价值在经理人市场的贬损。基于此，职业经理人在任期内往往会出于对业绩的追求，作出风险较高的商事决策，且职业经理人的任期往往为3年，在缺乏企业文化认同感及归属感的情形下，一些经理人也可能会只考虑自己的任期利益，选择冒进的商业策略而忽视企业的长久发展。而这种决策必然会遭到以追求稳定和安全为目标的体制内负责人的阻挠。此时，完善市场化选任的管理者的中长期激励机制或许可以成为平衡二者关系的有效措施之一。在这种机制下，经理人的自身利益与企业利益绑定，在作出决策时能更多考量公司的长久利益，对风险进行综合评判，与体制内负责人追求稳定的目标相契合。

其次，积极推进商事性国有资本运营公司的长期激励。从目前域外成熟的长期激励方式来看，股权激励无疑是最为成熟的方法之一。通过股权方式激励经营者，可以减少代理成本，改善治理结构，最终增强国有企业市场竞争力。[①] 因而，制订合理有效的股权激励方案，把经营者利益与出资人利益紧密结合起来，对激励国企经营者具有重要意义。[②] 由于商事性国有资本运营公司专事国有资本经济价值投资，注重投资回报率最大化，主要运作于市场竞争性领域。而竞争性的市场环境为企业所有者和经营者提供了比较完善的信息，降低了信息的市场“噪声”，在一定程度上改善了委托—代理双方信息结构的非对称性，便于国家作为国企资产所有者，通过掌握准确充分的市场信息对企业经营者的经营管理行为实施监控。[③] 因而，通过明晰界定合同双方当事人各自的预期目标，以及双方的任务，建立起适当的激励机制，

---

① 牛利民、陈建丽：《国企改革中高管激励制度浅析》，载《时代经贸》2006年S1期。

② 张军红、卜俊清：《我国国有上市公司高管激励机制研究》，载《中国市场》2015年第34期。

③ 徐向艺：《公司治理制度安排与组织设计》，经济科学出版社2006年版，第55页。

并把它们与合同双方的履约义务有机地结合起来，可以消除公共部门中许多无效率的因素。[①] 故，竞争性领域的国企相对比较适合进行股权激励。

但这里需要说明的是，商事性国有资本运营公司的股权激励不同于《关于国有控股混合所有制企业开展员工持股试点的意见》的做法，即要求员工以现金方式投资入股，现实持有公司股权。因为专事国有资本运营的平台公司在性质上还是应当坚持政府独资，故而不能通过奖励员工持股的方式来让其经营者享有股权。而实际上，“股权激励”是一个广义概念，包含的方式丰富多样，既有实股激励模式，又有虚拟股份激励模式，前者又包括直接持股、股票期权、限制性股票等激励措施，后者则包括分红权、账面价值增值权等方式。国有资本运营公司政府独资的性质决定了对其经营者的股权激励只能采取虚拟股权的方式进行。所谓虚拟股权就是指公司授予激励对象一种“虚拟”股票，持有这种“虚拟”股票并不能使激励对象获得真正股权，而是在公司实现了既定目标时，激励对象可以根据这些“虚拟”股票享有向公司索取一定股份数量的分红或股份价值升值的收益权利。虚拟股票并非真正意义上的股票，也不能转让和出售，是公司给予激励对象的一种虚拟股份，并不实际影响公司的任何股权结构，不在公司股票总量之内，因而，激励对象也无须现实支付出资。在具体制度设计时，可以考虑以账面价值增值权方式对商事性国有资本运营公司的经营者进行虚拟股权激励，即以公司每一会计年度经审计的每股净资产的增加值来作为激励数额，奖励公司核心管理者。对此，新加坡淡马锡控股公司创设的财富增值花红计划（wealth added bonus plan）具有可借鉴性。该计划是将激励员工的资金额与其直接或间接创造的财富增值挂钩，并通过延迟支付财富增值花红等方式，保持员工利益与公司可持续回报相一致，实现长期激励目的。

再次，谨慎对待政策性国有资本运营公司的长期激励。由于政策性国有资本运营公司的投资对象主要是公共服务型的企业或者功能型的企业，资本

---

① ［英］简·莱恩：《新公共管理》，赵成根等译，中国青年出版社2004年版，第220页。

功能与定位具有特殊性，经营者薪酬与公司业绩并不存在显著关系，因而，对于政策性国有资本运营公司的长期激励机制的设计要相对谨慎。在法国，2013年2月，法国电力公司因企业高管、员工薪酬和福利被审计法院批判。原因是在2004年成为股份公司后，法国电力公司采纳了私营部门关于业绩奖金、员工股票分发的做法，而无视企业公立公益机构的性质。据审计法院的审理，法国电力公司效益一般，且不少效益参数很差，营业额、负债情况或股票价值都不好。而事实上，法国电力公司工作的员工并不像私营企业的员工那样，不管其收益如何，他们自2008年起，总酬劳的增加速度并没有减慢。审计法院对于2005—2011年针对国营企业的薪酬政策定论为“快速发展，利益积累，但与成果没有什么关系”。① 可见，简单地借鉴私人企业的股权激励等方式，对于政策性国有企业而言，并不妥当。但基于“经济人”理性，如果完全不进行长期激励的探索，也不利于调动该类公司管理者的积极性，进而降低公共产品供给时的经营效率。对此，有观点建议可采用专项奖励基金制度予以长期激励。即在保证国有资产所有者权益的前提下，以当年度净利润较净利润基准值的增长额为基数（以会计师事务所审计报告为准），提取最多不超过增长额的一定百分比（例如10%）作为激励基金对经营者进行奖励；如果实现年度经营目标（税后利润指标），则提取税后利润的一定百分比（例如1%～2%）作为基本奖励金。② 这或许可作为一种试点探索。

复次，注重长期激励与公司业绩的关联性。这种关联性既包括达到业绩奖励标准时的正向激励关联，也包括达不到业绩奖励标准时的负向激励关联，在正负向的关联下，促使经营管理者恪尽职守为公司提供良好服务。例如，新加坡淡马锡控股公司对财富增值花红的“回拨”制度。如前所述，淡马锡控股公司在对经营者的激励机制中，设置了财富增值花红计划，当公司投资

---

① 《为什么法国电力公司员工被审计法院批判》。转引自肖婷婷：《国外国有企业高管薪酬》，社会科学文献出版社2015年版，第90页。

② 罗新宇主编：《国有企业分类与分类监管》，上海交通大学出版社2014年版，第244－245页。

活动带来的收益减去经过风险调整后所确定的资本成本，如果是正值，则意味着经营者为股东创造了价值，此时，管理者就有权按照事先约定好的规则获得花红分配；而在公司资产收益为负时，则无法获取该激励。与该激励方式密切相关的便是“回拨”制度。“回拨”的含义是，当实际的回报水平低于经过风险调整后所要求的回报水平时，管理人员要向公司“赔钱”，“回拨”资金的来源正是淡马锡控股公司就财富增值花红计划采取的“递延激励”安排。淡马锡控股公司为其经营管理者开设了财富增值花红储备账户，当符合激励条件时，财富增值花红就会被派发到储备账户中，但储备账户中的资金并非当年即可取走，而是递延发放，每年只发放其中的一部分，始终保证这个账户里有余额，有余额就有了回拨的可能性。当实际的回报水平低于经过风险调整后所要求的回报水平时，花红就可以从这个账户被回拨出去。递延机制达到了高效锁定的效果，而且，级别越高的管理者，被锁定的时间越长。① 这种做法所体现出的理念或价值导向为我国提供了借鉴。

最后，无论对于商事性国有资本运营公司还是对于政策性国有资本运营公司，在进行长期激励机制设计时，应当避免随意使用“国有资产流失”的观念来否定或质疑长期激励措施的合理性。固然，在国企改革中，国资安全始终是一个重要问题，但若过于担心安全，过于谨慎，便可能牺牲长期激励制度本身的正向激励价值，最终无法有效促进企业经营效率的持续提升。因而，只要国企在推行长期激励制度时，决策程序合理，确定的激励数额没有脱离国有资本运营公司的经营业绩，那么就不应认定长期激励方式中存在国资流失。

（3）经营者来源方式对不同激励机制的影响

从经营者个体角度看，应对行政任命的国企经营者和市场化选任的经营

---

① 如果财富增值花红储备的结余是正数，高级管理层将获得不超过其财富增值账户结余1/3的奖励，中层管理人员能获得1/2的奖励，其他员工则为2/3。即级别越高，责任越大，这个账户中的财富被递延支付所拖的时间就越长。参见：宁向东：《最有效率的“国企”淡马锡的治理理念与激励原则》，载《宁向东讲公司治理：共生的智慧》，中信出版集团2021年版。

者采用不同的激励机制。从提升国有资本投资回报率的角度考虑，商事性国有资本运营公司的经营者应当主要是从职业经理人市场选任产生；而对于政策性国有资本运营公司的经营者，政府股东基于国有资本投资的社会目标和政策目标实现的需要，总体上可以倾向于以行政化的方式进行组织任命。对于前者，基于前述分析，应当进行市场化的激励方式，以经济激励措施为主；而对于后者，基于其目前行政化选任的特定身份，除了采取适当的经济激励外，还可采用政治激励的方式进行补充。对此，学界也基本上形成了类似观点。有学者就认为，国有企业的管理者主要是政府任命的人员，拥有行政级别，可以保留政府官员的晋升通道。[①] 还有学者进一步指出，应在强化各种层次监督的基础上，完善高管人员与政府人员交叉任职或职位交流的渠道，用行政激励弥补薪酬激励的缺陷。[②] 甚至有学者认为，该类国企经营者的激励机制主要就是在行政职务系列中得到提升或奖励，经济收入不宜作为政府企业经理人员的主要激励手段。[③] 或者说，对于国有公共企业（公益类国有企业），其高管的评价与激励应以实现社会公共目标作为评价标准，高管激励不是薪酬，而是行政职务晋升。[④] 上述这些观点尽管不是直接针对政策性国有资本运营公司，但因都体现了国有资本的社会目标和政策目标，因而本质上具有相通性。之所以会在这类国企中强调职务晋升这一政治激励方式，是因为经行政任命的国企经营者本质上仍具有“行政身份”，还是属于国家工作人员。事实上，有些国企经营者，例如公益性或垄断性行业的国企经营者，其所从事的企业经营管理并没有面临真正市场化的巨大压力，因此，他们的薪酬水平就不应大幅度高于一般的政府官员。当然，这些经营者毕竟承担了企业日常经营管理中的决策风险，基于权利、义务、责任相匹配的原则，

---

① 王卫中：《国有企业改革三个层面的框架设计》，载《东岳论丛》2016 年第 3 期。

② 陈霞、马连福、丁振松：《国企分类治理、政府控制与高管薪酬激励——基于中国上市公司的实证研究》，载《管理评论》2017 年第 3 期。

③ 王治洪等：《西方国家国有企业治理结构的经验及启示》，载《企业经济》2005 年第 12 期。

④ 高明华等：《国有企业分类改革与分类治理——基于七家国有企业的调研》，载《经济社会体质比较》2014 年第 2 期。

其薪酬也并非僵硬地直接套用公务员薪酬标准，而是可以同直接参与创造的企业业绩适度挂钩，对其经济激励可以适当高于公务员。国资委考核分配局的负责人也曾发表过类似的观点，即在对国企经营者实际定薪时要综合考量，改革后的薪酬可高于同级别公务员，也可高出央企员工平均工资和社会平均工资数倍。[①] 作为对经济激励措施受限的补偿，对当前行政化选任的经营者而言，政治激励这一非物质激励措施无疑与其产生方式具有高度契合性，也符合该类人员“行政身份”的本质需求。

综上所述，商事性国有资本运营公司以追求经济效益为投资目标，具有强烈的资本逐利的“商人”属性，因而应尽可能运用市场规则对其进行经营管理，减少行政化干预，对于这类企业，应尽可能实现经营者的市场化选聘，取消行政级别及相应的行政待遇，注重市场化经济激励方式的适用，为其更好地根据市场情形做出有利于国有资本运营公司的、专业的商业决策提供制度空间和保障机制。而对于政策性国有资本运营公司，其主要任务是为民众或社会发展提供公共产品，或者是实现国家的战略目标，本身即含有“政治延伸”的作用，履行的主要是政府应当承担的职能，从而为经济和社会发展提供良好的基础环境和条件，因而，自然需要国家、政府机关对其实施一定程度的干预，难以做到完全的政企分开。基于此，该类资本运营公司的经营管理者可以仍采用行政选任模式，且激励方式可以包含经济激励与政治激励。当然，需说明的是，对于政策性国有资本运营公司，不排除政府也会采取市场化的方式选聘经营者，此时，对于政策性国有资本运营公司中“市场化”选任的经营管理者采取的仍应是市场化的激励机制，而非政治激励方式。

总之，对国有资本运营公司经营者的激励机制不应实行“一刀切”，而是应“分而治之”，即根据不同的类别功能以及经营者不同的身份性质，针对性地区分设计。

---

① 《人民日报：央企高管，薪酬还高吗》，载 http：//www. sasac. gov. cn/n2588025/n2588139/c2822445/content. html，最后访问日期：2019 年 3 月 5 日。

（四）经营者激励公允性的制度保障

1. 激励措施公允性之判断

在现代公司中，委托代理理论建立在“经济人”假设的前提之下。这种假设集中体现在以下三点：第一，作为企业的出资人，委托人必须明确、具体，且高度关心自身利益；第二，委托人必须具有理性，即他必须有能力鉴别不同的市场环境，并采取相应行动来捍卫自己利益；第三，为维护自身权益，委托人不得不在契约设计中考虑代理人的利益。然而，上述的委托人为“经济人”的假设在国有公司治理机制中，却发生了明显偏差。表现之一就是初始委托人的虚位。这种虚位，使得委托代理合同具有很大的弹性，作为企业经营者的代理人可能通过各种方式来自定薪酬，造成国企代理成本居高不下。

此时，就需要特别关注，经营者的薪酬是否过高，是否过大以致构成对公司资产的实质性“劫掠”或者“浪费”。[①] 即公司支付给经营者的薪酬和其为此项薪酬而提供的服务是否相称，公司是否支付了不合理的报酬。这种判断在本质上仍然是一种公平标准。美国联邦第十一巡回上诉法院在 International Ins. Co. v. Johns 一案中，将检验公司支付给管理者的薪酬是否合理的标准分解为三部分：[②] （1）公司是否从管理者所提供的服务中获益；（2）管理者获得的报酬与公司获得利益相比是否不成比例，一个“合理人”是否会觉得公司没有获得公正的回报；（3）公司是否是因为管理者提供的这些服务而支付该项薪酬。这一“三要素法”已成为许多法院检验公司支付给

---

① 一个著名的案例是 Roger v. Hill，289 U. S. 582（1933）。该案涉及 the American Tobacco Company 的股东采纳公司细则中规定按照公司的利润比例决定公司管理人员的奖金。起初还算合理，但是当公司利润飙升后，该奖励数额巨大。最高法院认为数额太大了，已经构成了浪费。这里有趣的是，这一判决结果似乎违背了封闭类公司法改革的理念——股东协议的合理性。其他有影响的判例如 Wilderman v. Wilderman，315 A. 2d 610（Del. ch. 1974），Adams v. Smith，275 Ala. 142，153 So. 2d 221（1963）。转引自施天涛：《公司法论》（第 2 版），法律出版社 2006 年版，第 422 页。

② International Ins. Co. v. Johns，874 F. 2d 1447，1461（11th Cir.，1989）.

管理者的高额薪酬是否构成浪费公司财产的检验手法。① 其基本关注点仍在于薪酬和服务之间的关联性和相称性，这无疑是判断的核心。

具体到我国，在审视国有资本运营公司管理者的激励机制是否合理时，应在借鉴“三要素法”的基础上，结合我国的具体国情予以判断，可重点考虑以下几方面：第一，公司本身的规模性和复杂性。通常情况下，公司规模越大，管理者付出的精力越多。第二，同行业、同规模的薪酬标准。与同行业中规模相似的企业相比，本公司经营者的薪酬应该与其他公司薪酬大体相当，这也是经理人市场价值规律的基本体现。第三，公司财务状况。在参考本企业原先激励幅度的情况下，随着公司营利增多，经营者薪酬可以适当增加。但前提是需要给公司增益，即该种报酬获得的对价是要为公司或者承诺为公司提供等值服务。②

在确定国有资本运营公司经营者薪酬时，需要特别关心“内部人控制”问题。实践中，政府股东不可能对每一个国有资本运营公司的每位经营者薪酬都进行科学认定，这事实上难以操作且不具可行性；加之，董事会和高管在实践中有着千丝万缕的利益联结③，当董事会决定高管的任免和薪酬时，就很容易出现薪酬自定或是高管可以影响自己薪酬的决定。④ 此时，为了在国有资本运营公司确定经营者薪酬时，保障薪酬的公平合理，防止薪酬决策中的“内部人控制”，应当在国有资本运营公司建立起由独立董事构成的薪酬委员会，由其根据公司业绩、市场竞争度、经营者的尽职评价等因素客观

---

① Thomas Matthew Noniewicz, The New SEC Proxy Rules on Executive Compensation: Are The Inmates Still Running the Asylum?, *Bridgeport Law Review*, 1993, 13 (3), p. 708.

② Adams v. Smith, 275 Ala. 142, 153 So. 2d 221 (1963); Alexander v. Lindsay, 152 So. 2d 261 (La. App. 4th Cir. 1963).

③ 比如高管在董事能否连任的问题上具有发言权，那么高管可能就利用这个权力与董事进行交换，要求董事制定有利于自己的薪酬规则；许多董事和高管即使没有身兼两职，但是他们之间可能出身相同，同时被选任，有着相似的政治背景，二者间惺惺相惜，这种相似点使得董事会和高管很多时候互帮互助、和谐相处甚至是结为同盟。参见卢锐：《管理层权力、薪酬差距与绩效》，载《南方经济》2007 年第 7 期。

④ 吴育辉、吴世农：《高管薪酬：激励还是自利？——来自中国上市公司的证据》，载《会计研究》2010 年第 11 期。

制定高管薪酬。此外，国有资本运营公司还可聘请专业机构作为第三方顾问，提高薪酬设计能力，增加高管薪酬评估和制定的科学性。

2. 充分的激励信息披露

激励机制中的信息披露是保障激励公允的主要措施之一。各国法律对公司经营者的薪酬等激励措施的信息披露都有严格要求。在美国，为增强公司薪酬顾问的独立性，美国证券交易所要求上市公司披露支付给薪酬顾问的咨询费；《多德—弗兰克法案》则规定公司薪酬顾问必须满足美国证券交易所制定的独立性标准。① 如果公司对于经营者的薪酬等激励措施没有依法进行公开，则可能面临法院不利的评判。

在国有资本运营公司中，对经营者的薪酬激励机制进行信息披露更为重要。一方面，它可以减少信息不对称，使政府股东真实、完整地了解经营者薪酬状况，详细获知公司向经营者支付多少薪酬以及如何进行支付，进而减少经营者拥有的“私有信息”，降低监管者监管的信息成本，② 实现对经营者获得的薪酬是否与其为公司所提供的服务相称的合理判断；另一方面，它可以增强公众的社会监督，防止不公平的过度激励，增强社会监督的有效性。这本身也是国有资产真正所有者的固有权利。③ 此外，薪酬信息公开还有利于经理人市场的发展。经营者报酬的披露为经理人市场提供了充分的人才价

① 黄再胜：《政府规制视角下国企高管薪酬管理制度改革研究》，格致出版社、上海人民出版社2016年版，第38－39页。

② 有学者认为，国有公司治理涉及三类正式制度安排：一是公司最高决策机构的运作机制；二是内部治理中的监督机制；三是对公司透明度和信息披露的要求。这些技术性制度安排的形成，将构成国有出资人“管人、管事、管资产”原则的逐步精细化、技术化和专业化。参见《加快制定国有公司治理原则的对策》，载 http：//news. 163. com/05/0903/08/1SNALLUN0001124T. html，最后访问日期：2018年4月11日。

③ 越来越多的OECD国家，要求没有上市，甚至不受《公司法》约束的国有企业也要按照上市公司的标准提交报告。道理很简单：国有企业的最终所有者是公众，因此应该比公众企业更具“公众性”。在瑞典，这项原则列入了《政属公司外部财务报告指引》，并且在所有权实体的年度报告中反复强调，“由于这些国有公司最终属于瑞典人民，公开且专业地披露其信息，保证透明度是一项民主诉求，所以政府认为这些国有公司至少应该像上市公司那样透明”。资料来源：2003年瑞典国家政府机构《国有企业年度报告》第17页。参见经济合作与发展组织：《国有企业公司治理：对OECD成员国的调查》，李兆熙、谢晖译，中国财政经济出版社2008年版，第103页。

格信息，可以发挥市场力量对经营者的监督和激励作用，使经理人市场决定经营者供求价格的机制与企业内部机构确定经营者报酬的做法形成良性的互动[①]，促进我国职业经理人市场的发展与成熟。

其实，我国现行法律法规中也有对经营者薪酬的信息披露要求。如，《公司法》第129条规定：公司应当定期向股东披露董事、监事、高级管理人员从公司获得报酬的情况；《中央企业负责人薪酬管理暂行办法》第23条亦规定，企业负责人薪酬方案及实施结果应由企业在适当范围内予以公布，接受民主监督。但是，这些规定过于原则，缺乏可操作性，难以发挥薪酬信息披露制度的功能。今后，在进行具体的薪酬披露机制构建时，应当重点披露如下事项：其一，披露薪酬委员会之“独立性”。薪酬委员会必须要保证有利害关系的成员（包括其本人以及家属、亲戚、朋友等社会关系人）不得参与相关人员的薪酬事项表决。其二，披露公司本年度的业绩状况。如，公司的盈利情况、投资情况、投资回报率、公共产品或基础设施建设的供给情况等。其三，披露本公司的薪酬激励政策，主要包括公司薪酬政策的目标、薪酬的类型、结构和支付方式[②]，重点说明经营者报酬和公司业绩之间的关系以及公司报酬政策与业绩之间的关联性，并详细说明如何确定最近年度的经营者薪酬。其四，披露公司本年度薪酬激励措施的总体状况，主要包括：薪酬支付总体情况、长期激励计划等。其五，披露公司本年度各董事、监事、高管的具体激励情况，包括薪酬的不同形式（如固定收入、奖金、长期激励计划所得等）。

四、国有资本运营公司经营者约束机制的强化与限定

“人为什么不遵守规则，或者说人在什么条件下不遵守规则？答案很简单，如果不遵守规则不会受到惩罚而且能够带来利益，那么人们一定不遵守

① 漆多俊：《国有企业股份公司改组法律问题研究》，中国方正出版社2002年版，第260页。

② Robert D. Rosenbaum & Richard E. Baltz, *SEC Adopts Major Overhaul of Executive Compensation Disclosure Requirements*, Arnold and Porter Corporate/Securities Practice, 1992, p. 3.

规则……一个社会最可怕的是形成一个破坏规则的链条，在这个链条的作用下，破坏规则的行为得到最大限度地承认和保护。遵守规则是利益驱动，不遵守规则也是利益驱动。"[①] 可见，在“经济人”理性下，权责利的统一极为关键。

就公司治理而言，企业所有权与控制权的分离，意味着赋予了代理人更多的自由裁量权。由于自由裁量会使代理人不仅取得参与权，而且在信息不对称的基础上，为他们运用各种博弈策略，寻取租金提供了可能性，因此，就需要从法律层面构建约束机制以防止委托人利益受损。在国企经营中，内部人控制现象严重、经营者腐败现象屡禁不止，主要原因之一就在于监督约束机制的乏力。经营者掌握着公司高度集中的权力和资源的支配决定权，如果其权利与义务分布不均衡、监督和约束机制缺位，那么就无法确保其依法履行对国企的忠实义务和勤勉义务。国有资本运营公司要实现良性经营，也必须高度重视对经营者的约束机制，否则，可能就像有学者所认为的，国有资本的三级经营管理体制只是增加了行政权介入企业的环节，徒增行政成本并削弱了政府的有效监控，导致国企经营者可以不受约束地追求自身利益最大化。[②] 为此，严格规定经营者的责任机制成为当下经营者约束机制设计的核心。

（一）对经营者约束乏力引发的弊端

1. 内部人控制问题

内部人控制是在所有权与经营权相分离的情况下，行使企业经营管理职权的人员（主要指公司高管）实际掌握企业控制权，并可能利用此控制权追逐个人利益而影响企业的情形。从委托代理理论来看，企业经营存在利益冲突和信息不对称，经理层基于经济人理性必然会更多关心自己利益的获得和

① 信春鹰：《人为什么要遵守规则》，载 http：//www. sohu. com/a/219041494_492772，最后访问日期：2018 年 5 月 30 日。

② 蒋科、刘敏：《国家出资人代表与国资委的法律关系研究》，载《财经理论与实践》2016 年第 4 期。

维持，企业高管即使有能力也不一定采取与委托人目标相一致的行动。因而，除非存在有效的约束机制，否则代理人很可能实施机会主义行为，作出对委托人并非最优的决策。因而，内部人控制问题实质是伴随“两权分离”产生的负效应。这一现象在国有企业真正委托人虚位的情况下，显得更为突出。例如，某些国有控股上市公司是基于集团公司的优质资产剥离而组建，上市公司高管有可能不断利用集团或上级机构授予的权力，利用机会为自身牟取利益，出现自我提高薪酬、不适当地扩大在职消费或其他侵占企业资产的情况。对于国有资本运营公司而言，其本身就是将国有资产转化为国有资本进行投资经营，掌握的国有资产数额往往巨大，投资活动频繁，且市场化运营中本身风险较高，如不能有效解决内部人控制问题，必然会严重影响国有资产的安全。

2. 腐败问题

经营者腐败是经营者利用所拥有的控制权违背受托责任牟取私利的行为，本质上是一种权力寻租。其主要表现为管理层过度消费、超越权限擅自决策、利用财务作假私设小金库，以及利用国有资源为他人牟取不当利益等。自2020年以来，中央纪委全会连续五年把国企反腐败作为工作重点进行部署，二十届中央第一轮集中巡视了30家中管企业。据统计数据，仅2023年，国资央企纪检监察机构共对党组（党委）管理干部立案审查调查411起，给予党纪政务处分375人次，移送司法机关109人。其中包括了中核集团中核环保有限公司原党委书记、董事长吴秀江，中国远洋海运中远海运发展股份有限公司原党委书记、董事长刘冲，中航集团原党组成员、中国国际航空股份有限公司原党委书记樊澄，中国船舶集团华中光电技术研究所原所长陈福胜等“一把手”严重违纪违法案件。[①] 可见，缺乏有效制约机制的国企治理，会给国资运营安全带来巨大隐患。

---

① 王卓：《国资央企领域反腐力度明显加大 高压态势持续巩固》，载 https：//www. ccdi. gov. cn/toutiao/2024091t20240314_334210_m. html，最后访问日期：2024 年 10 月 11 日。

（二）经营者约束机制的强化

1. 明确责任追究标准

约束机制的目的在于规范经营者的行为，使其严格遵守对企业所负的忠实义务和勤勉义务，恪尽职守地为企业提供服务，为股东创造价值，如违反忠实、勤勉的信义义务，经营者就应承担不利后果。就国有资本运营公司而言，国有资本真正出资人的“虚位”，使手握“大权”的经营者作为理性“经济人”极易利用自己的优势地位，滥用对企业的投资决策权，为自己牟利。为此，建立严格的约束机制，通过明确的法律责任来“倒逼”国有资本运营公司经营者勤勉尽职非常必要。2013 年 11 月通过的《中共中央关于全面深化改革若干重大问题的决定》也特别强调了应当强化国企经营投资责任追究；2016 年，国务院办公厅发布的《关于建立国有企业违规经营投资责任追究制度的意见》（以下简称《国企违规经营投资责任追究意见》），对国企经营者的问责机制予以了加强。《国企违规经营投资责任追究意见》规定，国企经营者未履行或未正确履行职责造成国有资产损失以及其他严重不良后果的应当追究责任，并在“二、责任追究范围”中以列举方式阐明了九种责任追究情形。[①] 相较于之前的约束机制，该规定相对详细，可操作性得以加强，但也存在进一步完善的空间。尤其是，列举式的立法总是难免挂一漏万，尽管“二、责任追究范围”第（十）项规定了“其他违反规定，应当追究责任的情形”，希望通过兜底性条款来周延实践中的各种情况，但该表述却难以发挥普适性的指导作用，因为其并未设定一个“未履行或未正确履行职责”的具体标准来指导实践，因而在出现其他情形时，仍然面临难以认定为是否属于应当追责情形的难题。

---

① 《国企违规经营投资责任追究意见》规定：“国有企业经营管理有关人员违反国家法律法规和企业内部管理规定，未履行或未正确履行职责致使发生下列情形造成国有资产损失以及其他严重不良后果的，应当追究责任：（一）集团管控方面。……（二）购销管理方面。……（三）工程承包建设方面。……（四）转让产权、上市公司股权和资产方面。……（五）固定资产投资方面。……（六）投资并购方面。……（七）改组改制方面。……（八）资金管理方面。……（九）风险管理方面。……（十）其他违反规定，应当追究责任的情形。”

针对国有资本运营公司的经营者，今后立法应以“行为规制”为指导，对经营者的行为适法性判断设定普适性的认定规则，强化对高管的约束机制，如其不符合该规则或标准，就应承担相应的法律责任：

其一，经营者在客观上存在“违规经营”行为。这里的“规”应做广义解释，即经营者在运营国资过程中违反法律、法规、规章、公司章程、公司内部规范以及党和国家的相关政策规定。当然，在追究经营者责任时，要严格区分违规经营与经营失误、商业风险的区别，如果经营者在经营过程中客观上造成了损失，但其本身并未违规经营，则不宜追究经营者的责任。

其二，经营者投资决策时主观上存在故意或重大过失。根据域外经验，只有当经营者对投资决策的失败存有故意或重大过失时，方应承担不利后果。这主要是考虑到商业行为的高风险性，也是为了更好地尊重经营者对企业投资决策的自由裁量权，在一定程度上也是对“企业家精神”的法律保护，防止以经营结果论英雄，保护虽决策失败但却善意的经营者。当然，为确保这种主观上的善意，应对国有资本运营公司管理者的自我交易行为作出更为严格的限制。例如，应当禁止经营者与所任职公司的自我交易，若其违反该义务，造成国资损失，可推定其主观具有恶意。这一点与《公司法》中允许公司对董事、监事、高管与公司自我交易进行自治管理的理念有所不同，其理由在于国有资产为全民所有，且真正所有者“虚位”的特殊性。

其三，应考量经营者作出投资决策时的勤勉义务履行状况。衡量管理者是否“勤勉”的主要标准之一是必要的、充分的信息收集义务。国有资本源于国有财产，国有资本运营公司的经营决策对公司自身乃至公众利益都至关重要。经营者在决策前理应及时获取与决策事项有关的、必要的、充分的信息，在对信息占有的前提下，利用专业素养和经验对信息进行理性判断。在考察经营者所掌握的信息是否充分时，可结合决策时企业的具体经营情况、投资决策的重要性、做出决策时可利用的时间和经费、对有关对象所进行的调查和分析、对调查报告的信赖程度等进行综合分析。

其四，应考察经营者投资决策时的程序履行情况。经营决策的内容是否正确，无论是政府抑或司法机构都难以判断，且实践中，不能以“事后诸葛亮”的标准“以结果论英雄”，否则，就会要求经营者的每个决策都必须成功，而这显然有悖于市场经营固有风险的本质，对经营者明显不公平。此时，决策程序是否合法就显得非常重要。为了以程序正义保证决策民主化、科学化，进而引导出正确的经营决策，凡经营者的投资决策未经法律法规或企业章程所规定的程序，即可被认为违反勤勉之责，进而需要对所造成的损失承担法律上的不利后果。

综上所述，在“行为规制”的调整方法下，如果国有资本运营公司的经营者在决策时达到了上述分析的标准或要求，即使决策实施后造成企业经营损失，也是正常的商业风险，不存在法律责任问题；但若没有达到上述要求，决策实施的结果造成国资价值减损，即属于法律上应予追责的范畴。

此处需要特别强调的是，对于政策性国有资本运营公司高管的责任认定应当与商事性国有资本运营公司不同。政策性国有资本运营公司以实现社会目的或政策目的为根本，针对该类企业的相关政策与法律自然是以社会功能的实现为目标，对该类企业经营者的经营行为进行约束、违规经营行为进行责任追究时，不能仅以违规经营所造成的经济损失作为判断标准，而更要关注违规经营对社会公共利益所造成的不良影响。

2. 构建薪酬追回制度

薪酬追回制度的实质是追回错误支付的薪酬。薪酬本应是经营者为公司提供服务的对价，薪酬的高低与经营者对公司的贡献应成正比。而实践中，个人业绩与薪酬之间往往呈单向联系状态。如果公司业绩有所提升，则经营者的薪酬会随之增加；但是当公司业绩下滑时，经营者薪酬却不会随之相应下降。造成薪酬制度不足的主要原因之一就是约束机制的缺乏。为了及时遏制这一现象，美国、欧洲国家的政府监管部门相继推出了一系列薪酬监管措施。其中，具有代表性的便是薪酬追回制度。

薪酬追回制度最早可追溯到 2002 年。由于安然、世通等公司的财务欺诈事件影响非常恶劣，美国国会对此专门出台了《2002 年公众公司会计改革和投资者保护法案》。该法案规定，会计报告因与证券法实质性不符而重编时，发行公司的CEO（首席执行官）和CFO（首席财务官）应当在一定期限内归还从公司获取的所有奖金、激励性薪酬、权益性薪酬以及在该期间内通过买卖公司证券而获得的收益。[①] 2006年，美国证券交易委员会（SEC）又修改了《高管薪酬披露条例》，明确规定上市公司应当对不正确的财务报表有所作为，追回给予高管的相应报酬。2008年金融危机爆发后，美国国会为缓解金融机构遭遇的流动性困境，出台了《紧急经济稳定法》，该法要求所有接受"联邦问题资产救济计划"援助的公司必须制定高管薪酬追回制度。该制度要求公司若发现支付给公司高管和20位薪酬最高的公司员工的奖金、保留补贴或者激励性薪酬所依据的公司收入、利润、收益或者其他标准是错误的，必须追回该薪酬。但同时财政部要求，如果薪酬追回制度的触发事件发生时，公司能够证明追回的成本大于其收益，可以不再追回。2010年通过的《多德—弗兰克法》再次对薪酬追回制度进行了相应规定，即当公司的财务报告因实质性地违反了证券法的规定而需要重编时，公司应向前任或者是现任高管追回报告被要求重编之前三年内其所获得的超额薪酬。

在我国国企改革进程中，学术界以及民众对于经营者薪酬问题一直颇有微词。经营者薪酬的管理在实践中不甚规范，往往由其自身制定，因而容易出现只增不降、增长失控，或与企业经营管理绩效、风险、责任脱钩等情形。为改变经营者薪酬失控现状，有效保证薪酬与风险挂钩，薪酬扣减和追索制度逐步进入政策制定者视野。这对于专事国有资本运营的公司非常关键。当国有资本运营公司尤其是商事性国有资本运营公司发生业绩亏损、巨大责任事故、信息披露虚假、业绩造假等行为时，薪酬追回制度可以发挥事后弥补作用，同时也能激励经营者从更长远的角度经营公司，避免短期行为，最终

---

① 《2002年公众公司会计改革和投资者保护法案》第304节："当存在与证券法实质性不符的行为或错误并导致会计报告重编（也有译为重述）时，发行公司的首席执行官（CEO）和首席财务官（CFO）应归还其在该公司首次发行证券或在美国证券交易委员会备案以时间在先者起算后12个月内从公司收到的所有奖金、激励性薪酬、权益性薪酬以及在该期间通过买卖公司证券而获得的收益。"

实现企业经营和国有股东利益最大化。①

对于薪酬追回或者追索，在我国《公司法》中目前并无明确规定。现行《公司法》第186条仅是对董事、监事、高级管理人员在违反对公司所负的忠实义务时，对于其所取得的收入，归公司所有，但是，对于违反勤勉义务时的薪酬扣回或追索则并无涉及。相较于法律，我国国企改革的政策文件则进行了制度的先行探索。2013年2月国务院批转的《关于深化收入分配制度改革的若干意见》（国家发展改革委、财政部、人力资源社会保障部联合出台）在“加强国有企业高管薪酬管理”部分提出“推广薪酬延期支付和追索扣回制度”；2015年8月中共中央、国务院发布的《关于深化国有企业改革的指导意见》也强调“健全与激励机制相对称的经济责任审计、信息披露、延期支付、追索扣回等约束机制”。上述主要改革政策在宏观层面确立了国企薪酬的追回制度。随后，在2016年国务院办公厅发布的《国企违规经营投资责任追究意见》中，该制度得以进一步明确，且就触发事件、追回对象、追诉期间，被追回薪酬的范围等核心问题进行了细化，规范性和可操作性明显提升。相较于美国的制度规则，我国的制度设计进行了相应完善，具体体现如下：

（1）关于触发事件，即引发追回条款发生效力的行为。根据《国企违规经营投资责任追究意见》，薪酬不仅是在经营者提供虚假财务报表时才需要被追回，而是在其经营国企过程中，未勤勉尽责，违反国家法律法规和企业内部管理规定，未履行或未正确履行职责致使国有资产损失或引发其他严重不良后果时，均需追回。例如，资金管理、产权交易、投资并购、企业改制等出现违法违规。此外，对于出现财务违法行为并导致财务重述的欺诈行为、基于错误的财务数据而获得激励性薪酬的行为、违反竞业禁止等限制性条款的行为、非正常离职的行为等，也应进行必要的薪酬追回。②

---

① 蒋建湘：《国企高管薪酬法律规制研究》，载《中国法学》2012年第1期；李允峰：《“放弃百万年薪”凸显薪酬追回制度缺失》，载《上海证券报》2012年4月18日。

② 罗宏、张虹、曾永良：《论我国高管薪酬追回制度的建立》，载《会计之友》2015年第15期。

(2) 关于追回对象。萨班斯法案只包括了公司的 CEO 和 CFO，但为强化国企经营者的责任，任何对会计错误和欺诈负有个人责任的经营者，任何导致公司财务报表重编的经营者、任何对公司经营行为造成损失并具有过错的经营者以及违反了竞业禁止等限制性规定或公司规定的其他信义义务的经营者，都应当成为追回条款的适用对象。《国企违规经营投资责任追究意见》规定为违法违规行为的直接责任人。另外，针对国企经营的特殊性，为进一步加强对国资经营的监管，对直接责任人负有主管责任的人以及企业管理层中对此负有领导责任的人，也应被纳入追回的责任对象。① 此外，基于对国有资本特别保护的需要，在某些情况下，即使经营者没有过错，但因所获薪酬依据的财务数据错误，国企也必须向经营者追回其薪酬。

(3) 关于被追回薪酬的范围以及追诉期间。在美国，萨班斯法案规定的薪酬追回范围比较严格，其中包括全部奖金、激励性薪酬、权益性薪酬，甚至包括转让证券所得，体现了对经营者较为明显的惩罚性。相比之下，《多德—弗兰克法》规定得比较宽松，公司可以追回的仅是“超额薪酬”，也即如果财务报告准确无误时高管应得的薪酬与高管实际获得薪酬之间的差额。在追诉期间上，二者因为追回范围的差异，也设计了相应不同的规则。其中，萨班斯法案第 304 节规定，“在披露的财务报表中含有要求重述会计信息后的 12 个月内，高管从公司收到的所有红利、激励性奖金、权益性酬金以及通过买卖该公司证券而实现的收益都应当归还。”而《多德—弗兰克法》规定的追诉期则较为严格，即“向前任或者是现任高管追回报告被要求重编之前三年内其所获得的超额薪酬”。这种差异与二者追回范围的宽窄相适应。在我国，为增强对国有资本经营者的约束力度，保护国有资产的安全，《国企违

① 根据《国企违规经营投资责任追究意见》的规定，直接责任是指相关人员在其工作职责范围内，违反规定，未履行或未正确履行职责，对造成的资产损失或其他不良后果起决定性直接作用时应当承担的责任；主管责任是指相关人员在其直接主管（分管）工作职责范围内，违反规定，未履行或未正确履行职责，对造成的资产损失或不良后果应当承担的责任；领导责任是指主要负责人在其工作职责范围内，违反规定，未履行或未正确履行职责，对造成的资产损失或不良后果应当承担的责任。

规经营投资责任追究意见》根据我国国企经营者的薪酬构成，将追回的对象设定为绩效奖励和任期奖励，由于国企经营者的任期通常为3年，因此，在追诉时间上，其实也是采取向前倒追3年，即除了基本年薪外，绩效奖励和任期奖励都会成为追责的对象，在追回的比例上，《国企违规经营投资责任追究意见》根据管理者未勤勉尽责给国企造成的损失的程度进行相应酌定，其中，对于重大损失，追回直接责任人和主管责任人全部的绩效奖励和任期奖励，同时追回领导责任人70%～100%的绩效奖励和任期奖励；对于较大损失，则追回直接责任人和主管责任人50%～100%的绩效奖励和任期奖励，同时追回领导责任人30%～70%的绩效奖励和任期奖励。这种比例设定具有一定的合理性，体现了过错相当的原则，也符合比例原则的法理要求。

此外，需关注的是，在美国，薪酬追回制度的决定权是留给了企业，且不具有强制性，这也成为美国追回条款实施效果不佳的关键原因。[①] 但在我国，尤其是在国有企业，为保障该约束机制的实施，追回条款实施应当具有明显的强制性，若交由企业自治，在国企两权分离，代理成本原本就较高的情况下，不利于国有资本经营的安全与保护。

（三）经营者责任的合理限定

1. 合理认定“国有资产流失”

实践中，为保护国企经营中的国资安全，需要对国企经营者的行为进行约束，以防止其利用管理国企经营决策的机会，侵害国有资产，造成不当的国资流失。这种约束制度和法律责任的构建固然极为重要，但如果对国资流失的认定过于泛化，则会制约国企经营者的改革热情和动力。这对专事国有资本运作的国有资本运营公司经营者而言，尤为重要。如果对“国有资产流失”的认定过于宽泛，国有资本运营公司的经营者势必处于“高风险”的环境中，出于“经济人”的自我理性，其往往会比较保守，宁愿减少经营风险来防止自己处于责任的旋涡，而经营风险本就是伴随着国有资本的市场化运

① 蒋建湘：《国企高管薪酬法律规制研究》，载《中国法学》2012年第1期。

作而产生，且经营风险与经营收益往往成正比，过于保守的经营，对于国有资本运作尤其是收益性国有资本的经营而言，显然不利，最终损害的还是国有资本保值增值的目标实现。因而，对“国有资产流失”进行合理界定，对国有资本的市场化运营至关重要。

目前，国企经营中的国资流失主要包括交易性流失和体制性流失。前者主要是指在国有企业资产重组改制、投资并购、产权转让过程中，资产处置主体违反国家法律法规等相关规定，通过不评估、低值评估、暗箱操作等非法手段侵吞国有资产或低价处置国有资产造成的国资流失；后者则主要是指国有资产在经营过程中的自身“缩水”，主要体现为国有资产的经营管理者在经营企业过程中，因管理不善、决策失误或对其应尽的职责消极“不作为”而导致的国资流失。由于国有经济、国有资产对我国社会主义公有制的经济体制至关重要，且现行立法对“国有资产流失”缺乏法律层面的严格界定，因而，实践中，基于对国资特殊保护的理念，很容易泛化对国企经营中国资流失的认定。尤其是，现行实践往往是以“事后诸葛亮”的标准来检视国企管理者的经营行为，似乎只有投资决策成功，企业盈利，国资保值增值，国企经营者才算尽职，否则，就可能面临国资流失的“质疑”。但商业决策的本质就是不确定性和高风险性，正是盈亏风险的存在，才会使企业在竞争中优胜劣汰，进而实现资源的优化配置。若以“事后诸葛亮”的标准来判断企业经营者是否勤勉尽责，是否有决策失误并造成国资流失，那么，必然要求经营者每个决策都必须成功，这显然有悖于市场固有风险的本质，对高管明显不公平。这种认定也会产生对国资的“过度”保护。从个案或者短期来看，这似乎有利于国资安全。但是，若以长远的发展眼光来审视，这种“过度”保护实则不利于深化国资国企改革，甚至不利于市场经济体制的发展。对此，我们在追究经营者的责任时，应从以下几方面合理界定“国有资产流失”的内涵：

(1) 破除国有资本是刚性资本的思维误区

在市场经济体制下，资本投入企业进行生产经营，其价值的增减盈亏是由市场中的价格机制、供求机制、竞争机制等各种因素所决定。有盈利之可能，亦有亏损之风险。但在我国传统的意识形态中，国有资本似乎是只能保值增值，不能因市场情况变化而减值的“刚性资本”。一旦投入经营的国有资产出现“缩水”，似乎就一定发生了国资流失。这种非市场经济观念所造成的认识误区，直接导致了“国资流失”认定的泛化。显然，这种“刚性资本”思维在国有资本投资经营中应被祛除，否则会束缚国企经营者的投资决策。现下，国企经营者为避免被认定“国资流失”，在作投资决策时，往往非常谨慎，且由于考核周期的存在，其投资目标也相对“短视”，对投资周期长，科技转化风险大的项目往往不愿涉足。

总之，对于国有资产的价值认定的观念应当发生转变，即从传统理念转向市场理念，以市场为决定因素。事实上，由于技术创新、管理进步以及市场需求转变等原因，国有资产不可避免地会发生价值上的变化，一般的升值或者贬值在国有资产的日常经营管理中都属于正常现象。在立法确立“国有资产流失”的概念时，首先应当祛除国有资本是“刚性资本”的超资本意识，恢复其正常的资本属性。

（2）重新审视安全与效率的关系

有学者曾言，国企改革是整个经济体制转轨的重要组成部分，涉及多方面的利益调整，因而，必须同时追求效率和安全两大目标，才能保证不给整个转轨过程带来破坏性的负面影响。[①] 然而，如何处理好国企改革中的安全与效率关系，却是一个难题。具体到经营中“国资流失”的认定，实质上也反映了立法者对国企改革中安全与效率的价值取舍与平衡。

目前重启的国企改革，在政府不断“授权”的同时，监管层时刻警惕着“国有资产流失”，而经营者因害怕被指责国资流失，往往对改革持观望态度。从保护国有资产安全的角度看，监管层固然无错；而从“经济人”的视角出发，管理层也属理性。问题是，如果对管理层束缚过紧，改革没有了国

① 喻新强：《论科学判断国资流失问题》，载《求索》2006 年第 6 期。

企经营者的落实和推动，又如何来提高国资国企的经营效率？实际上，目前政策制定者也关注到了这一问题，即以牺牲效率为代价而过分注重安全的改革并非一定是最优的制度选择。因而，在《关于加强和改进企业国有资产监督防止国有资产流失的意见》中，国资委提出了防止国有资产流失工作的四项基本原则，其中尤其值得关注的是“坚持放管结合，提高效率。正确处理好依法加强监督和增强企业活力的关系，改进监督方式，创新监督方法，尊重和维护企业经营自主权，增强监督的针对性和有效性”。有观点甚至将其视为该意见的核心原则。[①] 的确，改革必须讲究效率，在讲究效率的同时，不能出现非法流失；而防止流失也是为了更好地推动改革，并非成为改革的掣肘，不能为了安全而置改革效率于不顾。在我国上一轮的国企改革中，就曾出现过因担心国资流失而停滞改革的现象。例如，基于郎顾之争的巨大压力，MBO（Management Buy - Outs）被叫停，而在此之后，国企改革的步伐也基本停滞，直至党的十八届三中全会才下决心重启改革。可以说，“国企改革与资产流失风险的耦合性，造成了改革中的风险恐慌，进而演化为改革恐慌。由于每次改革的开展都暗示着风险将至，而国有资产流失又恰恰具有比较严肃的政治敏感性，这便会因为对风险的恐慌而传导至对改革的恐慌，进而抑制改革动力，……”[②]

其实，在国企改革安全与效率的关系中，并非没有了改革，国资就绝对安全，就没有了流失风险。正如诸多专家所言，如果故步自封，不改革、不转化体制，那么可能会产生更大的国资流失。易言之，不积极深化改革才是最大的国资流失。[③] 总之，以牺牲改革效率为代价，来保障国资安全的思维急需转变。

---

① 《有必要对“国有资产流失”进行清晰的界定》，载 http：//news. hexun. com/2015 - 11 - 11/180498100. html，最后访问日期：2018 年 11 月 11 日。

② 黎桦：《国企改革与国有资产流失风险的耦合性及法律治理》，载《北京理工大学学报（社会科学版）》2016 年第 2 期。

③ 严学锋：《祛魅“国资流失”正当时》，载《董事会》2014 年第 6 期。

(3) 纠正“流失”即“追责”的法律观念

改革开放40余年以来,“历次国有企业改革都几乎伴随着各种形式的国有资产流失风险,……构建起保障性的经济法律制度,对未来有可能发生的国有资产流失风险进行预防和治理”非常必要。① 但从法律规范分析的角度看,到底什么是“国有资产流失”?按照字面解释,“凡是造成现有国有资产权益的减少或应得国有资产权益的损失就是国有资产流失”。② 但从语义分析来看,“国有资产流失”其实表明了一个客观结果,即国有资产价值减损。但若分析减损原因,则可分为合法流失与非法流失。前者是指在合法经营的情况下,由于市场风险造成的损失;后者则是指因行为人的违法违规所造成的损失。立法应对二者进行明确区分。尤其是对因市场经营活动中的正常风险造成的国资流失,不应追究法律责任,这是市场机制自发作用的结果,无所谓责任问题。法律应当追究的是因违法违规造成国资损失的行为人的法律责任。此时,使用“损失”一词相对而言更为规范和合理。目前,“国有资产损失”这一表述在《企业国有资产法》、《企业国有资产监督管理暂行条例》、国务院办公厅《国企违规经营投资责任追究意见》以及各省市出台的相关规范性文件中均可见到。③

“损失”一词,在私法领域往往与“损害”互用。损害事实,往往就是指一定的行为(作为或不作为)致使民事主体的人身权利、财产权利及利益的减少或灭失的客观事实。④ 王泽鉴先生将其表述为“系指权利或利益受侵害时所生之不利益”⑤。在比较法上,许多国家也认为“损失”与“损害”

① 许小年:《“国进民退”背离改革方向》,载《商界(评论)》2009年第11期。

② 周绍朋等:《新世纪的国有企业改革与国有资产管理体制研究》,中国人民大学出版社2006年版,第175-198页。

③ 例如《上海市国有企业国有资产损失责任人处理办法》《湖南省国资委监管企业国有资产损失责任追究暂行办法》《浙江省省级行政事业单位国有资产损失赔偿处理暂行办法》《山东省省管企业国有资产损失责任追究暂行办法》等。

④ 杨立新:《侵权责任法》,法律出版社2010年版,第80页。

⑤ 王泽鉴:《不当得利》,中国政法大学出版社2002年版,第34页。

具有相同含义。[①] 例如，在英美法中，损害是指“在法律上被认为是可控诉情况下，一个人所遭受的损失和伤害”。[②] 因此，“所谓一般财产损失，就是指行为人的行为造成他人的直接或者间接损害”。[③] 由于在私法中“损失”与“损害”内涵相同，而根据《说文解字》对损害的阐释，“损，减也”、“害，伤也”，可知，“损害”本身就包含了“伤害”的寓意在其中[④]，主要针对的就是行为人的不法行为所造成的损失。正如德国学者 Hans Stoll 所言，损害是指个人和团体因不正当的事件而遭受的任何价值的减少。[⑤]

当私法中“损失”的概念本身被赋予了“不法行为”或“不当行为”的内涵时，国有资产损失就当然排除了在合法经营情况下由于市场风险给国资所造成的损失。可见，并非所有的国资流失，都可追究行为人的责任，只有在行为人主观存有过错，且有违法行为存在，对国资造成了“伤害”时，才有让其承担不利后果的正当性。即“只有那些不符合政策和法律规定行为造成的国有资产权益的减少，才是国有资产流失”。[⑥] 对于学界有学者所提出的，国资流失尽管可分为广义和狭义，前者是指人为造成的一切既有的或应得的国有资产权益的损失，其中包括合理的、法律允许的流失和不合理而为法律所禁止的流失；后者是指法律明确禁止、人为造成并应当追究行为人责任的国有资产权益损失，但考虑到合理与不合理、法律允许和法律禁止都是相对的，矛盾双方会发生转化，因而应采用广义国有资产流失概念的观点[⑦]，

---

① 参见欧洲侵权法小组编著：《欧洲侵权法原则：文本与评注》，于敏、谢鸿飞译，法律出版社 2009 年版，第 57 页。

② ［英］戴维·M. 沃克主编：《牛津法律大辞典》，北京社会与科技发展研究所译，光明日报出版社 1988 年版，第 238 页。

③ 王利明：《侵权责任法研究》（第 2 版，上卷），中国人民大学出版社 2016 年版，第 326 页。

④ 王利明：《侵权责任法研究》（第 2 版，上卷），中国人民大学出版社 2016 年版，第 307 – 308 页。

⑤ 转引自曾世雄：《损害赔偿法原理》，中国政法大学出版社 2001 年版，第 11 – 12 页。

⑥ 何秉孟主编：《产权理论与国企改革——兼评科斯产权理论》，社会科学文献出版社 2005 年版，第 65 – 98 页。

⑦ 杨子良：《国有资产刑法保护研究——一个整体刑法学的视角》，中国人民公安大学出版社 2009 年版，第 29 页。

值得商榷。这显然会泛化对国有资产流失的认定。尤其是在刑法学研究视野下，更应当审慎，应将其严格限定为“直接侵犯国有资产或者造成国有资产损失的行为”①，应当强调主观违反法律法规的过错。

总之，应当追究责任的“国有资产流失”，严格意义上应被称为“国有资产损失”，其是指对国有资产负有管理或者经营责任的人，在履行职责过程中，出于故意或过失，违反法律、法规及有关规定，致使国有资产遭受损失的行为。这一理念的确立对于下文构建科学的容错机制至关重要。

（4）转变结果导向为程序导向

我国的法律制度长期以来重结果而轻程序，往往是以实质正义为行为判断的重心。在实质正义理念下注重追求结果上的公正与公平，而不问程序如何。但在现代法治理念下，“法治是一种强调程序的社会控制方式，在法治的精神内涵中包含着程序正义的追求”。② 而且，从法学发展的纵向历史考察来看，这种实质正义思想正逐渐向程序正义转变，并逐渐形成了依靠程序正义来实现实质正义的社会意识。正如罗尔斯在其巨著《正义论》中所言，“不存在任何有关结果正当性的独立标准，但是存在着有关形成结果的过程或程序正当性和合理性的独立标准，因此只要这种正当的程序得到人们恰当的遵守和实际的执行，由它所产生的结果就应被视为是正确和正当的，无论他们可能是什么样的结果”。③

程序正义观念的强化，在国资经营中亦非常重要。因为市场风险随时存在，立法者难以要求国有资本运营公司经营者的每一次投资均能实现保值增值。如果以结果为导向，一旦发生纠纷，法官在衡量经营者的行为时，必然会涉及太多的商业判断，但法官并非经验丰富的企业经理人，其自身缺乏判断企业经营者在作出经营决策时是否适当的能力；而如果完全以结果进行倒

① 林荫茂：《国资流失犯罪研究——兼谈私分国有资产罪的刑法适用问题》，载《政治与法律》2008 年第 4 期。

② 孙笑侠：《法的形式正义与实质正义》，载《浙江大学学报（人文社会科学版）》1999 年第 5 期。

③ ［美］约翰·罗尔斯：《正义论》，何怀宏等译，中国社会科学出版社 1988 年版，第 80－83 页。

推，对企业经营者而言显然不妥，因为经营结果的减值，通常是多种因素共同作用的结果。只要国企经营者在经营决策的过程中尽到了善良管理人的注意义务，在国有资产交易过程中履行了法定程序，那么，即使出现国有资产贬值，也不属于非法的国资流失，不应追究其法律责任。

这一理念转变非常关键。但遗憾的是，对国企经营者的这一担心，并未引起政策制定者的足够重视。上述国务院办公厅发布的《国企违规经营投资责任追究意见》，仍是以企业资产损失为依据进行责任追究。这样的问责机制很可能沦为后果责任，而不是强化经营者的规则意识。因而，在后续的制度改革中应当明确，当之前所从事的交易或者所作出的投资决策程序合法，且未违反当时的法律法规时，就不应以结果的盈亏否认之前交易或决策行为的合法性，更不能追究相关人员的法律责任。

2. 建立责任追究的豁免规则——容错机制

经营者因过错造成国有资产在经营决策中的不当损失，应承担相应的法律责任。然而，经营性资产本身就具有高风险性。对于公司的每一项经营决策，风险都如影随形。利润越高，风险也就越大。市场消费偏好、政策法规的调整、系统性金融风险等都难以预测。此时，身为企业经营者的职业经理人往往需要具备一定的市场冒险精神。从域外的制度经验来看，经营者只要是善意地并在合理的调查基础上所作出的诚实的商业决策就是不受指控的，即使该决策是错误的、不幸的甚至是灾难性的。[①] 这便是域外普通商事公司中发展成熟的“商业判断”（Business Judgment Rule，BJR）规则。该规则在我国《公司法》的立法和修法中，一直被理论界主张应当积极纳入。2023 年修订的《公司法》第 180 条第 2 款规定“董事、监事、高级管理人员对公司负有勤勉义务，执行职务应当为公司的最大利益尽到管理者通常应有的合理注意”，已经体现出了以决策行为的过程而非决策结果来判断董事、监事、高级管理人员是否勤勉的思想。这对于我国国企“容错机制”的建构也具有

① 施天涛：《公司法论》（第 2 版），法律出版社 2006 年版，第 407 页。

显著的借鉴意义和价值。尤其是在当前的国企改革中，因改革无成熟经验可循，往往属于试错的过程。国企经营者作为有限理性的经济人，其获取信息、掌握信息、分析信息、处理信息的能力总是有限，这种有限理性使得其做出经营决策时往往具有一定的局限性，对自己经营行为的结果预测自然也就具有不确定性，从而带来经营风险。正如罗兰所指出的，在总和的和个别的层面上，结果的不确定性都是改革的关键特征。① 由于有限理性的管理者不可能收集、了解和掌握市场的所有信息，因而，当国企改革需要“试错”时，就应当对企业经营者“容错”。这对处于国有资本三级管理体制的中心环节的国有资本运营公司的经营者更是非常必要。

（1）“容错”的适用情形：突破“创新”限制

“容错机制”自2016年以来被广泛提及②，但更多时候被认为是一种政治理念上的成熟表现③，是“基于马克思认识论和全面深化改革的辩证法，对改革创新者在现行法律框架内先行先试探索中出现的失误和错误从轻、减轻或免于处分。”④ 确立容错机制具有明显的积极意义，尤其是为改革创新提供了“试错空间”。因此，目前研究者对于“容错机制”的表述基本都是限于“改革”“创新”等领域。例如，有学者就认为，容错机制应当是在创新发展过程中，宽容改革创新者在探索性实践中出现的错误和偏差，通过相应的机制，控制风险的进一步传播，及时纠正错误和偏差，保证事业的健康发展，并对相应的责任人实施豁免。通过这样的容错机制，激发创新者的创新热情，让创新者解放思想，大胆试验。⑤ 据此，容错机制的作用就主要体现

① ［比］热若尔·罗兰：《转型与经济学》，张帆、潘佐红译，北京大学出版社2002年版，第25页。

② 我国在中央全面深化改革领导小组第十七次会议、第二十一次会议上指出基层改革要“允许试错、宽容失败”；2016年《政府工作报告》中提出要“给改革创新者撑腰鼓劲，让广大干部愿干事、敢干事、能干成事”，容错机制作为我国治国理政新理念新思想新战略。参见梅立润：《全面深化改革情境的“容错机制”》，载《重庆社会科学》2016年第6期。

③ 樊树林：《“容错机制”为干事者“担当”》，载《领导之友》2016年第16期；唐剑锋：《“容错机制”是一种激励》，载《中国纪检监察报》2015年11月29日。

④ 房广顺、董海涛：《构建容错机制的理论、历史与现实逻辑》，载《人民论坛》2016年4月（中）。

⑤ 刘宁宁、郝桂荣：《新常态下如何科学构建容错机制》，载《人民论坛》2016年4月（中）。

在两方面：一是，激发和保护改革创新者的行动积极性，破除其后顾之忧，确保改革创新长期有序推进；二是，激励和保护官员履行职责的积极性，确保他们不会因为行政上的作为而动辄得咎。①

正是出于这一政策背景，当“容错机制”一词被引入国企改革时，在适用情形上，也常常被限定于在“创新”领域。这在许多地方出台的国企改革政策性文件中可以看出。2013 年，上海出台《关于进一步深化上海国资改革促进企业发展的意见》，率先将“容错机制”明确运用于国资改革领域，规定对法律、法规、规章和国家政策未规定事项，鼓励开展改革创新。如果有关单位和个人在改革创新的过程中，未能实现其预期设定的目标，但是其严格依照法律法规以及国家政策等具体规定进行决策和实施，并且在此过程中勤勉尽责，未从公司改革中谋取任何私利，那么将不对其作负面评价，并且依法免除经营者的相关责任。山东省委、省政府《关于加快推动国有企业改革的十条意见》中也对改革创新规定了类似的容错机制。

尽管“容错机制”的提出是为了推动改革，但若将“容错机制”的适用范围限定于改革创新领域②，主要针对的是“改革创新者”③，价值导向主要是“宽容改革创新者在探索性实践中出现的错误和偏差”④，那么则过于狭隘。如做出这一限定，其核心理念并不是如同域外成熟的“商业判断原则”那样，对国企经营者的决策行为进行普遍性保护。这显然不当限缩了该制度的功能，因为经营者的自由决定权及市场冒险精神不仅在“改革创新”中需

① 郎佩娟：《容错机制法治化要立法先行》，载《中国党政干部论坛》2016 年第 8 期。

② 例如，《关于进一步深化上海国资改革促进企业发展的意见》中第七节（二十）规定：“对改革创新未能实现预期目标，但有关单位和个人依照法律、法规、规章、国家和本市有关规定决策、实施，且勤勉尽责、未谋取私利，不作负面评价，并依法免除相关责任。”《中共江苏省委江苏省人民政府关于全面深化国有企业和国有资产管理体制改革的意见》也明确指出“建立鼓励探索创新的容错机制”。公司章程的规定也是如此。例如《上汽公司章程（2015 修订）》第 132 条规定：公司可建立鼓励创新的容错机制。在符合法律法规和内控制度的前提下，创新项目未能实现预期目标，且未牟取私利、勤勉尽责的，不对相关人员做负面评价。总裁及其他高级管理人员参照总裁工作细则中的董事会授予的关于投资项目的权限审批创新项目，经审批的创新项目适用上述容错机制。

③ 程晨：《如何健全容错机制》，载《学习时报》2016 年 7 月 14 日。

④ 刘宁宁、郝桂荣：《新常态下如何科学构建容错机制》，载《人民论坛》2016 年 4 月（中）。

要，在企业正常的经营过程中，因高风险同样存在，客观上也需要“容错机制”的合理保护，在国有资本运营公司所从事的资本投资领域更是如此。况且在企业的具体经营中，某项决策是否属于“改革创新”，属于多大程度的“改革创新”，本身就模糊不清。对此，我国青海省出台的《关于建立容错机制鼓励支持省属出资企业改革创新的意见（试行)》值得肯定，其不仅规定了对“改革创新”的容错，而且还在企业改制重组、产权（股权）转让、投资管理、资本运营等工作中规定了“容错机制”的适用空间，显然进行了情形扩展。但其不足之处在于，仍强调“造成一般资产损失、影响较小的”，这显然还是受国有资本为“刚性资本”的理念影响，而真正市场化的商业判断原则，注重的是程序正义，并不是以损失结果是否严重，作为是否追责的考虑情形。

将“容错机制”从“改革创新”领域合理扩大到正常的企业经营活动，对于国有资本运营公司的经营者而言非常必要。这些经营者并不从事实体生产的经营决策，而是专事于国有资本的投资运作，尤其是股权投资，“改革创新”的适用情形较少，如果将“容错机制”限定于“改革创新”领域，显然没有合理地豁免其责任范围，不利于该类公司的经营者放下顾虑进行市场化经营。

(2)“容错”适用情形的限制

首先，基于公共利益的考量。“容错”并非没有边界，当国企经营者的行为碰触法律“红线”时，便要承担不利的法律后果。因此，制度设计在强调建立“容错机制”的同时，也应当明确不得适用容错的情形，以加强对企业经营者的责任追究。

对于“容错”的边界，不少学者提出，“容错”不是容忍所有过错，应当设定严格的容错底线。① 有学者从正面提出，可容许的决策失误应满足四个条件，一是决策不属重大；二是决策针对的是公共问题，追求的是公共利

① 贺海峰：《宽严相济构建改革的“容错机制”》，载《学习时报》2016 年 5 月 9 日。

益；三是严格遵守决策程序；四是未造成重大损失或者恶劣影响。[①] 还有学者从反面限定容错免责范畴，即若决策造成公共安全、生产安全、环境安全、食品药品安全等领域较大以上安全责任事故，不得适用容错机制。[②] 相较而言，后一观点更为合理。正如前文所言，国企的经营管理或资产交易应当经过法定的决策程序，如果程序合法，不应以结果来判断应当追责或者不应"容错"，这是法治社会对程序正义的需求。但是，如果企业决策的事项涉及民众的生命或健康安全、社会共同体安全，例如食品药品安全、公共设施安全、生态环境安全等，或者决策一旦失误会损害为数众多的不特定公众的生命财产等根本利益，那么基于决策的特殊性质，不应予以"容错"，除非做出决策时的相关技术还无法发现这种风险隐患。这一点对于政策性国有资本运营公司的经营者而言，至关重要。

其次，利益相关性的检视。这里的利益相关性既包括直接相关，也包括间接相关。利益相关性暗含了一种利益冲突。假若企业的某项经营决策与经营者的利益相关，那么，这些经营者就势必面临如下的角色冲突：一方面要为自身利益争取最好的交易条件，另一方面其行为又必须符合公司的最佳利益。因为公司作为拟制的主体，无法独立作出意思表示，必须通过其代表人发出意思表示，而此时，身为公司代表人的主体同时又是公司交易的相对人，这就必然使经营者处于"精神分裂"的冲突点，且这种冲突会直接影响其所代表的企业作出的经营决策的正确性。在域外，对"商业判断规则"的适用也明确要求，经营者与所进行的投资决策事项应不存在利害关系，否则不能以该规则进行抗辩。至于经营者违反忠实义务的行为，则更不得容错，因忠实义务本身就是要求经营者不得将自身利益与公司利益相冲突，更不能为了自身利益而损害公司利益，因此，违反忠实义务的行为自然没有容错的空间。

(3)"容错"的适用程序

实践中，有些国企为了判断经营者的何种行为可以被"容错"，何种行

① 郎佩娟：《容错机制法治化要立法先行》，载《中国党政干部论坛》2016年第8期。

② 环立忠：《对构建容错机制的思考》，载《党政论坛》2016年第12期。

为需要被“追责”，专门规定了改革创新项目的备案制度，只有经过备案的方可被纳入“容错”范畴；并且，国企经营者如要主张自己应被“容错”免责，还需向由企业纪委、监事长等组成的专门机构提出申请，由后者进行审核认定方可。从企业治理的角度来看，这一做法虽然是在发挥企业监督者对经营者的监督作用，但是，如上分析，“备案制”做法实质上大大限缩了“容错机制”对经营者的保护力度，应当祛除；同时，“容错机制”本身是对企业投资决策行为适当与否的判断，具有“试错”属性的“改革创新”项目更是如此，无论是企业纪委还是监事会抑或监事长，作为监督者是否具有这样的判断能力，本身就值得怀疑。从域外的制度经验来看，在决定企业经营者是否应受“商业判断原则”保护时，很少由企业的内部监督机构来进行判断。此时，“容错机制”的制度设计应回归到现代企业制度的语境下进行修正，具体到国有资本运营公司而言，应当是由国有资本运营公司的政府股东来决定是否应当对投资决策失败的经营者予以“容错”；当有关国资流失认定的纠纷已进入司法程序时，则应由法院进行居中裁判。当然，为了保护国资安全，此时应由经营者来承担“容错”的举证责任。

总之，在确定了国企的“容错机制”后，应当对允许容错的事项进行具体分析和判断，除非属于不得“容错”的情形，否则，只要符合“容错”的标准，即造成国资损失的经营者在做出投资决策之时是基于主观善意，并进行了充分的信息收集，依据自己的知识和经验进行了独立决策，且所参与的决策事项与其自身没有利害关系，也未侵害社会公共利益，那么，就应当允许经营者运用“容错机制”进行责任抗辩。

第六章　国有资本运营公司监督机制的完善

我国国企改革的实践表明，“安全”与“效率”是国有资本经营和管理的两个目标，但是在具体的运营过程中，作为国有资产受托人代表的政府往往处于两难选择中：为了维护国有资产的安全，加强对国有资产的监督十分必要；但如果监管过严，又有可能束缚了国资运营，影响了效率。正是由于政府面临国有资产经营中“安全”与“效率”选择上的矛盾，在国有资产管理体制改革进程中，常常出现“一放就乱、一乱就收、一收就死、一死就放”的怪圈，使政府陷入一种两难境地。

这种困局在国有资本运营公司中体现得更为明显。一方面，今后的制度安排应当尽量促使国有资本运营公司进行市场化运作，对于商事性国有资本运营公司尤其如此；但另一方面，国有资本运营公司专事国有资本经营，如果不能对其管理者的经营行为进行有效监督，那么，极易造成“个人利益”对“公共利益”的非法侵蚀。因而，为保护国有资本的安全，防止国有资产流失，在对国有资本运营公司法律制度进行系统构建时，必须体现“授权与监管”相结合的思想。对此，国务院《关于推进国有资本投资、运营公司改革试点的实施意见》进行了原则性规定，一方面强调政府股东对国有资本运营公司董事会的授权，充分发挥董事会的决策作用以及经理层的经营管理作用，增强国有资本运营公司市场化运作的空间；另一方面要求加强监督，力图构建起人大监督、政府监督、出资人监督、纪检监察监督和社会监督五位一体的监督体系。为增强上述监督机制的有效性，切实维护国有资产经营中的安全，今后国有资本运营公司的法律制度构建应进一步细化监督规则，增强其可操作性。

一、国资经营中强化监督机制的缘由

（一）监督与监督权的界定

"监督"一词，《现代汉语词典》定义为"察看并督促"。本义上说，"监督"是要求被监督对象能够正常运行，不偏离正常轨道，并在此基础上对其加以督察。其目的不是妨碍被监督对象的自我正常运行，而是确保被监督对象运行的合法合规。在有关国有资产的法律制度体系中，应当将"监督"与"管理"区分开来。"管理"是一个相对广义的词。在现代汉语中，"管理"含义有三：一是"负责某项工作使其顺利进行"，二是"保管和料理"，三是"照顾并约束（人或动物）"，[①] 其内涵相对比较丰富。比较"管理"和"监督"的含义可以发现："管理"较多地体现出管理者的意思，更为积极主动；而"监督"则更强调在被监督者违背了既定的运行规则时，监督者出面予以干预，相对消极和被动。对于国有资产而言，应避免将"监督"理解为一种主动的"管理"。否则，在实践中很容易造成国资监管机构等主体对国有资本运营公司及其投资企业的过度干预。因此，在新一轮国企改革强调国有资产"授权经营"的理念下，国有资产监管主体应更多是从"监督"的角度，对国有资本运营中的投资、经营、处分等行为进行督察，以便保护国有资产的安全。

基于监督的需要，监督权随之产生。在国有资本运营语境下，监督权是指在市场经济中，基于法律规定，立法者授予国家机构或相关社会主体一定的权力或权利，以实现对被监督者的监督，进而维护国有资产的安全。监督权有广义与狭义之分。广义上的监督权既包括国家监督权（立法监督权、行政监督权、司法监督权）也包括社会相关主体的监督权；而狭义上的监督权

---

① 中国社会科学院语言研究所词典编辑室编：《现代汉语词典》，商务印书馆1986年版，第410页。

仅仅是指政府的行政监督权。在国资领域，行政监督权主要包括：(1) 行政机关通过制定行政法规或部门规章对国有企业、国有资产加以监督；(2) 行政机关对国有企业以及企业国有资产进行执法检查监督；(3) 行政机关对国有资产经营管理者的违法行为实施行政处罚以维护国有资产安全；(4) 其他有关国有资产、国有企业的监督权。

(二) 强化国资监督机制之必要

在我国国企改革中，国资流失问题几乎如影随形。有改革便有流失似乎也成为一条定律。改革开放四十余年以来，“历次国有企业改革都几乎伴随着各种形式的国有资产流失风险，……构建起保障性的经济法律制度，对未来有可能发生的国有资产流失风险进行预防和治理”非常必要。[①] 于是，在此次的新一轮国企改革中，政策制定者在确立将国有资本授权给专业性的运营公司经营的同时，始终将加强“监管”，防止国有资产流失，作为规则设计的重要任务之一。在监管层面，国务院国资委也不断重申，防范国有资产流失是新一轮国企改革面临的重大任务，特别是在做强做大国企的过程中，更要避免国资流失。[②] 可以说，无论是政策制定者还是监管者对国资流失问题都极为关注和审慎。

1. 实践层面：对国资巨额流失的心有余悸

造成政府对“国资流失”极为敏感的主要原因之一，是对上一轮国企改革中“国资流失”的心有余悸。因上一轮国企改革正处于计划经济向市场经济转型的“渐进式”进程中，无论是转变政府职能，还是建立现代企业制度，都尚未完成。相关制度的缺失客观上为寻租创造了巨大空间，也为国企经营者以国有资产为租金，利用职权谋求个人利益提供了可能。国资流失案件频发。在采取内部承包、租赁经营的早期阶段，国资流失主要体现为企业利润分配向承包者、租赁经营者的过度倾斜；实行社会主义市场经济体制改

① 许小年：《“国进民退”背离改革方向》，载《商界（评论）》2009 年第 11 期。

② 李远方：《国企将实行重大决策终身责任追究制》，载《中国商报》2016 年 9 月 9 日。

革后，随着“抓大放小”措施的推进，诸多中小型国有企业被纷纷出售，在产权交易机制不规范，权力缺乏监督和约束的情况下，国资转让成为了权钱交易的免费盛宴，大量国资以极低的价格流向私人；再后来，随着主辅分离改革措施的推行，一些大型企业的辅业又被低估并变相转让，造成国有资产的再次巨额流失。可以说，国资流失问题成为上一轮国企改革中反映最集中、最普遍，也是最激烈的一个问题。[①] 正因如此，当国企改革重新启动时，政策制定者自然时刻担心“国资巨额流失”的现象会再次发生。尤其是，当国有资本运营公司本身担负着巨额国有资本的投资经营任务时，如果没有严格、有效的监督机制，极易诱发不正当的关联交易或其他非公允交易，造成非法的国有资本利益输送。事实上，这种担心并非没有现实例证。据相关报道，中船集团在企业重组改制和资产收购的过程中、中国华电集团公司向民营企业让利的过程中、宝钢集团的部分项目决策中都存在违规行为，导致了国有资产流失或发生重大损失。[②] 这一系列案件不得不引起政府的警觉。

政府对于“国资流失”的担忧，除了因为流失对国资本身造成财产损失外，还因为国资作为全民所有的财产，如大量损失，很可能会给政府行使管理职能带来诸多的负效应。例如，引发政府官员的腐败，危及公众对政府的信任，影响政府的公信力和权威。同时，国资的大量流失还可能引发社会问题，如加大贫富差距、增加社会不公、引发新的社会矛盾，增加社会的不稳定因素，等等。[③]

而我国新一轮国企改革的重要举措便是发展混合所有制。国有资本运营公司在进行市场化投资时，往往会落实混改的政策要求，此时，作为所投资企业的大股东，无论是决定引入民营资本，还是允许所投资企业员工持股，都有可能在混改的交易环节存在暗箱操作、利益输送，最终造成国资流失。

---

① 蔡钱英、王敏：《详解对策：国资流失五大现象》，载《中国企业报》2015年10月13日。

② 陈磊、陈佳韵：《防范国有资产流失亟须法律法规“补位”》，载《法制日报》2016年12月10日。

③ 丁天舒：《我国国有资产流失的经济学分析及治理》，吉林大学2008年博士学位论文，第124－133页。

对此，有学者甚至指出，由于“国有企业的权力太过集中、资金太过密集、资源太过富裕、资产太过庞大，而监督则太过缺位和松懈，以至于企业经营者可以随心所欲地支配国有资产，以权谋私，使国有资产流失到方方面面利益关联者手中。如果不尽快地堵上，将成为国家的灾难”。① 因此要“把防止国有资产流失作为最为重要的常规性工作，纳入各级政府、各级监管机构、企业的日常管理工作之中”。②

2. 理论层面：对“内部人控制”的深度担忧

(1) 委托代理理论下难以避免的代理成本

在现代公司治理中，股东会、董事会和经理的职能、职权和责任是相互分离的，即企业经营管理权被股东会授权给董事会，股东会保留着法律或章程规定的重大事项决策权；与此同时，经营管理权又被董事会授权给公司经理层，这实际就形成了股东会与董事会之间、董事会与经理层之间的双重委托代理关系。不同层次的委托代理关系是不完全信息下的动态博弈。此时，“完美贝叶斯均衡”作为不完全信息背景下动态博弈中的核心概念，为降低委托代理成本提供了理论支撑，即当事人需要对他人的行为进行判断，以完善自己对他人的“判断”，并在此基础上选择自己的行为。③

伴随着公司制企业中所有权和经营权分离的普遍化，在上述的双重委托代理关系中，股东是公司的所有者和委托人，经理是最终的代理人，经理的目标应该是使股东的利益最大化。但是股东和经理人的利益并不完全相同，由于自利动机的存在，经理人同时也在追求自身利益的最大化。此时，代理成本随即产生。美国学者梅尔文·艾森伯格（Melvin Avon Eisenbery）教授在其《公司法的结构》一文中，将公众公司中股东与公司高管的冲突分为三类，即“偷懒问题”、“传统的利益冲突”以及“角色冲突”。他指出，股东

① 谭俊浩：《防止国有资产流失决不仅仅针对国企改革》，载《产权导刊》2015 年第 7 期。

② 谭俊浩：《防止国有资产流失决不仅仅针对国企改革》，载《产权导刊》2015 年第 7 期。

③ 孙玥璠、杨有红：《国有非上市公司外部董事管理机制：创新与完善》，经济科学出版社 2014 年版，第 18－20 页。

和管理层会像许多委托代理关系一样产生利益分歧，为了潜在的利益，代理人可能会消极怠工，或者在适应环境变化（比如新科技的出现）时规避由此需要付出的努力和不便，这就是“偷懒问题”。同时，代理人也会出于对自身利益的考虑，在不公平的自益交易中占有委托人的资产，这便是“传统的利益冲突”问题。此外，高管享有相对自治权和由此产生的自由裁量权，这些权利是事实上的并且是合法的，这就给高管带来了第三个潜在利益冲突，即牺牲股东的财富来维护及巩固其自身地位，这便是“角色冲突”问题。艾森伯格认为，“角色冲突”可以表现在许多方面，例如，高管可以利用职权避免他人的监督、他们会力图扩大公司规模来实现自身权利和薪酬的最大化、他们会使公司经营多样化以减少自身人力资本投资的风险。在现实中，“角色冲突”比“偷懒问题”和“传统的利益冲突”更为严重。①

这种代理成本的出现还与信息不对称密切相关。股东与经理人之间处于信息不对称状态。企业经营过程中的诸多信息都被经理所掌握，而股东若想获得上述相关信息，因为不参与经营，只能付出高昂的成本。这时，代理人为追求自身利益而损害委托人利益的情况便极易出现。

（2）国有企业特有的“内部人控制”现象

经济转轨国家由于受历史、文化、制度、习俗等多方面的因素影响，在套用发达国家已有的公司治理模式构建自己的企业治理体系时，基于转轨过程中的“路径依赖”，难以起到良好的效果，在转型中常常出现“国有企业的经理或者工人在企业公司化的过程中获得相当大一部分控制权的现象”。②这样，经理层事实上不仅控制了公司的经营权，而且还控制了决策权及剩余索取权，形成了“内部人控制”。而“内部人控制”现象之所以会产生，主要是因为国有企业经营管理中委托人的虚位。孟德斯鸠曾言：“每个有权力

① ［美］梅尔文·艾森伯格：《公司法的结构》，王辉敏、历镛译，载吴敬琏主编：《比较》（第14期），中信出版社2004年版。

② 青木昌彦：《对内部人控制的控制：转轨经济中的公司治理结构的若干问题》，载青木昌彦、钱颖一主编：《转轨经济中的公司治理结构：内部人控制和银行的作用》，中国经济出版社1995年版，第17页。

的人都趋于滥用权力，而且还趋于把权力用至极限，这是一条万古不易的经验。"[①] 在国有资本出资人"虚位"的情形下，手握经营管理"大权"的董事、高级管理人员，作为"理性经济人"更易于滥用权力（利），为自己牟利。

目前，"委托代理理论"已成为现代公司治理的逻辑起点。[②] 但对国有企业而言，委托代理理论下国有委托人的虚位问题却成了棘手的难题，给国企治理带来诸多困惑。"根据现代企业理论，一个有效的企业治理结构安排应该使得剩余索取权和剩余控制权相对应，即享有剩余索取权的人应该拥有剩余控制权，拥有剩余控制权的人应该享有剩余索取权。"[③] 在私人企业中，这种运作机制合乎逻辑地运转着，但在国有企业，这种制度安排则显得水土不服。其根源在于，国有资产属于公共产权的范畴，具有不可分性，这一性质导致了国有资产缺乏明确的产权主体，相应的产权权能和利益也无明确的主体来承担和享有，以至于这种财产在某种程度上类似于"无主财产"。所以，从终极意义上讲，国有资产的所有者存在固有"虚位"。这也是国有资产与私有财产的最大差别。私有财产所有者有着具体人格，在经济学上，他们被假设为"经济人"，其一切行为都是为了追求自身利益的最大化，因此，私人投资者对企业享有剩余索取权，企业盈利时，私人投资者能够通过剩余索取权获得收益，而在企业经营亏损时，其也必须承受相关损失。明确的"人格化"使得其权利、义务、责任甚为清晰，剩余权利的主张和剩余风险的承担相匹配。但在国有资产运营中，这种安排却是错位的。国有企业的剩余索取权理论上由公众即全体公民享有；每个公民享有相同份额的剩余索取权；且该剩余索取权不得有偿转让。[④] 可问题是，国有企业的这种剩余索取权所

---

① ［美］E. 博登海默：《法理学：法律哲学与法律方法》，邓正来译，中国政法大学出版社2001年版，第55页。

② 刘正恺、刘秀君、蒋艳玲：《关于国有资产流失问题的思考——基于委托代理关系的角度》，载《未来与发展》2012年第10期。

③ 张维迎：《企业理论与中国企业改革》，北京大学出版社1999年版，第71页。

④ 张维迎、吴有昌、马捷：《公有制经济中的委托人——代理人关系：理论分析和政策含义》，载《经济研究》1995年第4期。

给予的“全民”，是一个法律上的或政治上的术语。虽然“全民”中的个体都是“经济人”，都可以表现出“经济人”理性，可一旦这些“个体”进入“全民”这个范畴，基于国有产权固有的均质性、群体性以及不可转让性等特征①，其原来所具有的“经济人”理性便随之消失，不能被人格化。这也就造成国有企业中的委托代理关系变得非常复杂。

因为资产国有，所有权“虚位”造成资产的占用和经营必须交由社会上的其他主体完成，也就是说，国有资产在经营中的所有权与经营权必定是分离的。而这正是强调国有资产监管的深层根源。一方面，国有企业中的委托代理链条长，从真正的所有者（全民），到最后的职业经理人，中间的代理链条既有公法性的委托代理关系，也有私法性的委托代理关系，处于中间环节的许多主体既是委托人又是代理人，难以真正以初始委托人（全民）的利益最大化为自己的行为目标；另一方面，由于委托代理链条长，而委托人又固有虚位，所以，代理人的机会主义与逆向选择更为明显。多层委托代理关系的存在使得对最终的职业经理人的监督随着委托代理链条的不断增长而趋于减弱。加之，作为最终所有者的公众缺乏对企业经营信息的充分了解和掌握，作为代理人的企业经营者可以以各种方式规避或违反与委托人之间的委托代理协议，使协议本身所应该具有的约束性、严肃性受到极大挑战，致使协议关系徒具其表，沦落为一纸虚拟的“代理约束”。如此一来，国企代理成本居高不下，国有资产流失成为普遍现象。正如我国有学者所指出的，“当我们讨论国有企业资产流失的问题时，发现我国目前国有资产严重流失的现象不仅完全可以分门别类地归咎于‘偷懒问题’、‘传统的利益冲突’以及‘角色冲突’，而且一个新的发展趋势是：在传统的‘偷懒问题’尚未解决的情况下……‘利益冲突’和‘角色冲突’问题日益尖锐”。② 而高管为了实现自己的角色利益，往往会置法律于不顾。学者的这一担心在实践中得到了印证。在国有资产的实际运作中，大型国企的经营者特别是董事长、总

① 徐晓松等：《国有企业治理法律问题研究》，中国政法大学出版社2006年版，第11－12页。

② 徐晓松等：《国有企业治理法律问题研究》，中国政法大学出版社2006年版，第39－41页。

经理和党委书记基本上都是由行政任命，且企业决策权过度集中，导致企业内部机构虚设化以及企业决策程序形式化，难以对企业的主要经营者形成制衡力量。正如时任国资委主任的李荣融在总结中国石油化工集团公司原总经理、中国石油化工股份有限公司原董事长陈同海案的教训时指出的，腐败案的重要原因在于公司治理机制不健全导致的权力滥用，尤其像石油企业这样的国有独资公司，缺乏董事会的制约，潜藏着巨大的风险。[①] 中国石油化工集团有限公司腐败案的背后，暴露的其实是制度与体制的问题。[②]

在此种情况下，为防止过度的“内部人控制”，我国设立了国企的外部董事制度、外派内设监事会制度，以监督企业内部的经理层，但是，随着巡视组的深入检查后发现，这些制度仍不足以实现国有资产的安全经营。为进一步防止“内部人控制”，新一轮国企改革对国有企业经营管理中“国有资产流失”的认定更加谨慎，甚至希望通过党委、纪委介入企业治理，来防止国资流失，保护国资安全。

3. 制度层面：对社会主义公有制的特殊保护

国有资产是我国国有经济的主体构成。基于国有经济在我国的特殊作用，《宪法》以多个条文对国有经济、国有资产进行了特殊规定。[③] 其中第 7 条规定，作为国民经济的主导力量，国家保障国有经济的发展；第 12 条强调国家保护国有财产，禁止任何人侵占和破坏。可见，保护国有资产的安全是《宪法》的基本要求，对国有资产的保护已上升为对我国基本经济制度的保护。而在各类国有资产中，经营性国有资产是最重要也是最活跃的，国有资产增量的不断扩大是以经营性国有资产为基础，所以国有资产的监督管理也要以之为重点对象。《宪法》之所以对国有经济、国有资产如此重视，是因为在我国，国有资产是国家发挥政治职能的重要物质基础。政治职能的发挥离不

---

① 阮加文：《谁来监督国企一把手》，载《法人》2013 年第 11 期。

② 罗新宇主编：《国有企业分类与分类监管》，上海交通大学出版社 2014 年版，第 168 页。

③ 《宪法》第 7 条：国有经济，即社会主义全民所有制经济，是国民经济中的主导力量。国家保障国有经济的巩固和发展；第 12 条：社会主义的公共财产神圣不可侵犯。国家保护社会主义的公共财产。禁止任何组织或者个人用任何手段侵占或者破坏国家的和集体的财产。

开国有资产的物质支持。与此同时，国有资产也是国家发挥经济职能的重要载体。国有资产在我国社会经济领域的存在广泛，在多方面支持着国家经济职能的发挥，尤其是支持国家对国民经济实行宏观调控；发展能源、交通运输和邮政电信等基础经济部门；优化产业结构；等等。[①] 因此，国有经济在我国社会主义市场经济体制下拥有极为重要的作用，它是确保国家经济职能实现的关键。

总之，在国有资本授权经营体制下，政府作为授权方的代表，不能因为授权而忽略了对国有资本运营安全的监督。简言之，对政府而言，“授权不是一放了之，要权责对等、放管结合”。[②]

（三）监督的体系框架

根据博弈理论，当博弈对象较少时，“串谋”很容易发生。增加博弈对象的数量可以降低串谋出现的概率，因此，提升当前国有资本运营中监督机制有效性的方法之一就是尽量增加监督主体的数量，构建一套完善的多维监督机制，来应对国有资产出资人“虚位”的固有“缺陷”，使得国企管理者能够尽职经营国有资产，实现出资人利益。对于专事国有资本运营的公司而言，构建多维化的监督机制更为必要。这种多维化的监督机制应当是一种内外并济的多层次监督体系，业务监督与财务监督、内部监督与外部监督、公权监督与私权监督都应包含在内。

目前，能够为国有资本运营公司监督机制提供制度支撑的主要有《关于深化国有企业改革的指导意见》（以下简称《指导意见》）、《关于加强和改进企业国有资产监督防止国有资产流失的意见》（以下简称《加强国资监管意见》）以及《关于推进国有资本投资、运营公司改革试点的实施意见》（以下简称《实施意见》）。《指导意见》提出了为防止国有资产流失，应强化监

---

① 杨子良：《国有资产刑法保护研究——一个整体刑法学的视角》，中国人民公安大学出版社2009年版，第16页。

② 李南山：《国资授权经营体制改革：理论、实践与路径变革》，载《上海市经济管理干部学院学报》2018年第3期。

督；《加强国资监管意见》强调了国有资产监督体系应全面覆盖、分工明确、协同配合、制约有力，国有企业内部监督、出资人监督、巡视监督、审计和纪检监察监督以及社会监督都应得到切实强化；《实施意见》则专门针对国有资本投资、运营公司组建后，国有资产监管机构或政府的监督方式作了明确规定，要求搭建并完善出资人监督、政府监督、纪检监察监督和社会监督的全方位监督体系，明确监管职责，防止国有资产流失。从总体上来看，上述监督主要包括了：

1. 业务监督和财务监督

业务监督要求对国有资本运营公司的经营状况、高管人员的尽职状况、各种交易活动尤其是国有资本投资行为进行实时监督；而财务监督重在考核国有资本运营公司的资产状况和财务指标，例如，资本额、利润和经营活动的现金流量、投资总额、权益/资产比率、股东权益回报率等，防止国有资产流失。

2. 内部监督和外部监督

由于国有资产终极所有者的“虚位”，在虚拟化的委托代理关系中，因契约不完备、信息不对称、自利动机造成的代理成本必然较高。为防止代理人滥用代理权，促使国有资产保值增值，建立内外兼备的监督机制极为必要。就内部而言，可以通过设立有效的内部审计委员会制度进行监督，外部则可以加强人大监督、专门的国资监管机构的行政监督、审计监督、社会公众监督以及党组织特有的纪检和巡视监督等，防止内部人的非法行为，保护国资安全。

3. 私权监督和公权监督

为了提高国有资本运营效率，需要构建起专业化、市场化的国有资本运营公司，确立起一个相互配合又相互制约的国有资本运营公司治理机制非常重要。通过建立内部审计委员会，可以从私权角度确保该类公司正常运营；同时，由于国有资产毕竟不同于私人资产，它是保证国家和社会稳定发展的必要物质基础，鉴于终极所有者的“虚位”，人们对于国有资产的关注度远远不如对自己私有物的关注度高，因此，通过公权力监督经营性国有资产的安全理所应当。这种公权力的监督应当为全国人大、政府国资监管机构、审计部门的专有职权。

二、国有资本运营公司内部监督机制的优化

（一）国企监事会制度的确立与演进

1. 国企外派监事会的制度确立

一直以来，国企监事会制度是国有资本出资人对国有资本运行监督的主要形式。1993 年制定的《公司法》对有限责任公司、股份有限公司的监事会组成、职权等分别作了明确规定，但是未对国有独资公司的监事会作出规定，只是在第 67 条中对国有独资公司的国有资产实施监督管理作了原则性要求。在国有企业的改革和发展过程中，国有独资公司在经营、财务等方面出现了诸多问题。1998 年 7 月，国务院发布了《国务院稽查特派员条例》（已失效），明确国务院稽查特派员的职责为监督国有大企业的资产运行情况。通过稽查，特派员发现了一些国有企业违法违纪案件，产生了一定的监督效果，但是该制度下稽查特派员对企业经营者的监督具有明显的行政职责，与国有企业公司化改造的现代企业制度之间存在着冲突。因此，该制度开始逐步发生变化，并最终过渡到了外派监事会制度。2000 年 3 月，国务院正式出台《国有企业监事会暂行条例》，明确规定："监事会与企业是监督与被监督的关系"；"国有重点大型企业监事会由国务院派出，对国务院负责，代表国家对国有重点大型企业的国有资产保值增值状况实施监督。"2003 年，国务院国资委成立，同年通过的《企业国有资产监督管理暂行条例》为保障国有资产保值增值，对监事会的派出和监督权的行使进一步作出了规定。2004 年，28 个省区市国资委就单独设立了监事会工作处，并开始向所监管企业派出监事。[①] 2006 年，国资委出台《关于加强和改进国有企业监事会工作的若干意见》（已失效），与《国有企业监事会暂行条例》（已失效）共同规定了我国国有

① 郭媛媛：《公开与透明：国有大企业信息披露制度研究》，经济管理出版社 2012 年版，第 53－54 页。

企业监事会的监督机制，成为该领域的重要文件。其最大的制度特点就在于外派机制。2015年，中共中央、国务院发布了新一轮国企改革的顶层设计文件《关于深化国有企业改革的指导意见》，指出要对外派监事会制度予以改进，加强内外监督的协作。随后出台的《关于加强和改进企业国有资产监督防止国有资产流失的意见》再次对外派监事会制度加以强调，并对该制度的强化和完善作了进一步的详细规定，即“外派监事会由政府派出，作为出资人监督的专门力量，围绕企业财务、重大决策、运营过程中涉及国有资产流失的事项和关键环节、董事会和经理层依法依规履职情况等重点，着力强化对企业的当期和事中监督。进一步完善履职报告制度，外派监事会要逐户向政府报告年度监督检查情况，对重大事项、重要情况、重大风险和违法违纪违规行为‘一事一报告’。按照规定的程序和内容，对监事会监督检查情况实行‘一企一公开’，也可以按照类别和事项公开。切实保障监事会主席依法行权履职，落实外派监事会的纠正建议权、罢免或者调整建议权，监事会主席根据授权督促企业整改落实有关问题或者约谈企业领导人员。建立外派监事会可追溯、可量化、可考核、可问责的履职记录制度，切实强化责任意识，健全责任倒查机制”。

实践中，外派监事会在国有大型企业的出资人代表、董事会和经营管理层的权力制衡机制中发挥了重要作用，主要体现在：执行出资者意志、维护出资者权益、防止董事会及经营管理者实施违反出资者利益的行为。在具体职责上，外派监事会主要承担了如下功能：（1）在财务监督的核心作用上，对企业经营业绩的真实性进行检查；（2）对企业的重大决策事项和经营行为的合规合法性进行检查；（3）对企业经营的重大风险予以监督；（4）对企业核心竞争力进行评价；（5）对企业领导班子做出任免奖惩建议（包括对企业领导班子整体做出评价，对企业主要负责人和财务负责人分别评价）；（6）弥补企业公司治理结构不健全，帮助企业找出问题。[①] 上述作用的发挥，主要源于

① 郑海航、戚聿东、吴冬梅：《对完善国有独资公司董事会监事会及关系探讨》，载《经济与管理研究》2008年第1期。

外派监事会"高派、外派"的制度特点。监事会主席多是从政府部门中担当一定行政级别的官员中选拔。实行监事外派制度的目的就在于切断监事会和企业经营者在经济利益和人事管理方面的联系，力图解决内设监事会难以发挥监督作用的问题。①

2. 国企外派监事会运行机制面临的挑战

通过考察外派监事会的体制和机制，以及国有企业法人治理结构，可以发现，外派监事会制度存在着影响其监督效能发挥的"不适应"现象。这些现象亟待解决：

（1）团队工作模式对监督的时效性难以适应

2006年国务院国资委订立的《关于加强和改进国有企业监事会工作的若干意见》（已失效），显示出为加强监督的有效性，外派监事会的工作方式开始向当期监督转变。但是，外派监事会基本都是团队工作，例如，作为监事会作业单元的一个办事处通常有3名至7名工作人员，他们需要监督3家至5家大型国有企业；每一位监事会主席可能要担任3家至4家监事会的领导，配置给监事会主席的各位专职监事也需要每人应对多家监督单位。在"一对多"的团队工作模式下，各位监事所能够投入的时间与精力明显不足。由于所监督企业的资产总量和经营规模往往较大，在监事会日常监督时间和精力严重不足的情况下，不可避免地导致监督工作质量下降，当期监督的效果难以得到保证；此外，监事会仍处于弱势地位，其获取信息和分析问题的能力不够完善，对现代信息技术应用不充分，导致其难以构建起服务于检查监督业务的科学有效的企业数据监控和预警系统，以财务检查为主要内容的事后监督依旧是其主要监督模式。

（2）外派监事能力不足导致监督虚化

监督能力是监事会发挥效用的关键因素之一。通常情况下，财务及法律等方面的专业知识和工作经验对监事来说十分必要。但是结合国有企业的实

---

① 张裕国：《对发挥国有企业监事会作用的法律思考》，载《国有资产管理》2009年第9期。

际运行可以看出，监事会监督职能的发挥受到了很大的限制，即使采取外派监事的模式，该问题也并未得到根本解决。而造成监事职能难以发挥的因素之一，便是监事能力的不足。

长期以来，无论是《公司法》，还是国资监管规定，均未对国企监事会构建出合理的任免机制，进而难以保证有专业能力的人员进入监事会，发挥监督功能。现行《公司法》对监事会成员的任职资格的规定多是消极性条件要求，只要不属于法律禁止的情形，自然人均可成为监事会成员。从目前国资委任命的监事来看，相当一部分监事不具有从事国企运营和财务监督方面的专业技能。很多监事因长期从事行政管理工作，身份又是公务员、工会主席等，缺乏法律、财务、行业等方面的专业知识，同时也缺乏丰富的商业实战经验，且基于思维惯性往往是以政治原则为行为导向准则，因而影响了身为监事应当具有的发现和判断企业以及企业管理者经营风险或违规经营的能力。尤其是许多大型国企的监事会主席，虽然具有较高的行政级别，但缺乏在企业的实际工作经验，难以引领监事会起到真正监督的作用。

(3) 缺乏对监事有效的激励约束机制

对监事的激励约束机制决定了监事会的履职效果。很难想象一个缺乏激励和约束机制的监事会成员会尽心尽力地履行职责。监事会成员的激励约束问题成为制约国企监事会制度有效发挥作用的关键因素之一。长期以来，《公司法》在监事会成员疏于本职工作、甚至渎职时，应该追究何种责任，给予何种处罚，没有给予明确的规定。这种无法可依的情况必然会导致公司在具体操作中无章可循，不利于驱动监事会成员更好地履职，影响了监督作用的发挥。[①] 事实证明，在熟人社会中，如果没有合理的约束机制，监事常常喜欢做“老好人”。

在外派监事会中，这一问题显得更为复杂。除上述的制度缺失外，国资监管机构对外派监事会的考核模式是，在年终时依据其与外派监事会签订的

① 郭媛媛：《公开与透明：国有大企业信息披露制度研究》，经济管理出版社2012年版，第58页。

目标管理责任书中的目标完成情况进行考核。这是一种典型的行政化的责任管理体系，会产生一系列问题。例如，被监督企业之间存在较大差异，监督工作的目标多种多样，在设定目标的过程中可能会伴随着随意性；同时，业绩评价标准的不明确可能会对监事履行职责的积极性产生影响；此外，因为欠缺激励约束机制，加上信息对称性弱、没有完善的监督责任等，监事会履职能力和动力明显不足，外派监事会的功能发挥非常有限。国企经营中，频繁出现的大型中央企业高管落马以及重大资产损失事件也在一定程度上反映出了监事会的作用虚化。可以说，激励约束机制缺失是其中最主要的制度原因之一。①

（4）无法直接介入国有资本运营公司所投资子公司

外派监事会具有政府主导型监督制度的典型特征。从该制度的起源来看，它是由国务院稽查特派员制度逐步过渡而来，其创建目的是“健全国企监督机制，加强对国企的监督”。这种外派监事会制度由代表国家行政权力的国务院委派产生，是一种外源性的监督机构，因此，在国有企业的公司制改造和现代企业制度的逐步完善过程中，这种充满行政化色彩的外源监督与受分权制衡原则影响的公司内部治理机制之间，会产生诸多矛盾。一旦国有资本运营公司进行市场投资，资产投入子公司后，母子公司结构便已形成。在多元化股权结构下，公司内部性的决策、执行和监督制衡机制需要建立，此时，若将外派监事会的监督职能不断延伸，直至国有资本运营公司所投资的公司内部，那么其合法性就会遭受质疑；而且国有控股公司拥有更多元的股权结构，向国有控股公司派出监事会的法律依据会发生转变，由“派会”变为“提名股东代表经法定程序进入监事会”，此时，外派监事会的原有工作方法和管理模式将与国有资本运营公司投资的子公司所依据的《公司法》产生明显的不相适应。

3. “外派内联”监事会制度的确立

针对外派监事会存在的上述问题，“外派内联”的监事会模式开始探索

① 罗新宇主编：《国有企业分类与分类监管》，上海交通大学出版社2014年版，第190页。

和试行。所谓“外派内联”是指监事会成员中的主席、专职监事仍由出资人委派，但是监事会的机构设在公司内，监事会主席、专职监事与企业内部的监事，包括职工监事共同组建监事会。“外派内联”的设立方式，既不同于一般公司全部由内部人员构成内设型监事会，也有别于纯粹的外派型监事会；既在一定程度上解决了国企监督中所遇到的“内部人控制”问题，又更符合现行《公司法》和《企业国有资产法》的相关规定。

《国有企业监事会暂行条例》的规定将监事会与国有企业对立起来，并将国有企业作为监督检查的对象，这显然不妥。① 由于外派监事由各级政府直接选派，代表政府，对政府负责，因而这种监督关系的认定体现的仍然是一种行政管理的思维。而事实上，《公司法》的制度逻辑是，政府是出资人代表，其基于出资人权利有权选择国有公司的监事，同时，应由职工大会选出职工监事，二者共同构成国有公司自己的监事会，监事会是公司自身的内在机关之一，其主要职责是在公司内部实现决策权、执行权、监督权之间的权力衡平与制约。在这一理念下，监事会监督的对象并非国有企业，而是国有企业中的董事、高管等人员及其经营管理公司的行为。此外，还需要说明的是，这种监事会并非“外派监事会”，它仍然是内置于公司的，属于公司治理机构的组成部分，只是在人员组成上，采取了“外派为主、内外结合”的模式，这对于解决外派监事会信息获取能力不足，进而影响监督效果的问题起到了较好的弥补作用，使监事能够深入每个企业内部，进一步了解企业的经营管理信息，根据每个企业的经营实际情况进行针对性的监督。以上海为例，上海在积极推进市管国有企业治理机制建设的同时，也是按照“外派为主、内外结合，资源统筹、专业互补”的原则，推行了“外派内联”的监督模式。在该类监事会中，成员以外派监事为主，内外结合，既有外派监事，又有内部监事；既有委派任命的，又有选举产生的，其中外派监事主要包括监事会主席和专职监事；在选配监事会成员过程中，充分考虑了监事的知识

---

① 《国有企业监事会暂行条例》第3条：监事会与企业是监督与被监督的关系，监事会不参与、不干预企业的经营决策和经营管理活动。

结构，同时兼顾监事会成员的经济管理、企业管理、财务会计、审计、法律等各方面的专业背景。① 这一实践探索显然具有积极意义。

（二）国企监督机制的发展：审计委员会与监事会的模式选择

1. 双层委员会治理结构中监督制度的效果质疑

长期以来我国采取的是大陆法系公司法的治理机制，即双层委员会制，公司既有董事会亦有监事会，且我国采取的是平行结构，即董事会与监事会处于同一法律地位，二者除了席位较少的职工董事和职工监事外，其成员均由股东会选举产生，董事会、监事会亦是各自向股东会报告工作，由股东会对其履职情况进行评价。就国企而言，尽管从外派监事会发展到外派内联监事会已经是进步，但《公司法》下监事会固有的一些影响监督机制发挥的问题，并未根本上得以解决，这就造成了国企监事会制度的运行仍然令人不尽满意。尤其是监事的监督信息获取弱势、监督能力欠缺、监督动力（激励与约束）不足、监督方式不理想，造成了监督效果总体上的差强人意。

具体分析如下：（1）在信息获取方面，监事会由于外在于公司经营决策和执行机制，其虽然有权列席董事会，但很多经营决策的信息沟通、交流都是在决策之前进行，相关决策在董事会上的表决往往是遵循一个公司法规定的流程，仅列席董事会对于信息的获取可能是不够的。而公司治理机制监督作用的发挥，必须依赖于充分及时的信息，否则难以实质上对董事、高管的行为进行监督。（2）在监督能力方面，正如前文所说，我国《公司法》的制定及历次修订，对于监事的选任均无特别的资质条件要求，仅仅是不得存在法律规定的消极条件，例如《公司法》178 条规定，不得为无民事行为能力或者限制民事行为能力人；不得因贪污、贿赂、侵占财产、挪用财产或者破坏社会主义市场经济秩序，被判处刑罚，或者因犯罪被剥夺政治权利；不得

---

① 罗新宇主编：《国有企业分类与分类监管》，上海交通大学出版社 2014 年版，第 195－196 页。

是担任破产清算的公司、企业的董事或者厂长、经理，且对该公司、企业的破产负有个人责任；不得是担任因违法被吊销营业执照、责令关闭的公司、企业的法定代表人，并负有个人责任；不得因个人所负数额较大债务到期未清偿被人民法院列为失信被执行人。这些最基本的人品素质、诚信品格的要求对于监事履职并无实质性的积极帮助，自然影响监督效果的发挥。(3) 在监督动力方面，无论是激励机制和约束机制，在监事身上无法得到良好的功能发挥。就激励机制而言，公司的薪酬体系设计关注更多的是执行董事、高管的薪酬，而监事的薪酬相较而言往往较低，同时，在责任追究上，从司法实践来看，董事、高管因违法违规经营进而被判决承担不利法律后果的案件比比皆是，但是真正追究监事的案件却较为少见，因此，《公司法》虽然规定了诸多针对董事、监事、高管的义务和责任，但重点实则都是在董事、高管，对于监事未勤勉尽责时的惩罚机制尚未充分发挥作用。监事在激励机制和约束机制都不足的情况下，监督动力自然缺乏。(4) 监督方式不理想。监事会对董事、高管的监督往往是事后监督，常常是董事、高管侵害公司利益的行为已经发生，已然给公司造成了损失，监事才发现，并要求董事、高管予以纠正，或者严重时监事代表公司起诉董事、高管，要求后者赔偿。但无论是要求纠正还是提起诉讼，都是一种事后的救济手段，而不能起到事先的风险防范作用；同时，监事会的监督往往是对公司董事、高管决策行为、执行行为的合法合规性监督，但缺乏商业合理性监督，因而在监督效果上自然也打了折扣。

2. 单层委员会监督模式的借鉴及在我国的并存

相较而言，在域外存在的单层制的公司治理模式值得思考和借鉴，即公司不设监事会，而仅设董事会，同时在董事会中设立由独立董事构成的审计委员会，由审计委员会发挥对执行董事、高管的监督作用。

在单层委员会模式中，董事会专门委员会是董事会设立的由公司董事组成的行使董事会部分权力或者帮助董事会行使权力的董事会内部常设机构。董事会专门委员会的设立对于克服董事会的缺陷、发挥独立董事的作用，确保董事会功能的发挥有重要意义。[①] 在实践中，以美国为例，“董事会委员会承担着越来越重要的角色，尤其是在公开公司”。[②] 而最近的公司立法、证券交易所规则和公司治理准则中也都纷纷将其作为重要制度予以确立。[③] 在董事会的各个委员会中，审计委员会是域外现代企业普遍建立的一种内部控制与监督机制，主要负责与公司外部审计师事务所一同检查公司的财务情况。例如，美国证券交易委员会要求公众公司必须设立审计委员会，并执行下列职能：向公司推荐会计师事务所作为独立审计师；就有关审计计划向所聘用的独立审计师进行咨询；经咨询独立审计师后，审查审计报告及相关财务报告；咨询独立审计师有关内部会计控制的适当性及相关问题；向董事会就审计结果进行汇报并就改进控制程度的适当性提出建议。[④] 通常审计委员会应当由独立董事构成，且委员会主任应当由具有财会经验的专业人士担任。这对于公司信息的真实性能够起到一定的保障作用。有研究就表明，会计背景独立董事的占比与会计信息的真实性、透明性、可靠性呈正相关关系。[⑤]

在我国，上市公司是较早实施独立董事制度的企业类型，并且根据我国上市公司治理准则的要求，上市公司除了要设立不低于公司董事会席位 1/3 的独立董事外，还需要在董事会中设立以独立董事为主的审计委员会，且必

---

① Lewis D. Solomon, Donald E. Schwartz, Jeffrey D. Bauman, Elliott J. Weiss, *Corporations Law and Policy: Materials and Problems* (Third Ed.), West Publishing Co., 1994, p. 652.

② Lewis D. Solomon, *Corporations: Examples and Explanations* (2nd Ed.), Little, Brown and Company, 1994, p. 188.

③ 2002 年，美国在公司财务丑闻不断发生的背景下，及时出台了 Sarbanes – Oxley Act，该法案的重要内容之一就是授权美国证券交易委员会（SEC）发布规则要求上市公司建立符合该法要求的审计委员会，并规定了具体的制度。随后，美国纽约证券交易所（NYSE）在 2003 年 11 月经 SEC 批准的上市规则中，也要求公司必须设立提名/公司治理委员会、薪酬委员会以及审计委员会，并且对这些委员会的组成、目的和权力做出严格规定。2004 年 OECD 修订公司治理准则（OECD Principles of Corporate Governance）时，也首次将董事会委员会的内容纳入该文件中。转引自谢增毅：《董事会委员会与公司治理》，载《法学研究》2005 年第 5 期。

④ 施天涛：《公司法论》，法律出版社 2006 年版，第 368 页。

⑤ 李明娟、孙琦：《会计背景独立董事监督效果的实证研究——基于会计信息质量的视角》，载《会计之友》2017 年第 3 期。

须由会计专业的独立董事担任审计委员会的主任委员。根据我国《公司法》第 137 条的要求，上市公司审计委员会应当对公司聘用或解聘承办公司审计业务的会计师事务所、聘任或解聘财务负责人、披露财务会计报告以及国务院证券监督管理机构规定的其他事项在董事会表决之前，先行进行表决并需过半数通过。实践中，上市公司审计委员会除了上述事项外，对于公司的关联交易、内部控制制度等事项，也需由审计委员会先行讨论通过后，方可上董事会决定。

我国除了上市公司之外，在国企改革实践中，也出现了与独立董事相近似的制度即外部董事。从《关于国有独资公司董事会建设的指导意见（试行)》、《国有独资公司董事会试点企业外部董事管理办法（试行)》等国资委颁布的文件来看，外部董事的核心作用即在于监督国企执行董事、高管的行为，防止内部人控制，进而维护国资安全。在此基础上，相关改革文件也开始逐渐要求国企董事会中要构建以审计委员会为代表的专门委员会。例如，2005 年国务院国资委发布的《关于加强中央企业内部审计工作的通知》中就要求，中央企业要按照现代企业制度建立完善的内部审计机构及监督体系，设立董事会的企业，董事会应下设审计委员会，以加强对内部审计工作的指导和监督；2017 年国务院办公厅发布的《关于进一步完善国有企业法人治理结构的指导意见》也明确要求，董事会应当设立提名委员会、薪酬与考核委员会、审计委员会等专门委员会，为董事会决策提供咨询，其中薪酬与考核委员会、审计委员会应由外部董事组成。就功能而言，国企审计委员会的任务也是对企业的财务和运营进行监督。

由上述分析可见，在我国企业治理实践中，尤其是在上市公司和国有企业的治理中，已经形成了独立董事及其所构成的审计委员会和监事会的双重监督机制。对于这种双重监督机制，理论界形成了“兼容说”和“排斥说”这两种完全相反的观点。

“兼容说”认为，监事会与独立董事有着相同的职能定位，即监督，但二者也具有显著区别：独立董事具有表决权，有时候还享有一些法定的特别职权，例如重大关联交易的认可权、公司重大事项发表独立意见权，等等，有助于实现公司决策的科学化。可以说，独立董事的监督是一种事前和事中的监督，其监督主要是在董事会的决策过程中起作用，而对监事会成员来说，虽然其也列席董事会会议，但无表决权，只能起到被动的事后监督作用，因此监督权的实现会大打折扣。当然，公司法赋予监事会的职权中有些也是独立董事不具备的，例如对董事、经理行为的监督，当董事、经理做出有损公司利益的行为时，监事会可以要求董事和经理进行纠正，此外，还可为了公司利益，代表公司进行诉讼。[①] 基于以上认识，独立董事制度与监事会制度可以实现制度互补，应当协调好二者之间关系。从现行商事实践来看，有观点认为，公众公司及其他根据要求必须设定独立董事职位的公司均已普遍实行监事会与审计委员会共同运作的模式，亦取得不错的实践效果。[②] 总体而言，监事会的监督职能主要体现在对公司财务、董事及经理业务行为的合法性等方面的监督；而独立董事更多是在公司战略决策、长远发展等方面发挥特长，对董事和经理的业务行为进行合理性、适当性监督。

"排斥说"则认为，独立董事制度与监事会制度都是公司监督机制，二者在功能上是重叠的，在制度上也是不兼容的。美国最早规定了独立董事制度。美国与英国均通过公司法对没有监事会的单层制公司治理结构予以了确立，独立董事实际上行使了双层制[③]中监事会的职能。我国公司法借鉴了大陆法系国家的规定，采取了"三角制"组织结构体系。监事会是一个专门常设机关，其主要职能为维护股东利益、监督董事和经理、监督董事会对股东

---

① 代表性的观点有：施天涛：《公司治理中的宪制主义》，载《中国法律评论》2018 年第 4 期；李建伟：《论我国上市公司监事会制度的完善——兼及独立董事与监事会的关系》，载《法学》2004 年第 2 期；朱慈蕴、金明义：《评我国独立董事之引进》，载《浙江社会科学》2002 年第 4 期；李开甫：《简论我国公司监事会制度的不足与完善》，载《法学评论》2005 年第 2 期；李明辉：《论上市公司独立监事制度》，载《河北法学》2005 年第 10 期；吴小评：《论独立董事制度系统功能的定位——从中日比较的视角》，载《学术交流》2008 年第 10 期。

② 刘俊海：《论基于理性自治的公司监督模式创新——兼评〈公司法（修订草案）〉中监事会与董事会审计委员会"二选一"模式》，载《中国社会科学院大学学报》2023 年第 4 期。

③ 在德国、荷兰等国公司法确定的双层制下，公司由董事会负责经营管理，但要接受监事会的监督，董事也由监事会任命。

大会决议的履行。在此基础上，在我国再行规定独立董事制度，则可能与监事会产生职能冲突，影响监督效能的发挥。因为多头监督可能会带来更高的制度摩擦和制度协调成本，有可能导致监督效能低下。有学者以上市公司为例，认为我国上市公司监事会和独立董事因并存导致了诸多冲突，例如监事会的监督范围全部涵盖了独立董事的监督范围。[①] 这种冲突，是一种制度内耗，导致上市公司的监事会无动力作为和有理由不作为现象的加剧，上市公司治理机制的完善面临更大阻碍。[②] 对于这种“排斥性”，有学者指出，在一国的公司治理结构中，完全没有必要将这两种制度同时引进。[③] 基于此，有学者认为，独立董事制度不一定适合中国的国情，应当强化监事会作用，将监事会作为必设机构长期保留，并呼吁立法持续强化监事会的职权[④]，在修订公司法时应考虑监事会结构的改善、监事权力的强化，使董事及经理的行为能够真正被监事会所监督。[⑤] 但也有学者提出，对于这两种相互排斥的制度，应当取消监事会，监事会制度的失效源于制度本身的缺陷，即便进行改良式的改革，也难以契合我国当前公司治理的大环境。[⑥] 将独立董事从董事会中分离出来，实现以监督为主的功能并负责审计委员会的工作，审计委员会与董事会平行，使独立董事能够真正独立于公司“内部人”，直接对股东大会负责。[⑦]

3. 双层委员会与单层委员会的治理模式选择

客观来看，独立董事行使监督权，相较于监事会，确有优势，尤其是拥有表决权，特别是某些重大事项、关联交易的独立表决权，有利于实现过程

---

① 罗礼平：《监事会与独立董事：并存还是合一？——中国上市公司内部监督机制的冲突与完善研究》，载《比较法研究》2009 年第 3 期。

② 王彦明、赵大伟：《论中国上市公司监事会制度的改革》，载《社会科学研究》2016 年第 1 期。

③ 朱瑞芳：《我国上市公司内部监督机制模式的再思考》，载《河北法学》2008 年第 6 期。

④ 杨大可：《中国监事会真的可有可无吗？——以德国克服监事会履职障碍的制度经验为镜鉴》，载《财经法学》2022 年第 2 期。

⑤ 刘东涛、崔玉明：《论公司法人治理结构》，载《学术交流》2010 年第 8 期。

⑥ 蔡伟：《公司内部监督责任体系的困境基于对监事的再考察》，载《中外法学》2018 年第 6 期。

⑦ 吴可夫：《我国上市公司内部监督体系亟需重构》，载《求索》2010 年第 2 期。

监督，将监督与公司的经营决策行为密切地结合在一起，更容易发现问题，并防范风险发生；同时，独立董事比目前国企主要由行政官员或一般工作人员担任的监事更为专业，大多是会计、法律领域的专家，有利于提高决策的科学性，进而更好地监督公司经营决策的妥当性。此外，独立董事作为董事，必须对其表决事项承担法律责任，这也使得独立董事有积极性去充分了解公司的经营管理情况，对于公司经营决策事项的信息了解和把握相较于监事来说更为及时和全面，有利于监督效果的发挥。

当然，独立董事制度也并非完美无缺。由于独立董事主要是兼职人员担任，其相较于公司内部的监事会成员而言，缺少参与公司管理所必须的时间、精力，对于了解公司运营情况的深度也可能受限，且独立董事不得从公司取得高额薪酬，往往只能获取一定的任职津贴，在激励机制上存在一定欠缺，因而，其监督机制的发挥也可能存在不足。此外，由于独立董事以及由独立董事构成的审计委员会在法律地位上属于董事会下设的专门委员会，相较于监事会而言，其独立性较弱，因为监事会是与董事会平行的、外在于董事会的独立机构，因而，作为董事会下设机构的审计委员会在监督效果上难免受到掣肘。

可见，两种监督机制并无绝对的好坏，而是各有优劣。对此，我国 2023 年修订的《公司法》也作出了相应的制度改革，除上市公司保留了审计委员会与监事会的并存模式外，允许公司根据自身情况自主选择是采取单层制的审计委员会还是双层制的监事会。这种选择模式在域外也有着制度经验借鉴。以同为大陆法系的韩国与日本为例。根据《韩国公司法》第 393 条、第 415 条、第 512 条，韩国采用传统监事会模式与审计委员会模式二选一的监督体系，股份公司可以根据章程规定，自行选择是否以监察委员会代替监事会。但基于资产规模的考量，上市公司必须采取单层制，设立审计委员会。《日本公司法》则赋予了公司较为丰富的选择权。日本公司可凭借自身需求对三种监督机制予以选择，分别是：（1）常规的监事会模式；（2）监查等委员会模式；（3）由提名委员会、监查委员会或薪酬委员会组成的三委员会模式。

其中，监查等委员会模式是2014年日本修改公司法时引入的创新型监督模式，被称为单层制公司的东亚模式，即折中单层制。监查等委员会整合了监事会的所有职责和董事会的部分职责（监督职责）——以审计为中心，承接了董事会传统的监督职能，辅之以对公司业务进行调查，核查、停止董事损害公司利益的不当行为并对其提起诉讼等监事会若干职权，成为此次我国二审稿审计委员会制度设计的条文范本。

（三）国有资本运营公司监督机制的设计

尽管我国2023年修订后的《公司法》在第七章“国家出资公司组织机构的特别规定”中第176条规定“国有独资公司在董事会中设置由董事组成的审计委员会行使本法规定的监事会职权的，不设监事会或者监事”，赋予了履行出资人职责的机构对于国家出资公司监督机制的选择权，但基于国有资本运营公司专事国有资本经营的特殊职能，应当对其监督机制进行明确规定。在上述的“二选一”模式中，相对而言，审计委员会模式更为合适。其主要理由如下：

第一，契合了国有资本运营公司治理结构中董事会中心主义的制度设定。在董事会中心主义下，董事会不仅是执行机构，同时是公司经营决策机构，享有公司经营事项的剩余控制权，此外还是监督机构，尤其是对执行董事、高级管理人员的履职监督。从域外公司法的发展来看，随着董事会中心主义的发展，董事会的定位也日益强调监督功能，逐渐从决策型董事会向监督型董事会转变。

第二，有助于降低国有独资的资本运营公司的代理成本。国有资本运营公司中代表全民享有出资人权利的是处于市场之外的政府，在信息不对称、市场经验不足等因素作用下，身处企业和市场之外的公权力机构（政府）很难对经营管理者的行为进行有效的、及时的、全面的监管，国有资产真正所有者缺位引发的代理成本问题，在国有独资公司中体现得更为明显。尤其是随着公司经营决策权的不断下沉，由出资人授权给董事会，再由董事会授权给经理层，经理成为实际上管理公司重大事项和日常事务运营的主体[①]。在规模较大、面临战略转型的公司中体现得更为明显。此时，多层叠加的代理环节使得公司治理最终形成了金字塔式的管理结构，而随着代理链条的增长，多层授权下，监督难度势必随之增加。为降低代理成本，应倡导董事会职能的拓展，强化其监督功能。由董事会对其授权的经理层的行为进行监督，这既是对董事会谨慎授权的制度提示，也是基于授权行为的应然推理。

第三，满足国有资本运营过程的合理性监督。在公司治理过程中，合法性监督是最低要求，即要求被监督者的行为需符合法律、法规、规范性文件或者公司的自治规则，及时纠正被监督者违反信义义务的不当行为；合理性监督则在合法性监督的基础上，为监督机关设定了审查和评估被监督者作出决策和管理时是否符合目的适当性和经济性的义务[②]。对于国有资本运营公司而言，这一点非常重要。因为国有资本运营涉及到国有资本的投资方向是否符合国资布局优化和结构调整，是否有利于国有经济的整体改革方向，其不仅仅是合法与否的问题，而是需要结合国资国企改革的目标进行经营投资行为的合理性监督。因此，相较于监事会的事后监督、合法监督，由董事会发挥事前、事中的决策中监督非常重要。

第四，加强国资运营中监督的有效性。董事会属于以会议形式运行的集体议决机构，为提升监督的有效性，应当为董事会配置专门的工作机构，并参照该专门机构的意见对拟监督事项作出决议。[③] 审计委员会能够凭借其专业知识和技能更加深入地理解和评估企业财务状况和经营情况，快速识别潜在风险，在监督过程中作出更准确、客观的判断，从而促进监督效率的提高；而且，通过对财务的监督，也能有效促进业务监督的落实，提升监督效果。美国证券交易委员会（SEC）就曾断言，对于美国所有大型上市公司而言，

---

① 参见冯果、吴雅璇：《一元制公司治理结构下董事会的功能检视与再造》，载《北京理工大学学报（社会科学版）》2022 年第 5 期。

② ［德］马库斯·路德、［德］格尔德·克里格尔、［德］德克·菲尔泽：《监事会的权利与义务》，杨大可译，上海人民出版社 2019 年版，第 26 页。

③ 参见赵旭东：《中国公司治理制度的困境与出路》，载《现代法学》2021 年第 2 期。

独立的审计委员会能够对公司盈利过程进行更强势的监督①。

第五，符合我国国有资本运营公司的改革导向。如前所述，我国现有改革政策已经对国有公司经营提出了设立外部董事以及审计委员会的相关要求，尤其是在2018年国务院发布的《关于推进国有资本投资、运营公司改革试点的实施意见》中，针对国有资本运营公司董事会的建设专门提出了董事会下设战略与投资委员会、提名委员会、薪酬与考核委员会、审计委员会、风险控制委员会等专门委员会的要求，并规定专门委员会在董事会授权范围内开展相关工作，协助董事会履行职责。可见，国有资本运营公司的治理实践已经在不断探索专业委员会的监督职能发挥机制，强化了董事会的监督职能②。

综上所述，国有资本运营公司监督机制的构建采取审计委员会模式较为合适。但由于我国2023年修订的《公司法》对于审计委员会的规定较为简单，尤其是对于国有独资公司应当如何设计审计委员会的具体规则，应由谁进行选任、其任职资格如何限定、如何具体履行监督职责，这一系列关键问题均没有进行明确规定，势必影响了审计委员会的功能发挥。为此，应从如下几方面进行制度完善：

首先，选任主体的确定。《公司法》对于审计委员会委员的选任程序未作具体规定。其应当是由董事会选任抑或由股东会任命，是审计委员会能否有效发挥监督功能的重点环节之一。在我国目前的公司实践中，无论是上市公司还是国有公司，均是将审计委员会作为董事会的内设专业咨询机构，对董事会负责，因而，通常都是由董事会选任各专门委员会包括审计委员会的成员。今后，当公司不再设立监事会，而是由审计委员会作为公司专设的监督机构后，该选任模式可能就不再合适。因为公司监督机制的主要监督对象就是公司的执行董事以及高级管理人员，而在我国，公司董事会往往是由执行董事为主构成，如果由董事会负责选定监督机制的组成人员，可能存在利

① See Klein April, Audit committee, board of director characteristics, and earnings management, *Journal of Accounting and Economics*, 2002, 33 (375).

② 参见王谨：《公司治理下的董事会职权体系完善研究》，载《法学杂志》2022年第2期。

益冲突和偏向，导致监督过程中出现“被监督者选择监督者”的情况，造成“自己监督自己”“既是运动员也是裁判员”的监督失效。故，相对而言，由股东会对审计委员会成员进行任命更为合适，有益于增强监督机构的独立性和公正性。在日本，《日本公司法》第 342 条之二中即规定“作为审计等委员的董事，可在股东大会上对作为审计等委员董事的选任、解任或辞职陈述意见……”由此可推论，审计委员会的成员应经由股东大会的商议方可作出任命或罢免。在韩国，上市公司监察委员会成员资格获取需经股东大会决议，针对广大非上市股份公司监察委员会的人员组成则采取董事会委任机制——由“董事会根据章程的规定设置委员会，且不得将委员的选任、解任这一权限委任给委员会……对监察委员会委员的解任，还应当经全体董事三分之二以上的董事会决议通过”[①]。对于国有资本运营公司而言，由其唯一股东（政府）来选任审计委员会成员对于降低代理成本、防止内部人控制更为重要。一方面，能够有效避免董事会与下设专门委员会间的利益共谋行为，防止国资违法流失；另一方面，可以增加政府对公司运营情况的了解和风险的把握，即通过政府选任、考核审计委员会成员，使得审计委员会对政府股东负责，定期将国有资本运营公司经营中的经营情况尤其是潜在风险等向政府股东报告，防止政府股东因信息弱势而失控于公司，增强国有资本运营公司经营的安全、合规。

其次，选任资格的限定。公司监督机制的发挥要求监督人员需要具有两个基本素养：专业性和独立性。为保障监督的有效性，需要监督机构的成员具有基本的专业性和职业性，凸显专业优势。在域外，审计委员会成员的专业能力是影响审计委员会有效性的一个非常重要的因素，这一观点已达成共识。[②] 以财务监督为例，财务工作具有较高的专业壁垒，需要耗费大量时间和心力，不宜由缺乏会计知识的非专业人士对此进行监管。而且公司运营中

① 《韩国公司法》第 393 条之二、第 415 条之二、第 542 条。参见［韩］崔埈璿：《最新韩国公司法及施行令》，王延川、刘卫锋编译，法律出版社 2014 年版，第 81、92、152 页。

② 谢德仁：《上市公司审计委员会制度研究》，清华大学出版社 2006 年版，第 26 页。

各项重大决策或多或少均涉及财务信息，非公允关联交易也多以财务数据造假、财务信息虚假披露等违法手段呈现。因此，会计专业人员理应列入为审计委员会的法定成员之一，以便监督工作的有效。除专业性外，独立性对审计委员会的监督功能发挥，也至关重要。审计委员会的主要监督对象是执行董事、高级管理人员，基于自己不能监督自己的朴素原理，应当对审计委员会的独立性提出专门要求。对此，我国《公司法》显然存在制度缺漏。因为其并未对有限责任公司、国有独资公司审计委员会的成员组成进行任何具体规定，仅在股份有限公司中强调“过半数成员不得在公司担任除董事以外的其他职务，且不得与公司存在任何可能影响其独立客观判断的关系”，但这仍为审计委员会中存在执行董事担任委员的可能性留下了解释空间。可见，我国现行法律对于审计委员会成员的组成规定存在明显不足。综上，国有资本运营公司审计委员会的成员除了应当满足《公司法》规定的消极任职条件外，还应具有相关专业性的积极任职条件，以提升任职能力，目的在于加强对国有资本运营公司董事、高管的有效监督。

最后，履职方式的明确。审计委员会应当如何履行监督职能？《公司法》并未进行明确规定，仅是笼统规定审计委员会履行监事会职责。那么，问题是，作为董事会的下设专门委员会，审计委员会做出的决议，是否需要经过董事会的再次审议才能作为公司有效的意思形成？在目前的上市公司中，审计委员会仅是就特定事项在董事会决策之前，先行由审计委员会表决通过，但审计委员会做出的决议仅是起到董事会内部决策咨询作用，并非能够产生对内对外法律效力的公司意志。但如果审计委员会在履行监事会职责时，亦需按照上述决策流程进行操作，那么，审计委员会的监督功能，尤其是监督执行董事、高管的功能可能会大打折扣。因为审计委员会通过的决议还需要执行董事为主的董事会再次通过，那么，董事会就很可能会否决掉审计委员会做出的不利于执行董事的决议结果，这样一来，审计委员会的监督功能就可能无法有效发挥。对此，建议将审计委员会的职责进行二次划分，一部分为董事会内部的决策咨询职责；另一部分为法律赋予的公司监督职责。对于前者，审计委员会的职权仅限于建议权，这类决议事项通常涉及公司的内部控制制度、财务信息披露、财务负责人选任、第三方审计机构聘任、关联交易审议等事项，审计委员会可以对这些议案出具专业意见，但最后是否实施，还是应提交董事会进行投票表决。而对于后者，审计委员会作出的监督类事项的决议具有终局性，审计委作出监督决策后，董事会应予以尊重，并不得再就此进行二次议决。

（四）所投资子公司的监督机制安排

对于国有资本投资运营公司所投资的子公司的监督机制的安排，建议由子公司的投资人根据子公司的所有权结构、投资规模、经营业务范围等进行自治选择。如果选择审计委员会模式，上述的相关建议，子公司可以借鉴；如果选择监事会模式，则建议关注如下几方面问题，以优化监事会的监督效果：

第一，关于监事的选任。由于监事的能力和素质直接决定着监督的有效性，为优化监事会成员结构，国有资本运营公司作为股东在选择或提名监事时，应当摆脱行政体制的局限，积极从市场公开招聘具有财务、会计、法律等方面专业知识的高素质人才担任监事，尤其是应当优先选择具有高级审计师、高级会计师职称或具有财务总监等企业高级管理职务经历的专业人士担任监事，以提高监事会成员的能力和素质。此外，为保障监事有足够的时间了解公司，还应增加监事会中的专职监事比例，以保证其工作时间和监督效果。

第二，强化过程监管，注重风险防范功能。监督可基本分为过程监督和结果监督。之前国企监事会的监督常常“重结果而轻过程”，但实际上，谨慎适当的过程监督必不可少，且可以有效提升监督效果，及时遏制不法行为。对此国有资本运营公司应督促子公司监事会强化“过程监督”：（1）定期审读公司会计报表等财务信息，加强财务检查的日常分析评价，而且应将评价检查结果及时向管理层通报或沟通，提升公司管理水平；（2）检查公司关联交易活动，准确识别、剖析交易的关键环节和要素，监督关联交易是否符合

《公司法》等法律法规，以及公司章程等公司内部自治性规则的规定，是否有利于提升公司业绩，尤其是是否依据等价有偿、公允市价的原则进行交易定价；（3）定期检查公司资金的投资方向和用途，检查报告期内公司资金实际投向情况，评价公司是否认真按国有资本运营公司确定的投资方向、公司内部自身的《投资管理办法》来管理和使用资金，有无发生实际投资项目变更等情况；（4）对于政策性功能的国有资本，监事会还应根据国有资本运营公司对子公司投资方向的具体要求，对特定投资项目的运行和实施，以专项监督检查的方式履行特别监督职责，对特定项目实行专项审计监督，并及时向国有资本运营公司汇报。

第三，保障监事的信息权。在公司经营中，由于监事会和经理层之间存在信息不对称，董事会和经理人员掌握了公司绝大多数经营的重大信息，因此，监事会欲行使监督职能，通常只能依靠经理层提供信息。而经理层提供的信息往往可能存在偏颇或不足，因而监事会的监督难以客观、全面、准确。为此，应赋予监事会充分的知情权。这就要求：（1）监事不仅可以列席董事会而且可以列席经理办公会，当上述会议的召开采用通信方式时，会议资料不仅要送达董事、经理，也要及时送达各监事，表决结果也应及时通报给监事会。（2）完善的定期报告制度应当被建立，与公司有关的重大合同的签订、执行情况和资金运用、盈亏情况等，公司应及时向监事会报告，同时，经理应对相关报告的真实性做出保证。此外，公司应当把监事会纳入企业经营管理信息流转环节，报送董事、高管人员的重大经营管理信息必须抄送监事会成员。（3）监事有权通过主动查阅报表、开展调研、专访谈话、实施检查以及质询等方式了解公司经营中的必要信息，公司相关职能部门和人员应予以充分配合。当然，对于监事通过上述途径所知晓的相关信息涉及企业的商业秘密时，监事负有保密义务，否则应当承担给公司造成损失的法律责任。

第四，加强监事的激励与约束机制。作为委托代理关系中的代理人，监事同样具有趋利性，同样需要相应的激励和约束机制，以促使其充分发挥效用。首先，细化对监事的激励机制。设立对监事的考评制度，在综合评价监事工作效果、工作态度并结合职工、管理机构的综合评价之后，对监事工作进行合理考评。对于工作绩效优良的监事应予以一定奖励，以此激发其工作积极性。在具体激励安排上：一是监事薪酬的确定应适当考虑被监督企业的监督检查结果、经营业绩和合法经营情况等；二是对于在监督检查中作用突出的专职监事，应予以专项奖励。其次，构建严格的问责制，明确监事的法律责任，实行监督失察责任追究机制。对于监事定期向股东方国有资本运营公司做出的报告，如果报告内容存在重大遗漏或者虚假情形，那么应对其薪酬发放进行一定的扣减。如果有明显证据证明，公司经营受损而监事没有及时、合理、有效地行使监督，未尽勤勉义务时，同样应让其就监管失职给公司造成的损失承担赔偿责任。

（五）财务总监监督制度的撤销

目前，全国性的法律、法规或者规范性文件并没有对国企财务总监的运作定位进行明确规定。各地的地方性法规或者规范性文件对财务总监的性质定位也存在很大差异。

全国性的法律法规，如《公司法》、《企业国有资产法》和《企业国有资产监督管理暂行条例》等均没有涉及到财务总监这一岗位，反而是国企内部的总会计师制度受到很大的重视。《会计师法》第36条①、《企业国有资产监督管理暂行条例》第17条②和国务院国资委于2006年发布的《中央企业总会计师工作职责管理暂行办法》均对总会计师制度进行了规定。

从相关制度规则来看，国企财务总监制度主要是体现于地方性法规或规范性文件。例如，深圳市曾于1995年颁布了《深圳市属国有企业财务总监管理暂行办法》（已失效）及《深圳市属国有企业财务总监与经理联签实施细则》（已失效），上述文件在2000年被修改为《深圳市属国有企业财务总监

---

① 《会计师法》第36条规定：“国有的和国有资产占控股地位或者主导地位的大、中型企业必须设置总会计师。”

② 《企业国有资产监督管理暂行条例》第17条：国有资产监督管理机构依照有关规定任免国有企业的总会计师。

管理办法》（已于2005年废止），2006年时《深圳市属国有企业财务总监管理暂行规定》发布。除深圳外，也有其他地方政府相继出台有关国企财务总监制度的地方性文件，其中包括，上海市1997年发布的《上海市国有企业财务总监管理暂行规定》以及2013年发布的《关于进一步深化上海国资改革促进企业发展的意见》、浙江省2000年发布的《浙江省国有企业财务总监委派制试行办法》、广东省2001年发布的《广东省省属国有资产经营公司财务总监管理暂行办法》（2018年失效）、江苏省2001年发布的《关于对省政府授权经营的省级国有资产经营公司委派财务总监的意见》（2017年失效）、重庆市2011年发布的《重庆市市属国有企业财务总监管理暂行办法》以及山东省2012年发布的《山东省省管企业财务总监管理办法》等。

地方国资委在国有企业设立外派财务总监制度的最初目的是希望加强对国有企业的内部监督，同时弥补监事会监督的不足，特别是在财务专业性监督方面的欠缺。然而，尽管财务总监的定义是“代表出资人履行财务监督职责的人员”，但在实际中，其与总会计师、首席财务官的职责没有明确的界限，甚至与监事会的职能有部分重合。由于角色不明确，每个地方对财务总监都有不同的制度设计和性质定位。

有的地方性文件将财务总监视为国有企业运营的决策机构成员，甚至是董事会成员，直接参与到公司的内部决策之中。例如，已经失效的《广东省省属国有资产经营公司财务总监管理暂行办法》第8条①和第10条②就曾将财务总监规定为董事会成员，参加董事会会议并进行决策。目前仍然有效的《重庆市市属国有企业财务总监管理暂行办法》第3条③和第

---

① 《广东省省属国有资产经营公司财务总监管理暂行办法》第8条：财务总监依法进入企业的董事会，成为董事会成员。

② 《广东省省属国有资产经营公司财务总监管理暂行办法》第10条：财务总监参加资产经营公司董事会议，参与资本经营和财务决策的研究和制定，列席经营班子有关会议，并提出财务管理和财务运作方面的建议。

③ 《重庆市市属国有企业财务总监管理暂行办法》第3条：本办法所称财务总监是指符合任职条件，由市国资委按照企业领导人员管理权限，通过有关程序向企业推荐，依法履行财务监管职责的企业高级管理人员。

8 条[①]也作出了类似规定。

另有的地方性文件将财务总监视为国有企业运营的监督者，甚至是监事会的成员，监督企业的财务情况。例如，已经失效的《江苏省省级国有资产经营公司财务总监暂行办法》在第 3 条[②]和第 6 条[③]作出了上述规定；而目前仍有效的《浙江省国有企业财务总监委派制试行办法》的第 2 条[④]和第 11 条[⑤]也将财务总监界定为监督者，而非决策者。

除上述规定外，还有的地方将财务总监看作董事会的下设机构。例如，《上海市国有企业财务总监管理暂行规定》第 2 条[⑥]和第 8 条[⑦]就规定，财务总监是对公司财务会计活动进行监管的高管，由董事会聘任。

可见，目前各地方对国有企业财务总监的性质认定处于模糊混沌的状态。但就财务总监的角色而言，将其定位为监督角色相较更为合理。因我国国企改革的方向是尽量“授权”，政府股东作为出资人，原则上只考核董事会的行为，不介入具体的企业经营与决策，企业的经营决策由专业化的董事会负

---

① 《重庆市市属国有企业财务总监管理暂行办法》第 8 条：财务总监行使下列职权：（一）参加企业董事会、经营班子会议，提出财务管理和监督、内部控制建设与风险控制等方面的意见；……

② 《江苏省省级国有资产经营公司财务总监暂行办法》第 3 条：财务总监与公司是监督与被监督的关系，财务总监不参与、不干预公司的日常经营活动。

③ 《江苏省省级国有资产经营公司财务总监暂行办法》第 6 条：同时委派监事会的公司，其财务总监一般可兼任公司监事会副主席。

④ 《浙江省国有企业财务总监委派制试行办法》第 2 条：国有企业财务总监（以下简称“财务总监”）是政府以国有资产所有者的身份，由政府财政部门委派，对国有企业财务会计活动进行监管的高级管理人员。财务总监按照规定的职责和权限，执行监管职务。被委派企业领导人应当支持财务总监认真履行职责，保障其职权不受侵犯。

⑤ 《浙江省国有企业财务总监委派制试行办法》第 11 条：财务总监的职责：督促企业建立健全会计核算制度，检查企业会计制度的执行情况，对企业会计核算工作的质量进行监督；督促企业建立健全财务管理制度，完善会计监督机制，检查企业执行国家财经法律、法规、制度和遵守财经纪委的情况，对企业财务活动的合法性进行监督；……审核企业财务报告，评价和报告企业经营管理业绩；财政部门规定的其它职责。

⑥ 《上海市国有企业财务总监管理暂行规定》第 2 条：财务总监是指由公司董事会聘任的，对公司财务活动和会计活动进行管理和监控的公司高级管理人员。

⑦ 《上海市国有企业财务总监管理暂行规定》第 8 条：财务总监的主要职权包括参与公司资金使用和调度、贷款担保、对外投资、产权转让、资产重组等重大决策活动，对董事会批准的公司重大经营计划、方案的执行情况进行监督。

责，鉴于此，若是政府财政部门或国资部门再通过“安排”财务总监的方式直接参与企业内部的经营决策，则与国企改革的方向相违背。但如果将财务总监定位为监督者，那么其与监事会或者不设监事会的审计委员会的职权又必然产生交叉。而在公司治理中，由不同的人员和机构行使相同的职能，又必然会造成职权争夺和职责推诿，叠床架屋式的设计不利于管理效率的提升，因此，应当对二者并存的状态进行反思。由于财务总监制度尤其是外派模式下，会造成监管机构对公司内部经营决策事项的干预，且其职责完全可以由公司自身的监事会或审计委员会履行，因而没有继续存在之必要。实践中，的确也有不少地方，例如广东、江苏等省级部门开始对此进行制度反思，并进行了相应的制度清理，这一制度适时修正具有合理性。

三、国有资本运营公司外部监督机制的强化

（一）人大监督的精细化

国有资产属于全民所有，国有企业也是全民所有的企业。按照《企业国有资产法》的规定，国务院是国家权力的执行机关，代表国家行使对国有资产的所有权，依照法律、行政法规的规定，国务院和各地方人民政府分别代表国家履行对国家出资企业的出资人职责，并享有对国家出资企业的出资人权益。全国人民代表大会作为全体人民利益的代表，对国有企业的事项享有最高决策权，并有权就政府对国有企业的管理行为进行监督。在《企业国有资产法》的框架内，“履行出资人职责”就意味着国务院、地方政府以及他们授权的机构对于国有企业的管理具有完全的权力，对于所有的重大事项如选择管理者、增资或减资、企业的合并、分立、改制和资产转让等拥有决定权。对于这些权力的行使状况，政府应当向人大进行报告，由人大进行审议，发挥人大的监督职能。

在目前试点的国有资本运营公司中，企业的主要管理者基本都是政府选派的具有行政级别的干部，政府对其管理也是泛行政化的管理，所以，政府及其授权机构对国有企业的监督在一定程度上可以认为是自我管理和监督。

为更好地对国有资本运营公司实施监督，理应发挥真正所有者的监督作用，作为全体人民利益直接代表的人民代表大会自然有权来代表广大人民实施这种监督权。但反观现行人民代表大会在整个国企监督中的作用，却非常有限。根据《企业国有资产法》之规定，“国有资本经营预算按年度单独编制，纳入本级人民政府预算，报本级人民代表大会批准；各级人民代表大会常务委员会通过听取和审议本级人民政府履行出资人职责的情况和国有资产监督管理情况的专项工作报告，组织对本法实施情况的执法检查等，依法行使监督职权”。[①] 可见，在目前制度下，人民代表大会主要拥有的是对国有资本经营的预算管理权，且这种预算管理权还往往是“软预算”，人大对国有资本投资运营的约束力实际上比较薄弱。

此外，目前人大对国有资产的监督主要还是监督政府及其授权机构履行国有资产监督管理职能的情况，并没有深入到具体的企业层面。今后，国有资本运营公司是政府专门设立并授权的专事国有资本运营的平台，是“授权经营”模式中的核心环节，其经营状况直接关涉中央或地方国有资产的存量和增量，至关重要。人民代表大会可强化对该类公司的监管，如认为必要，可以就国有资本运营公司经营、管理中的重大问题要求相关企业、政府或其授权机构提供详细的信息或作出解释。[②] 这也是实现人大精细化监督，强化监督力度、提升监督质量的必要举措。在域外，例如美国，国企的财务往往受到公共权力的严密控制，一般会要求国企向议会报告其财务状况，其财务支出受公共预算控制。这种“向议会报告”的体制，会要求国有企业向议会披露年度报告，在信息披露方面受到很严格的公法管制。

（二）国资监管机构监督的合理化

根据委托代理理论，由于代理人与委托人的目标效益函数存在偏差，激励不相融，作为“理性经济人”的代理人在追求自身效益最大化的过程中总

---

① 《企业国有资产法》第60条、第63条。

② 王东光：《德国联邦公共企业的监管制度》，载《法学》2014年第6期。

是存在偏离委托人利益甚至损害委托人利益的可能，产生“道德风险”。为防止代理人的这种“道德风险”，对代理人进行监督非常必要。委托人对代理人的这种监督权是一种契约性权利，是委托代理关系中委托人的固有权。[①]今后，在将国有资本运营公司塑造为国有资本的专业经营平台后，就应将国资委的出资人职责剥离，取而代之的是专门负责国有资本监管的政府机构，由该政府机构代表政府对经营性国有资本的投资运作进行监管。实际上，将国资委设立在国家的行政管理体系中，其职责与现在的金融监督管理局和证监会的职能相类似，是监管整个国有资产的运营状况。国资委一旦开始监督整个国有资产的运行状况，它就不再直接管理国有企业的人、财、事，而是负责制订有关国有资产、国有企业的法律法规和方针政策，以确保国有资产保值增值，对国有资本运营公司进行监督，尤其是对其经营行为进行监督，以确保其严格依法进行投资经营，防止渎职行为的产生，保护国有资产安全。[②]

就国资委对国有资本运营公司及其投资控股的子公司的监督而言，主要应明确如下几方面的监督职能：其一，检查国有资本运营公司及其控股子公司对相关法律法规，包括国资委制定的规章的执行情况。其二，监督国有资本运营公司及其控股子公司资金的投资方向。这对于政策性国有资本运营公司而言更为重要。国有资本与私人资本毕竟不同，国有资本除了要营利外，还承担了大量的社会功能，而这亦是其无可推卸之责任。人大在通过预算时，对于经营性国有资产的投资，尤其是涉及国计民生项目、重点基础建设项目和基础设施服务领域的投资项目已经进行了明确，当预算由人大通过，政府负责实施时，国有资本经营公司包括其控股子公司应当严格按照预算方向进行使用，无权擅自修改资金的投资方向。当然，对于具体的运营模式，国有

① 王新红：《论企业国有资产管理体制的完善——兼论国资委的定位调整》，载《政治与法律》2015年第10期。

② 谢志华、胡鹰：《国有资产管理：从管资产到管资本》，载《财务与会计（理财版）》2014年第7期。

资本运营公司及其控股子公司可基于成本效益分析，进行市场化选择。此时，为防止政策性国有资本运营公司及其控股子公司单纯追求利益最大化，从而违背国家对该类国有资本投资的本意，国资委应根据预算方案对其经营进行监督。值得注意的是，此种情形下的被监督对象重点应为政策性国有资本，对于以资本逐利为主的收益性国有资本应更多交给职业经理人进行投资方向的选择和决策，政府不应过度干预。其三，对国有资本运营公司及其控股子公司进行检查，判断其是否有侵蚀国有资产的行为。其四，对于上述检查中出现的违法违规行为，国资委有行政处罚的权力。

此外，今后还应加强国资委对国有资本运营公司的诉权构建，这种诉权在法律上可归属于公益诉讼的范畴。[①] 鉴于国资委和企业国有资产的属性，允许国资委对国有资本运营公司经营者的违法行为行使诉权，可以更好地维护国有资本运营安全。

（三）审计监督的有效化

西方国家的审计部门独立性较强。德国政府的审计署由国会选举产生，并对国会负责，是独立的机构，宪法规定由政府提名其最高长官，审计署负责稽核政府和国有企业；法国的审计部门负责每年稽核国有企业和企业国有资产的财务状况，已经具有准司法性质，上升为审计法院；美国审计署的预算由国会批准，负责监督国有企业的财务收支、经营状况和债务前景等，由国会任命署长，并对国会负责。[②]

在我国，关于国企的审计监督，无论是国家法律还是中央文件，都有明确要求和规定，是我国深化国企改革中加强企业治理、防控企业风险、保障国资安全的重要监督力量之一。审计监督对国有资本运营公司而言必要性更高。国有资本运营公司的部分业务属于政策性，不以营利为目的，通常需要大量资金投入，承担较多的成本支出；部分业务为公司主动开展的营利性活

---

① 银晓丹:《企业国有资产监管法律制度研究》，中国社会科学出版社 2017 年版，第 110－114 页。

② 银晓丹:《企业国有资产监管法律制度研究》，中国社会科学出版社 2017 年版，第 68 页。

动，完全以经济效益为目标，无论是开展哪类业务，审计监督都有助于实现国有资本运营公司的业务考核，尤其是通过审核各类业务规模、比重、收支情况等重要指标可以来判断国有资本运营公司的经营情况；与此同时，可以有力约束国有资本运营公司的经营者。这里需要特别强调审计对于政策性国有资本运营公司的特殊作用。一方面，政策性国有资本运营公司不以营利为目的，通常具有较差的营利能力或根本没有营利能力，需要政府提供补贴以维持正常经营，而补贴的标准为企业提供公共产品或服务所需付出之必要成本，所以，通过审计可以客观确认该类国有资本运营公司提供公共产品或服务的成本支出。另一方面，通过审计，可以对政策性国有资本运营公司从事的辅助性营利活动所获利润及利润使用情况进行检查监督。此类利润属于利用公共资源所获得的利润，应当计入提供公共产品业务的收入，并可以此抵销提供公共产品的成本。通过审计监督，可以避免政策性国有资本运营公司利用辅助性营利活动获得利润，却由政府来承担所有的公共产品或服务业务的成本支出。政策性国有资本运营公司不以营利为目的，无法按照通常的业绩标准对企业的经营效益情况进行考评，但可以通过审计对其经营效率进行审查和评估，并为该类资本运营公司的考核和评价提供可靠信息。

从法律层面来看，《宪法》及《审计法》等赋予了审计机关对国有企业和国有资本的法定审计职责。在《审计法》依法审计监督国有资产的原则性指引下①,《关于深化国有企业改革的指导意见》指出，要建立健全国有资本审计监督体系和制度，对企业国有资产审计监督实行经常性、全覆盖的审计模式。此外，关于国企改革的诸多文件也明确提出了“完善审计制度，对公共资金、国有资产、国有资源和领导干部履行经济责任情况实行审计全覆

① 《审计法》第18条：审计署对中央银行的财务收支，进行审计监督。审计机关对国有金融机构的资产、负债、损益，进行审计监督。第20条：审计机关对国有企业的资产、负债、损益，进行审计监督。第21条：审计机关对与国计民生有重大关系的国有企业、接受财政补贴较多或者亏损数额较大的国有企业，以及国务院和本级地方人民政府指定的其他国有企业，应当有计划地定期进行审计。

盖"，"对国有企业、国有资本和企业领导人员履行经济责任情况实行审计全覆盖"，"健全国有资本审计监督体系和制度，实行企业国有资产审计监督全覆盖，建立对企业国有资本的经常性审计制度"，"审计机关要依法对……国有企业法定代表人，以及实际行使相应职权的企业领导人员履行经济责任情况进行审计"。[①] 2016 年 12 月，中央全面深化改革领导小组审议通过的《关于深化国有企业和国有资本审计监督的若干意见》进一步强化了国有企业和国有资本的审计监督制度，尤其是强调对国有企业和国有资本的审计要依法进行，对损害国家和人民利益的重大违法违纪行为应依法予以公开披露。当然，为保障审计结果的客观公正，公平对待被审计的经营管理人员，在审计过程中，对工作失误与失职渎职、无意过失与明知故犯等应当审慎区分，作出客观结论和处理。在具体的审计内容上，主要包括以下几方面：国家法律法规的遵守情况、党和国家重大政策措施的贯彻执行情况，国有资本的投资、运营和监管情况，"三重一大"决策制度的贯彻落实情况，公司法人治理机制及内部控制情况等。

值得注意的是，审计监督需要其他配套机制的配合才能真正发挥作用，防止将审计变成纯粹形式化的程序，尤其是要切实发挥审计结果的作用，只有将审计结果与责任追究机制相联系才能产生监督效果，同时，应当在企业经营业绩考核和年度工作报告中纳入审计结果和整改情况。对在审计中发现并移送的重大问题，国有资产监管部门要依法处理并问责；对企业整改工作的督促检查需要加强，在考核、任免、奖惩的过程中将审计结果及整改情况作为重要依据。除了建立审计结果的责任追究机制，还应加快建立健全审计结果的报告和公告机制。按规定向社会公告的内容应包括审计机关的审计结果、被审计企业查出问题的整改情况、国有资产监管等部门的追责、问责情况。这是审计监督与社会监督相融合的方式，通过公告

---

① 参见党的十八届四中全会决定、国民经济和社会发展第十三个五年规划纲要、《中共中央办公厅、国务院办公厅印发〈关于完善审计制度若干重大问题的框架意见〉及相关配套文件的通知》、《国务院关于加强审计工作的意见》等一系列文件。

制度将审计监督的效果放大，增强审计监督的威慑作用以及企业治理的透明度。

（四）信息公开与社会公众监督的强化

“阳光是最好的防腐剂”，只有将国有企业充分暴露在阳光之下，接受社会公众的审视和监督，才能更好地维护国有企业的利益。作为一种特殊的监督机制，信息公开虽无专门的监督机构，但监督者却无处不在。尤其是在大数据时代，政策制定者可以制定强制性规范，实现企业电子信息平台在国企之中的建立，对重要的财务及运营信息进行持续披露，将国企曝光于群众监督之下，允许民众在平台上评论或举报国企，在公司内部治理软弱的情况下，加强有力的外部监督。①

1. 信息公开的制度价值

信息公开的目的是希望解决信息不对称问题，减少委托代理风险和委托代理成本，进而能够监督和保护委托人的财产。因此，拥有企业资产但同时因为各种原因无法参与企业经营的所有者是最需要信息披露制度保护的。这一点对于国有企业的真正所有者，即全民来讲至关重要。甚至可以说，充分掌握国有企业经营者的决策与经营信息，使其与所有者之间的意愿和行为走向一致，以便更好地实现国有资本的保值增值，正是对国有企业进行监督的目的。加之，国有公司本身就是一个公众公司，为保护真正所有者——所有普通民众的利益，保障最终所有者即全体人民的知情权，国有公司应当像公众公司一样透明，因而，应当强化其信息披露制度，减少经营者拥有的“私有信息”，降低监管者监管的信息成本。② 这也是国有资产真正所有者享有知

① 蒋大兴：《超越国企改革的观念谬误》，载《中国法律评论》2016 年第 2 期。

② 有学者认为，国有公司治理涉及三类正式制度安排：一是公司最高决策机构的运作机制；二是内部治理中的监督机制；三是对公司透明度和信息披露的要求。这些技术性制度安排的形成，将构成国有出资人“管人、管事、管资产”原则的逐步精细化、技术化和专业化。参见《加快制定国有公司治理原则的对策》，载 http：//news. 163. com/05/0903/08/1SNALLUN0001124T. html，最后访问日期：2018 年 4 月 11 日。

情权的要求。[①] 此外，由于国有企业经营目标的复杂性，其所肩负的一些社会性目标导致某些国有企业经营成果的好坏不能单纯通过经济指标体现，这些国有企业的盈亏不能反映真实的经营水平，这又使得对国有企业的监管难度大为增加。[②] 此时，为了更客观地判断国有企业的董事会和经理层是否完成了既定目标，就要求国有企业将经营信息予以真实披露。

2. 现行国有企业信息公开制度的缺陷

在我国目前有关国资国企的法律制度体系中，法律、行政法规、部门规范性文件对国企的信息公开要求明显存在不足。《企业国有资产法》第 18 条规定，国家出资企业应当依照法律、行政法规和国务院财政部门的规定，建立健全财务、会计制度，设置会计账簿，进行会计核算，依照法律、行政法规以及企业章程的规定向出资人提供真实、完整的财务、会计信息；第 66 条规定，国务院和地方人民政府应当依法向社会公布国有资产状况和国有资产监督管理工作情况，接受社会公众的监督。可见，《企业国有资产法》仅是要求国有企业向国有资产监督管理机构定向报告信息，而国务院、地方政府仅公开国有资产的总体状况和国资监管工作的履职情况，恰恰缺少了最为关键的针对具体企业的信息公开。随之，国务院国资委在 2009 年发布了《国有资产监督管理信息公开实施办法》，规定了国资监管机构信息公开的范围、公开方式、程序、监督和保障，但是，这些规定所指向的对外公开的信息仍限于国有资产的总体状况以及国有资产监管机构的工作情况，公开内容主要着眼于宏观层面，并不针对具体企业，通过这些信息，社会公众只能大致了

---

① 越来越多的 OECD 国家，要求没有上市，甚至不受《公司法》约束的国有企业也要按照上市公司的标准提交报告。道理很简单：国有企业的最终所有者是公众，因此应该比公众企业更具“公众性”。在瑞典，这项原则列入了《政属公司外部财务报告指引》，并且在所有权实体的年度报告中反复强调，“由于这些国有公司最终属于瑞典人民，公开且专业地披露其信息，保证透明度是一项民主诉求，所以政府认为这些国有公司至少应该像上市公司那样透明。”资料来源：2003 年瑞典国家政府机构《国有企业年度报告》第 17 页。参见经济合作与发展组织：《国有企业公司治理：对 OECD 成员国的调查》，李兆熙、谢晖译，中国财政经济出版社 2008 年版，第 103 页。

② 郭媛媛：《公开与透明：国有大企业信息披露制度研究》，经济管理出版社 2012 年版，第 65 页。

解国有企业的总体运行情况;[①] 而且，信息公开的义务主体是国资监管机构，而非国有企业。在行政法规层面，《企业国有资产监督管理暂行条例》第35条规定，“国有独资企业、国有独资公司应当按照规定定期向国有资产监督管理机构报告财务状况、生产经营状况和国有资产保值增值状况”，仍然是将国企经营信息的知情主体限于国资监管机构。可以说，在现行主要的有关国资国企的法律、行政法规、部门规范性文件中，国企经营信息的披露对象主要是政府及履行出资人职责的机构，社会公众缺少被纳入国企信息披露对象的法律保障。而披露对象的局限性也直接导致了国有资产监管中博弈主体的数量受限，不利于对国有资产经营的有效监督。[②]

就实践层面来看，随着国企改革的深入，陆续有国企开始将《社会责任报告》《企业年度报告》自愿且有选择性地对外公布，逐渐使社会公众纳入了国企信息披露的对象之中，但是，社会公众的知情权或者说社会公众能否被纳入国企信息披露对象主要还是依赖于国企的自愿和选择行为，缺乏制度的刚性要求。该状况自2015年国务院发布《关于改革和完善国有资产管理体制的若干意见》（以下简称《若干意见》）开始，从政策层面逐渐得以改善。该《若干意见》在“（六）改进国有资产监管方式和手段”部分强调，“建立出资人监管信息化工作平台，推进监管工作协同，实现信息共享和动态监管。完善国有资产和国有企业信息公开制度，设立统一的信息公开网络平台，在不涉及国家秘密和企业商业秘密的前提下，依法依规及时准确地披露国有资本整体运营情况、企业国有资产保值增值及经营业绩考核总体情况、国有资产监管制度和监督检查情况，以及国有企业公司治理和管理架构、财务状况、关联交易、企业负责人薪酬等信息，建设阳光国企”。相较于前述《企业国有资产法》《企业国有资产监督管理暂行条例》的规定，国企的信息公开行为开始从自愿走向强制，这一改革趋势无疑值得肯定。但因《若干意

① 王东光：《德国联邦公共企业的监管制度》，载《法学》2014年第6期。

② 郭媛媛：《公开与透明：国有大企业信息披露制度研究》，经济管理出版社2012年版，第132－133页。

见》的上述规定总体上还是属于宏观性要求，具体操作还有不足，使得实践中国企信息公开的情况差强人意，无论是公开的方式还是公开的内容，都无法满足社会公众知情和监督的需要。这一点无论是对国有资本运营公司还是对其他的国有企业都是一样。这种不足主要体现在如下几方面：

其一，披露内容缺乏规范性和可比性。从国企信息披露的实践情况来看，内容以一般性的公司治理信息居多，相反，对财务信息这一类最能说明国有资产安全和盈利情况的信息的披露比较匮乏。尤其是不同于政府，能够被社会公众、市场、媒体和舆论等获知的与企业经营相关的信息，无论是数量上还是内容上都较为单薄，极大影响了社会公众监督的积极性和监督质量。此外，国有企业缺乏专门的信息披露法律法规指导，没有一个统一的信息披露内容框架，这必然导致国企信息披露内容缺乏规范性，不具可比性。这种缺乏规范性和可比性的信息披露会造成各国有企业信息披露内容的混乱，信息披露详略的程度不一，而这又将导致同行业的不同国企之间难以比较，增加了对国企监督和评价的难度。狭隘的、不全面的信息披露内容无法满足公众、市场和利益相关者对国有资产价值的知情权，缺乏充分信息的监督主体无法对国有资产经营做出客观、合理的判断，其监督权的行使更加无从谈起。所以，应当借鉴上市公司的信息披露规则，制定一套系统完整的国企信息披露内容框架。

其二，披露渠道缺乏有效性和便捷性。股东获得信息，依赖于信息披露渠道，若信息披露渠道缺乏有效性和便捷性，那么信息披露制度必然难以发挥作用。虽然《若干意见》要求建立统一的信息公开网络平台，但目前监管实践尚未达到政策期待，与上市公司信息披露渠道的多元化、规范化相比，国企不具备指定的刊登信息的报刊、网站。对诸多国企来说，其信息披露渠道都是置于企业内部，主要是针对某一特定披露对象设置报告渠道，国企的真正所有者——公众难以从企业外部得到经营信息。当然，考虑到国企的特殊性，如果特定领域的国企涉及需要保密的事项，那么应当豁免其对公众的披露义务，但需明确的是豁免只是例外。

其三，主动披露的动力与意识明显不足。当前国有企业主动进行信息披露的意识还比较淡漠，所披露的信息也是集中在非财务方面，如社会责任报告、公司基本信息等。国企在信息披露中的主体意识之所以模糊和缺位，有着深层次的原因。当前对国企经营者的考核权力几乎全部掌握在政府相关部门手中，因此，国企经营者更愿意通过向上报告来展现自己的经营成果。国务院国资委虽然已经意识到向社会公开国有资产账本的重要性，也曾公开表示要进行账本公开，但源于此举必将牵动多方利益，是个复杂的系统工程，所以一直没有实质性的举动和进展。①

3. 国有资本运营公司信息公开制度的完善走向

针对上述不足，今后应进一步细化和完善国企信息公开制度。《关于深化国有企业改革的指导意见》也明确要求实施信息公开、加强社会监督。②以此为原则和基础，国有资本运营公司的信息公开应重点从如下几方面构建：

第一，建立统一的信息公开平台，并将国有资本运营公司纳入披露义务主体。社会公众能否便捷地获得真实、全面的国企经营信息，是社会监督能否发挥作用的关键，只有人民群众知悉国企公开信息的存在，并能便捷地查阅信息，才能实现社会监督的功能，换言之，只有将信息公开和人民群众的参与联系起来才能产生监督作用。为此，应当建立便捷的平台让广大人民群众了解监督内容，积极参与到对国有企业的监督中。该平台应当由专事国资监管的国资监督管理机构组织建设，国有资本运营公司无疑应当被纳入该平台。统一的信息公开平台不仅为国有资本运营公司公开相关信息提供了载体，更为社会公众获取运营平台的相关信息提供了便捷的途径，获取信息的便捷

① 郭媛媛：《公开与透明：国有大企业信息披露制度研究》，经济管理出版社2012年版，第131页。

② 《关于深化国有企业改革的指导意见》，要完善国有资产和国有企业信息公开制度，设立统一的信息公开网络平台，依法依规、及时准确披露国有资本整体运营和监管、国有企业公司治理以及管理架构、经营情况、财务状况、关联交易、企业负责人薪酬等信息，建设阳光国企。认真处理人民群众关于国有资产流失等问题的来信、来访和检举，及时回应社会关切。充分发挥媒体舆论监督作用，有效保障社会公众对企业国有资产运营的知情权和监督权。

性也直接影响了参与监督的效果。

第二，明确国有资本运营公司信息公开的基本要求。如同上市公司的信息披露制度一样，国有资本运营公司的信息公开也必须遵循真实、准确、完整、及时、公平的原则。但是，国有资本运营公司信息披露又具有不同于上市公司信息披露制度的特征，这便是“安全性”要求。由于国有资产投资项目的安全和保密因素的存在，对国有资本运营公司来说，公平披露并不等同于对全体的利益相关者同时披露全部的内容，对于一些涉及国家安全，需要保密的信息，应对其保密的范围、对象和程度予以高度关注，并建立披露豁免机制。例如，军工企业关系到国家安全，因此，政策性国有资本运营公司对这类企业和项目的投资信息应可以豁免披露。易言之，国有资本运营公司在进行经营信息披露时，应注重公平披露与安全披露兼顾的原则。

对于信息公开，企业应设置专门的信息公开岗，将企业的信息公开事务交由专人负责。若企业对信息公开义务履行不及时或者公开的信息出现严重失实、错误或遗漏，国有资产监管机构有权追究相关人员的责任。

第三，细化信息公开的内容。国有资本运营公司必须公开的信息内容以及信息编制的形式应当由法律或相关文件予以明确规定。立法者或政策制定者可以参照上市公司的信息披露制度来制定相关的披露准则。总体来看，国有资本运营公司所披露的信息应该能够反映国有资产保值增值状况和企业经营状况，可以分为企业经营信息、治理信息、财务信息以及经营环境预测和分析信息等四类。在具体的公开内容上，至少应当包括：（1）公司的基本情况。包括公司名称、资本结构、组织结构、公司所在地等。（2）公司的治理状况。包括公司董事会的构成、董事的基本信息、高级管理人员的基本信息、各专门委员会的组成和工作情况等。（3）财务信息。主要包含经审计的企业财务报告。在充分竞争的市场环境中，财务信息对于判断国有资本运营公司的经营情况和管理者的经营能力非常重要。（4）经营情况的介绍与预测。包括对公司经营情况现在的介绍及将来的预测。（5）社会责任履行情况。包括企业社会责任的履行情况、企业经营对社会的影响、企业社会责任的承担。

(6) 竞争环境。主要是进行 SWOT 分析，对企业现在及将来所面对的竞争环境进行信息披露。(7) 其他信息。包括企业合并、分立、改制、解散及申请破产在内的需要进一步说明的问题。

对于这些报告，董事会、监事会成员应当签字，以证明其真实性。董事、监事对公司公开披露的信息，包括年报在内，负有确保真实之责，这是基于董事、监事职务而自然产生的法定义务。对于该义务的履行，董事、监事不得自行免除。假如董事、监事对所披露信息依据的基础事实真实性存疑，则应出具否定性的审核意见，以阻止可能包含虚假信息的对外披露行为。换言之，审核是手段，目的是确保真实。反过来，对于无法确保真实的信息，董事、监事就不应审核通过，不应允许其对外披露。如董事、监事违反上述义务，除非其有证据证明自身无过错，否则即应承担法律责任（采用过错推定原则）。

第四，对于政策性国有资本运营公司信息披露的特殊要求。对于投资公共产品或服务，且不宜通过公共产品或服务的收入实现收支平衡的政策性国有资本运营公司，应当公开其提供公共产品或服务的成本支出、营收情况以及政府的补贴情况、政府无偿或低成本提供的资源情况、企业进行营利性辅助经营活动情况等信息。同时，在可能的情况下，可以进行成本——收益分析，以确定其是否符合国际认可的高质量提供标准。这对于董事会和管理层履行职责也能起到一定的激励和约束作用。

第五，加强信息披露监管。根据对信息生成机制和信息传递机制的分析，任何信号在传递过程中，都会出现各种原因产生的噪声对信号的干扰，这种噪声干扰使得信号的真实性、准确性和及时性受到影响，如果要保证信息传递的安全可靠，那么噪声的消除机制必不可少。信息披露监管就是信息披露制度中消除噪声最有效的机制，所起的作用就是消除信息披露过程中噪声对信号的干扰，保障信息披露的真实、客观、及时。因此，信息披露制度能否发挥作用需要依赖于信息披露的监管机制。对国企信息披露的监管可以参照成熟的对上市公司信息披露的监管做法，通过制定相关的法律法规，规范信息披露的质量和流程，并对违反信息披露规定的人员和企业追究责任，以此来加强监督，增强国企信息披露的真实性。其中，加强会计师事务所等中介机构对信息的审核作用，并严格其责任机制非常重要。

第六，建立便捷的检举通道并能及时反馈。虽然国企属于全民所有，关系到每一位国民的利益，但社会监督的直接价值是维护国家利益、公共利益，社会监督并不会给群众监督者带来直接的经济利益，群众监督完全是出于主人翁意识和人民的责任感。所以，要尽可能降低社会监督的成本，为群众进行检举提供最便捷的路径。为此，在国资监管机构主管的国企信息公开平台上，应当设置接收群众举报的通道，举报信息将自动发送给国资监管机构，国资监管机构应当会同纪检、监察等部门对举报线索进行调查、核实，对违法违纪行为进行处置，并将举报的接收和处置情况如实反馈给举报者。如举报者不能得到负责任的反馈，必将对这种监督形式丧失信心，影响人民群众参与社会监督的积极性。同时，在建立该机制时，还应特别注重对举报者的相关保护，防止其因举报而受到威胁或人身财产损害。对此，域外建立的公司“吹哨人”制度可供借鉴。①

总之，基于国有资产的全民属性，以及国有企业中真正委托人的“虚位”，应当通过加强国企的透明度来保障国企真正投资人“全民”的知情权。因为国企的终极受益人是全民，如同上市公司一样，是普通的社会公众。为此，应尽快完善有关国企治理透明度的法律规定，确立以国有资本运营公司为代表的各类国有企业的信息披露义务。

（五）纪检与巡视监督的特定化

由于国企内部的经营者尤其是行政化委任的经营者往往游走于政、经两界，具备超出普通政府官员和企业家的权力，而对其进行监督与约束往往较为困难，这也就是为何诸多国企高管腐败案都是发展至极为严重的程度后才

① “吹哨人”制度通过发动企业内部知情人士举报揭发违法行为，能够大幅度降低监管成本，并对不遵纪守法的企业起到有效的监督作用。为了鼓励企业内部人勇于揭发不当行为，培养透明和问责的文化，企业有必要建立健全内部举报人保护体系，包括举报人信息保护、安全保护等。

得以暴露的原因，因为企业内部缺乏有效的权力均衡和制约机制。对此，急需一个强有力的外部监督力量介入。正如实务界人士所指出的，目前国企中“市场化经理人选拔、激励与约束机制没能有效建立，资源配置效率不高……迫切需要引入一个独立的、有能力制衡各利益相关者的第三方力量”。[①] 纪检与巡视或许就是这种专门针对国企经营者进行监督的特定力量。

无疑，国企党组织的监督是监督国企经营行为与管理人员廉洁性的重要措施。党组织的监督具有全面性、高效性和严格性等特征，可以有效弥补其他监督机构在履行监督职能时可能存在的不足或障碍。除了国企党组织的监督，上级党委的巡视也是非常有效的监督机制。巡视组由上级党委派出，具有权威性，同时，由于巡视组与被巡视对象没有利益关联，具有超脱性，可以公正地进行巡视调查，起到有效的监督效果。总之，纪检与巡视已经成为我国国有企业包括国有资本运营公司在经营过程中的一支强有力的监督力量。

① 李云峰：《现代国有企业制度的五个特质》，载《学习时报》2018 年 3 月 7 日。

结 语

为了提高国有资本的资源配置和运营效率，促进国有资本的合理流动，自2013年党的十八届三中全会重启国资国企改革以来，我国的国有资本管理体制开始从“管人、管事、管资产”向以“管资本”为主转变，并在中共中央、国务院《关于深化国有企业改革的指导意见》、国务院《关于改革和完善国有资产管理体制的若干意见》《改革国有资本授权经营体制方案》《国务院国资委关于以管资本为主加快国有资产监管职能转变的实施意见》等一系列政策指导下，逐渐形成了“政府—国有资本运营公司—国有企业”的授权经营模式。在这一“授权经营”链条中，国有资本运营公司能否实现市场化的专业运作，对于从根本上提升国有资本运营效率、促进国有资本合理流动至关重要，也直接关涉到此次国企国资改革的成效。

为防止国有资本运营公司在强势的政府或国资委的干预下，成为一个“准行政性”平台，造成国有资本市场化运营目标的落空，急需从法律层面为国有资本运营公司构建出系统化的制度体系。本研究以国有资本运营公司的功能定位及法律性质分析为切入点，沿着“谁设立——谁决策——谁管理——谁监督”的逻辑思路，就国有资本运营公司“市场化”运营中的出资人制度、决策权配置、经营者管理以及监督机制进行了全方位分析和论证，力图以“市场化”理念为指导构建出国有资本运营公司的基本法律制度体系。

在具体法律制度设计上，本研究重塑了国有资本运营公司的出资人制度，面对人大、政府、国资委、财政部四个可选项，在客观分析利弊的基础上，论证了由政府代表“全民”作为国有资本运营公司出资人的合理性；同时，为了防止政府出资人对国有资本运营公司的过度干预，借鉴了“负面清单”的管理模式，严格限定政府股东对国有资本运营公司的决策权范围，建立了“董事会中心主义”的治理机制，将国有资本运营公司的决策权原则上配置给公司董事会，并确立了政府股东对国有资本运营公司董事会“概括式授权”的立法模式，且根据商事性和政策性国有资本运营公司的不同进行了“分类授权”。在经营者管理制度上，为适应国有资本运营公司市场化经营的内在需求，创新了党管干部与董事会选任高管之间的协调机制，促进了选任机制的市场化改革；同时，为了降低代理成本，针对不同类型的国有资本运营公司构建了不同的考核标准，并基于考核结果，结合经营者行政化选任和市场化选任的不同路径，优化了激励与约束机制，尤其是探索了长期激励制度、明确了责任认定与追究、确立了合理的“容错”情形。当然，国有资本“授权经营”绝非“一授了之”，基于“国有资产”的特殊属性和功能，必须保护其在经营中的安全，因而，在国有资本授权经营体制下，既要充分“授权”，实现国有资本的市场化运作，又要严格“监督”，防止国有资产的不当流失。为此，通过强化董事会下设的审计委员会、完善监事会运作机制，同时，依托人大、国资监管机构、审计部门、社会公众以及专门针对国企党员干部的纪检与巡视制度，共同构建内外并济的多维监督体系至关重要。

在对国有资本运营公司法律制度进行系统研究过程中，对国有资本运营公司实施分类管理始终是贯穿全文的一条主线。国有资本运营公司应如何分类，理论界与实务界并无统一看法，这就造成实践中，无论是中央还是地方在国有资本运营公司试点改革中，对于如何厘定其与政府的关系，如何实现或者在多大程度上实现政企分开，缺乏清晰的思路。本研究从国有资本的应然功能出发，从制度的根源探究了国有资本的收益性功能与政策性功能，并基于此，将专事国有资本运营的平台公司划分为商事性国有资本运营公司和政策性国有资本运营公司，基于两类公司不同的功能目标，对其决策权配置、经营者管理、监督方式和措施等进行了必要的、合理的区分。

最后需要说明的是，为了使本研究成果能够真正指导国有资本运营公司的经营，促使“政府—国有资本运营公司—国有企业”的授权经营机制发挥应有作用，今后，我国应从立法层面而非政策层面对国有资本运营公司进行系统的制度建构。尽管目前我国已经相继出台了中共中央、国务院《关于深化国有企业改革的指导意见》、国务院《关于改革和完善国有资产管理体制的若干意见》以及《关于推进国有资本投资、运营公司改革试点的实施意见》等一系列政策性文件对国有资本运营公司进行规则设计，但政策毕竟不同于法律，其中大多数内容仅具有指导性，可操作性不足，也不像法律法规那样具有强制执行力，我们期望本研究关于国有资本运营公司法律制度的建议能够尽快“法律化”，能够从法律层面就国有资本运营公司这一特殊的专事国有资本运营的平台进行特别规范，真正做到深化国有企业改革于法有据，以法律引领和促进国有资本运营公司的市场化运营，提升国有资本的经营效率，实现国有资本的应然功能。

参考文献

一、中文文献

1. 中文著作类

［1］白英姿、马正武主编：《国有资产经营公司研究与案例》，中国财富出版社 2013 年版。

［2］陈少晖、廖添土等：《国有资产管理：制度变迁与改革模式》，社会科学文献出版社 2010 年版。

［3］程淑娟：《国家所有权民法保护论》，法律出版社 2013 年版。

［4］崔建远：《民法总论》，清华大学出版社 2010 年版。

［5］戴锦：《国有企业的性质》，经济科学出版社 2016 年版。

［6］丁传斌：《地方国有资本运营法制探索》，北京大学出版社 2017 年版。

［7］独正元：《非国有董事治理积极性与国有企业资产保值增值》，经济管理出版社 2023 年版。

［8］高明华、王延明：《政府规制与国有垄断企业公司治理》，东方出版中心 2016 年版。

［9］高明华等：《中国国有企业公司治理分类指引》，东方出版中心 2016 年版。

［10］龚博：《国有公共企业内部治理法律问题研究》，法律出版社 2023 年版。

［11］顾功耘等：《国有经济法论》，北京大学出版社 2006 年版。

［12］郭媛媛：《公开与透明：国有大企业信息披露制度研究》，经济管理出版社 2012 年版。

［13］胡海涛：《国有资产管理法律实现机制若干理论问题研究》，中国检察出版社 2006 年版。

［14］黄再胜：《政府规制视角下国企高管薪酬管理制度改革研究》，格致出版社，上海人民出版社 2016 年版。

［15］李敬湘：《隐含契约下国有企业高管更替问题研究》，经济科学出版社 2011 年版。

［16］李曙光等：《国有资产法律保护机制研究》，经济科学出版社 2015 年版。

［17］李彦斌、张峰、李赟：《国有企业内部新型监管机制研究等管理》，中国电力出版社 2023 年版。

［18］梁上上：《公司正义：以公司股东的权责配置为视角展开》法律出版社 2022 年版。

［19］梁上上：《利益衡量论》（第 2 版），北京大学出版社 2021 年版。

［20］刘筠筠主编：《国有资产管理法律与政策研究》，中国政法大学出版社 2018 年版。

［21］罗虎：《中国特色现代国有企业制度创新研究——兼论中国“国企模式”的形成、内涵和发展》，社会科学文献出版社 2016 年版。

［22］罗新宇主编：《国有企业分类与分类监管》，上海交通大学出版社 2014 年版。

［23］毛新述、张晨宇、张栋：《管资本背景下完善企业国有资产管理体制研究》，人民出版社 2022 年版。

［24］苗壮：《美国公司法：制度与判例》，法律出版社 2007 年版。

［25］闵乐：《中国国有资产管理体制改革研究》，经济科学出版社 2017 年版。

［26］宁向东：《国有企业改革与董事会建设》，中国发展出版社 2013 年版。

［27］綦好东、朱炜等：《新时代国有资产监管体制转型研究》，人民出版社 2024 年版。

［28］漆思剑：《企业国有资产出资人监管法律制度研究》，法律出版社 2020 年版。

［29］屈茂辉：《中国国有资产法研究》，人民法院出版社 2002 年版。

［30］苏力：《制度是如何形成的》（增订版），北京大学出版社 2007 年版。

［31］孙宪忠等：《国家所有权的行使与保护研究》，中国社会科学出版社 2015 年版。

［32］孙玥璠、杨有红：《国有非上市公司外部董事管理机制：创新与完善》，经济科学出版社 2014 年版。

［33］佟杉杉：《国有资产交易法律实务与疑难问题》，法律出版社 2021 年版。

［34］王鸿：《国有资产管理体系构建论——经济与法律视角的制度分析》，人民出版社 2007 年版。

［35］王强：《国资监管经济学：从价值坚持到制度创新》，东方出版社 2012 年版。

［36］王正宇主编：《国企改革十大难题》，江苏人民出版社 2016 年版。

［37］文宗瑜、袁媛：《经营性国有资产管理》，经济科学出版社 2010 年版。

［38］吴汉东，陈小君主编：《民法学》，法律出版社 2013 年版。

［39］肖婷婷：《国外国有企业高管薪酬》，社会科学文献出版社 2015 年版。

［40］徐晓松等：《国有企业治理法律问题研究》，中国政法大学出版社 2006 年版。

[41] 徐孝新：《美国国有企业监管制度研究：以美国联邦政府公司为例》，经济科学出版社2019年版。

[42] 许保利：《中国国有企业的变革》，经济科学出版社2016年版。

[43] 杨卫东：《国企工具论》，武汉大学出版社2012年版。

[44] 杨子良：《国有资产刑法保护研究——一个整体刑法学的视角》，中国人民公安大学出版社2009年版。

[45] 银晓丹：《企业国有资产监管法律制度研究》，中国社会科学出版社2017年版。

[46] 于成永：《国有资本运营公司授权经营研究》，南京大学出版社2021年版。

[47] 张建文：《转型时期的国家所有权问题研究》，法律出版社2008年版。

[48] 郑海航、戚聿东、吴冬梅等：《国有资产管理体制与国有控股公司研究》，经济管理出版社2010年版。

[49] 郑石明：《公司治理中的政府角色研究——基于我国国有控股上市公司的分析》，经济管理出版社2012年版。

[50] 周晓庄：《中国地方性国有控股企业的定位与运营研究》，人民出版社2013年版。

[51] 朱羿锟：《董事问责标准的重构》，北京大学出版社2011年版。

2. 外文译作类

[1] [德] 迪特尔·梅迪库斯；《德国民法总论》，邵建东译，法律出版社2000年版。

[2] [法] 让·雅克·拉丰、让·梯若尔：《政府采购与规制中的激励理论》，石磊、王永钦译，上海三联书店、上海人民出版社2004年版。

[3] [韩] 李哲松：《韩国公司法》，吴日焕译，中国政法大学出版社2000年版。

[4] [美] E．博登海默：《法理学：法律哲学与法律方法》，邓正来译，

中国政法大学出版社 2001 年版。

［5］［美］安德烈·施莱弗、罗伯特·维什尼编著：《掠夺之手——政府病及其治疗》，赵红军译，中信出版社 2004 年版。

［6］［美］罗尔斯：《正义论》，何怀宏等译，中国社会科学出版社 2009 年版。

［7］［美］伊斯特布鲁：《公司法的逻辑》，黄辉编译，法律出版社 2016 年版。

［8］［英］丹恩：《公司集团的治理》，黄庭煜译，北京大学出版社 2008 年版。

［9］［英］简·莱恩：《新公共管理》，赵成根等译，中国青年出版社 2004 年版。

［10］［英］亚当·斯密：《国富论》，郭大力、王亚南译，商务印书馆 2015 年版。

［11］经济合作与发展组织：《国有企业公司治理：对 OECD 成员国的调查》，李兆熙、谢晖译，中国财政经济出版社 2008 年版。

［12］经济合作与发展组织编：《公司治理问责与透明度国家所有权指南》，李兆熙、谢晖译，中国财政经济出版社 2011 年版。

3. 期刊报纸类

［1］陈斌：《完善国有企业分类的建议》，载《中国财政》2015 年第 11 期。

［2］陈冬梅：《论公共企业伦理责任》，载《求索》2007 年第 12 期。

［3］陈磊：《防范国有资产流失亟须法律法规“补位”》，载《法制日报》2016 年 12 月 10 日。

［4］陈清泰：《国有企业“再改革”八论》，载《现代国企研究》2014 年第 7 期。

［5］陈庆、安林：《完善国有资产管理体制研究》，载《首都经济贸易大学学报》2014 年第 1 期。

［6］陈霞、马连福、丁振松：《国企分类治理、政府控制与高管薪酬激励——基于中国上市公司的实证研究》，载《管理评论》2017 年第 3 期。

［7］陈怡璇：《两类国资平台的新使命———访重庆渝富集团副总经理李波》，载《上海国资》2016 年第 6 期。

［8］陈震、丁忠明：《基于管理层权力理论的垄断企业高管薪酬研究》，载《中国工业经济》2011 年第 9 期。

［9］楚序平、俞立峰、张佳慧：《中国国有资本投资运营公司改革模式探析》，载《清华金融评论》2017 年第 7 期。

［10］代彬、刘星、郝颖：《高管权力、薪酬契约与国企改革——来自国有上市公司的实证研究》，载《当代经济科学》2011 年第 4 期。

［11］戴锦：《国有企业政策工具属性研究》，载《经济学家》2013 年第 8 期。

［12］冯果、吴雅璇：《一元制公司治理结构下董事会的功能检视与再造》，载《北京理工大学学报（社会科学版）》2022 年第 5 期。

［13］高明华、杜雯翠：《国有企业负责人监督体系再解构：分类与分层》，载《改革》2014 年第 12 期。

［14］高明华、杨丹、杜雯翠：《国有企业分类改革与分类治理——基于七家国有企业的调研》，载《经济社会体制比较》2014 年第 2 期。

［15］顾功耘：《国有经济法律制度构建的理论思考》，载《毛泽东邓小平理论研究》2005 年第 4 期。

［16］顾功耘：《国有资产立法的宗旨及基本制度选择》，载《法学》2008 年第 6 期。

［17］顾功耘：《国资监管难题剖解》，载《上海市经济管理干部学院学报》2010 年第 2 期。

［18］郭春丽：《组建投资运营公司 完善国有资本管理体制》，载《宏观经济管理》2014 年第 11 期。

［19］国务院发展研究中心“国有资本管理体制改革研究”课题组：《开

展国有资本投资运营公司试点的建议》，载《发展研究》2015 年第 5 期。

［20］何小钢：《国有资本投资、运营公司改革试点成效与启示》，载《经济纵横》2017 年第 11 期。

［21］胡迟：《进一步深化国有资本投资运营公司改革的建议》，载《现代国企研究》2024 年第 4 期。

［22］胡迟：《国有资本投资运营公司改革探索及成效分析》，载《现代国企研究》2024 年第 1 期。

［23］胡迟：《健全以管资本为主国资监管体制 优化调整国有资本布局结构——国有资本投资运营公司十年改革成效分析》，载《国有资产管理》2024 年第 1 期。

［24］胡迟：《改革国有资本授权经营体制扩大深化两类公司改组组建》，载《现代国企研究》2018 年第 11 期。

［25］胡迟：《国有资本投资、运营公司监管的新发展与强化对策》，载《经济纵横》2017 年第 10 期。

［26］胡锋、黄速建：《对国有资本投资公司和运营公司的再认识》，载《经济体制改革》2017 年第 6 期。

［27］胡改蓉：《论公共企业的法律属性》，载《中国法学》2017 年第 3 期。

［28］胡改蓉：《经营性国有资产流失认定的偏差与制度修正》，载《政治与法律》2017 年第 12 期。

［29］胡改蓉：《新加坡国有控股公司的制度设计及面临的挑战》，载《法学》2014 年第 6 期。

［30］胡俊：《授权视角下国有资本投资运营公司特殊治理的法律改进》，载《法学杂志》2019 年第 7 期。

［31］华国庆：《我国国有资本收益若干法律问题研究》，载《法学论坛》2012 年第 1 期。

［32］黄群慧、余菁：《界定不同国企功能推进分类治理与改革》，载

《经济参考报》2014 年 7 月 14 日。

[33] 贾小雷：《公益类国有企业特殊法律规制的理论与实践》，载《北京行政学院学报》2014 年第 2 期。

[34] 蒋大兴：《国企为何需要行政化的治理——一种被忽略的效率性解释》，载《现代法学》2014 年第 5 期。

[35] 蒋大兴：《超越国企改革的观念谬误》，载《中国法律评论》2016 年第 2 期。

[36] 蒋大兴：《废除国资委？——一种理想主义者的“空想”》，载《清华法学》2016 年第 6 期。

[37] 蒋大兴：《走向“政治性公司法”——党组织如何参与公司治理》，载《中南大学学报（社会科学版）》2017 年第 3 期。

[38] 蒋建湘：《出资人股权诉讼与企业国有资产保护——兼评我国〈企业国有资产法〉的实施》，载《法律科学（西北政法大学学报）》2009 年第 6 期。

[39] 蒋建湘：《国企高管薪酬法律规制研究》，载《中国法学》2012 年第 1 期。

[40] 蒋建湘：《委托代理视角下国企公司治理的改进》，载《法律科学（西北政法大学学报）》2014 年第 6 期。

[41] 蒋科：《国家出资人代表对国资委的公法责任研究》，载《湖南大学学报（社会科学版）》2016 年第 5 期。

[42] 黎桦：《国企改革与国有资产流失风险的耦合性及法律治理》，载《北京理工大学学报（社会科学版）》2016 年第 2 期。

[43] 李炳堃：《国资改革与混合所有制——基于委托代理理论视角》，载《经济问题》2017 年第 12 期。

[44] 李昌庚：《企业国有资本出资人：国际经验与中国选择》，载《法学论坛》2014 年第 2 期。

[45] 李峰、韩立民：《混合所有制改革视角下国有企业“管资本”研究：内涵与体系》，载《山东大学学报（哲学社会科学版）》2018 年第 3 期。

[46] 李锦：《建立授权经营体制》，载《现代国企研究》2018 年第 5 期。

[47] 李郡：《改革国有资本授权经营体制的时代内涵》，载《上海市经济管理干部学院学报》2018 年第 5 期。

[48] 李南山：《国资授权经营体制改革：理论、实践与路径变革》，载《上海市经济管理干部学院学报》2018 年第 3 期。

[49] 李培林：《基于管理学视角的国企高管腐败治理研究》，载《中州学刊》2015 年第 7 期。

[50] 李曙光：《论〈企业国有资产法〉中的“五人”定位》，载《政治与法律》2009 年第 4 期。

[51] 李文贵、邵毅平：《薪酬差距、高管的政府任职经历与国有企业创新》，载《南京审计大学学报》2017 年第 2 期。

[52] 李晓慧、敖小波：《国有资产监管：演变历程、理论逻辑与改革方向》，载《扬州大学学报（人文社会科学版）》2018 年第 4 期。

[53] 刘纪鹏、刘彪、胡历芳：《中国国资改革：困惑，误区与创新模式》，载《管理世界》2020 年第 1 期。

[54] 刘纪鹏、黄习文：《构造新型国资管理体制》，载《现代国企研究》2014 第 5 期。

[55] 刘纪鹏、黄习文：《组建国有资本运营公司国资改革突破口》，载《首都经济贸易大学学报》2014 年第 1 期。

[56] 刘纪鹏、刘冰：《国资委之路如何才能越走越宽？——兼谈国资委改革中的四个认识误区》，载《国企》2011 年第 9 期。

[57] 刘纪鹏：《国有资产监管体系面临问题及其战略构架》，载《改革》2010 年第 9 期。

[58] 刘俊海：《论基于理性自治的公司监督模式创新——兼评〈公司法（修订草案）〉中监事会与董事会审计委员会“二选一”模式》，载《中国社会科学院大学学报》2023 年第 4 期。

［59］刘俊海：《深化国有企业公司制改革的法学思考》，载《中共中央党校学报》2013 年第 6 期。

［60］刘凯湘、刘晶：《我国股东会中心主义的历史成因——以国有企业改制为线索》，载《法学论坛》2021 年第 6 期。

［61］刘现伟：《加强政府监管创造公平竞争市场环境》，载《宏观经济管理》2016 年第 2 期。

［62］楼秋然：《国企高管薪酬：个性特征、中国问题与规制路径》，载《证券市场导报》2020 年第 6 期。

［63］鲁桐：《金融危机后国际公司制改革的动向及启示》，载《国际经济评论》2012 年第 4 期。

［64］骆家駹、李昌振：《国有企业改革：分类、设计及实施》，载《经济与管理研究》2016 年第 5 期。

［65］马浩东：《做实国有资本投资与运营公司》，载《上海国资》2015 年第 6 期。

［66］马莹：《地方国有资本运营公司改革发展路径探析》，载《国企管理》2023 年第 7 期。

［67］马志春：《国有资本运营公司为何是一家特殊的国企——关于国资运营公司功能定位的初步思考》，载《上海国资》2022 年第 8 期。

［68］马忠、张冰石、夏子航：《以管资本为导向的国有资本授权经营体系优化研究》，载《经济纵横》2017 年第 5 期。

［69］麦磊、王广亮、顾棽：《国有资本投资运营公司与国企改革》，载《现代经济探讨》2016 年第 8 期。

［70］梅立润：《全面深化改革情境的"容错机制"》，载《重庆社会科学》2016 年第 6 期。

［71］牛文浩：《我国国有资产流失的经济伦理学论析》，载《河北科技大学学报（社会科学版）》2013 年第 1 期。

［72］潘立春：《田纳西河谷管理局治理概要》，载《公司法律评论》

2015 年期。

[73] 潘泽清：《完善国有资本投资运营公司治理结构的建议——基于对淡马锡模式的分析》，载《财政科学》2022 年第 12 期。

[74] 桑朝阳：《如何理解国有资产监管从“管企业”到“管资本”的新转变？——基于马克思的资本理论》，载《理论月刊》2021 年第 5 期。

[75] 沈朝晖：《董事会审计委员会是监事会的平替吗？——我国新公司法引入单层制公司模式的反思与阐释》，载《朱慈蕴教授七秩华诞祝贺论文集》，当代中国出版社 2024 年版。

[76] 沈真真、李明辉：《薪酬管制与国企高管行为——基于“不作为”和“乱作为”视角》，载《北京工商大学学报（社会科学版）》2021 年第 3 期。

[77] 宋方敏：《我国国有企业产权制度改革的探索与风险》，载《政治经济学评论》2019 年第 1 期。

[78] 陶敏：《新一轮国企改革中经营者选拔机制创新思考》，载《北方经贸》2015 年第 7 期。

[79] 汪青松：《国家出资公司治理模式选择与法律制度保障》，载《政治与法律》2023 年第 9 期。

[80] 王东光：《德国联邦公共企业的监管制度》，载《法学》2014 年第 6 期。

[81] 王凡：《从实物经营到资本经营：国有企业管理体制转型研究》，载《求索》2017 年第 7 期。

[82] 王怀勇、王鹤翔：《描述与重构：国有资本投资运营公司外部董事独立性研究》，载《商业研究》2021 年第 3 期。

[83] 王怀宇、张永伟、贾涛：《国有资本运营机构的国际经验》，载《中国经济时报》2015 年 2 月 13 日。

[84] 王建文：《论淡马锡董事会制度在我国商业类国有公司改革中的运用》，载《当代法学》2018 年第 3 期。

[85] 王谨：《公司治理下的董事会职权体系完善研究》，载《法学杂志》2022 年第 2 期。

［86］王敏：《在国企建立职业经理人制度的思考：从身份到契约》，载《现代管理科学》2017 年第 10 期。

［87］王曙光、王天雨：《国有资本投资运营公司：人格化积极股东塑造及其运行机制》，载《经济体制改革》2017 年第 3 期。

［88］王曙光、徐余江：《混合所有制经济与国有资产管理模式创新——基于委托—代理关系视角的研究》，载《中共中央党校学报》2016 年第 6 期。

［89］王卫中：《国有企业改革三个层面的框架设计》，载《东岳论丛》2016 年 3 期。

［90］王新红：《〈企业国有资产法〉若干法律问题初探》，载《福建师范大学学报（哲学社会科学版）》2016 年第 1 期。

［91］王彦明、赵大伟：《论中国上市公司监事会制度的改革》，载《社会科学研究》2016 年第 1 期。

［92］王志强：《基于"保持距离型"理论的以"管资本"为主的国资监管新框架》，载《江西社会科学》2019 年第 5 期。

［93］文宗瑜：《国资国企继续深化改革路径探析》，载《清华金融评论》2016 年第 4 期。

［94］吴可夫：《我国上市公司内部监督体系亟需重构》，载《求索》2010 年第 2 期。

［95］项安波：《提升国有资本投资运营公司的股权管理能力》，载《重庆理工大学学报（社会科学版）》2020 年第 10 期。

［96］肖红军：《国有资本运营公司改革进展与深化方向》，载《改革》2021 年第 11 期。

［97］肖金成、李军：《设立国有资本运营公司的几个关键问题》，载《人民论坛·学术前沿》2016 年第 1 期。

［98］肖土盛、孙瑞琦：《国有资本投资运营公司改革试点效果评估——基于企业绩效的视角》，载《经济管理》2021 年第 8 期。

［99］谢志华：《国有资产授权经营体系：理论和框架》，载《北京工商

大学学报（社会科学版）》2016 年第 4 期。

［100］徐文进：《“管资本”功能视角下国有资本投资运营公司研究》，载《东吴学术》2020 年第 5 期。

［101］薛有志、马程程：《国企监督制度的“困境”摆脱与创新》，载《改革》2018 年第 3 期。

［102］严学锋：《祛魅“国资流失”正当时》，载《董事会》2014 年第 6 期。

［103］杨大可：《中国监事会真的可有可无吗？——以德国克服监事会履职障碍的制度经验为镜鉴》，载《财经法学》2022 年第 2 期。

［104］杨狄：《论职业经理人制度与国有公司治理水平的提升》，载《汕头大学学报》2018 年第 9 期。

［105］杨瑞龙：《国有企业改革逻辑与实践的演变及反思》，载《中国人民大学学报》2018 年第 5 期。

［106］于莹：《公权力嵌入国有公司治理：理据及边界》，载《政法论坛》2024 年第 1 期。

［107］袁东明、陶平生：《国有资本投资运营公司的运行与治理机制》，载《中国经济时报》2015 年 1 月 19 日。

［108］袁志刚、邵挺：《国有企业的历史地位、功能及其进一步改革》，载《学术月刊》2010 年第 1 期。

［109］张维迎：《国企治理的最大问题》，载《董事会》2014 年第 8 期。

［110］张文魁：《国资监管体制改革策略选择：由混合所有制的介入观察》，载《改革》2017 年第 1 期。

［111］张晓文、李红娟：《国有资产管理体制的变革：从管理到监管》，载《经济与管理》2016 年第 5 期。

［112］张璇、郑乔乔、赵惠芳：《内部控制对国有企业高管薪酬业绩敏感性的影响研究——基于国有企业分类改制的背景》，载《华东经济管理》2017 年第 1 期。

［113］张屹山、赵立文、刘玉红等：《论国有企业改革的基本方向》，载《吉林大学社会科学学报》2018 年第 2 期。

［114］赵旭东：《中国公司治理制度的困境与出路》，载《现代法学》2021 年第 2 期。

［115］郑海航：《中国国有资产管理体制改革三十年的理论与实践》，载《经济与管理研究》2008 年第 11 期。

［116］朱炜、李伟健、綦好东：《中国国有资产监管体制演进的主要历程与基本特征》，载《经济学家》2022 年第 2 期。

4. 学位论文类

［1］顾琴：《新型国有资产经营公司研究》，吉林大学 2012 年博士学位论文。

［2］郭建军：《上市公司高管薪酬的法律规制》，西南政法大学 2016 年博士学位论文。

［3］龚睿：《中国国有企业党的领导制度变迁研究——基于“嵌入式治理”结构视角》，中共中央党校 2018 年博士学位论文。

［4］胡良才：《国有资产出资人法律制度研究》，西南政法大学 2015 年博士学位论文。

［5］夏美武：《当代中国政治生态建设研究——基于结构功能分析视角》，苏州大学 2014 年博士学位论文。

［6］朱珊珊：《新时代国有企业坚持和加强党的领导研究》，中共中央党校 2018 年博士学位论文。

二、外文文献

［1］A. A. Berle. & G. C. Means，*The modern corporation and private property*，Macmillan Press，1932.

［2］Andrew D. & Trebilcock J.，*State - owned Enterprises in Less Developed Countries：Privatization and Alternative Reform Strategies*，12

European Journal of Law and Economics 217, (2001).

[3] Ang J. S. & Ding D. K., *Government ownership and the performance of government – link companies: the case of Singapore*, 16 Journal of Multinational Financial Management 64, (2006).

[4] Bainbridge Stephen M., *Why A Board? Group Decision Making in Corporate Governance*, 55 Vanderbilt Law Review 1, (2002).

[5] Bebchuk L. A., M. Cremers & U. Peyer, *The CEO Pay Slice*, 9 Harvard Law School Olin Discussion Paper, (2009), http://www.law.harvard.edu/programs/olin_center/papers/pdf/Bebchuk_679.pdf.

[6] Bebchuk. L. A. & J. M. Fried, *Executive Compensation as an Agency Problem*, 17 Journal of Economic Perspectives 71, (2003).

[7] Bernardo Bortolotti & Enrico Perotti, *From Government to Regulatory Governance: Privatization and the Residual Role of the State*, 22 The World Bank Research Observer 53, (2006).

[8] Bos D., *Introduction: Recent Theories of Public Enterprise Economics*, 32 European Economic Review 409, (1988).

[9] Boyeko M., Shleifer A. & Vishny R. W., *A Theory of Privatization*, 106 The Economic Journal 309, (1996).

[10] Davies Paul L., *Gower's Principles of Modern Company Law*, Sweet & Maxwell, 1997.

[11] De Fraja & Delbono, *Alternative strategies of a public Enterprise in oligopoly*, 41 Oxford Economic paper 302, (1987).

[12] Dorff Michael B., *Does One Hand Wash the Other? Testing the Managerial Power and Optimal Contracting Theories of Executive Compensation*, 30 Journal of Corporation Law 255, (2005).

[13] Faccio, M., *Politically Connected Firms.* 1 American Economic Review 96, (2006).

[14] Filatotchev, Wright Mike & Bleaney Michael, *Privatization, Insider Control and Managerial Entrenchment in Russia*, 7 Economics of Transition 481, (1999).

[15] Frances J. Leazes, *The structure of Federal Corporation*, Praeger Publishers, 1987.

[16] Hansmannn Henry & Kraakman Reinier, *The Essential Role of Organizational Law*, 110 The Yale Law Journal 387, (2000).

[17] Huizinga H. & Nielsen S., *Privatization, Public Investment, and Capital Income Taxation*, 82 Journal of Public Economics 399, (2001).

[18] *India reverses investment rulings on Temasek, GIC*, The Straits Times, June 18, 2007, at 3.

[19] International Ins. Co. v. Johns, 874 F. 2d 1447, 1461 (11th Cir. 1989).

[20] J. Maw, *Partial Privatization in Transition Economies*, 26 Economic Systems 271, (2002).

[21] Jefferson G et al., *Ownership, Productivity Change, and Financial Performance in Chinese Industry*, 28 Journal of Comparative Economics 786, (2000).

[22] Jensen M. C. & W. H. Meckling, *Theory of the Firm: Managerial Behavior, Agency Costs and Ownership Structure*, 3 Journal of Financial Economics 350, (1976).

[23] Karl Polanyi, *The Great Transformation: The Political and Economic Origins of Our Time*, Beacon Press, 2001.

[24] Lewis D. Solomon, *Corporations: Examples and Explanations (2nd Ed.)*, Little, Brown and Company, 1994.

[25] Lewis D. Solomon et al., *Corporations Law and Policy: Materials and Problems (Third Ed.)*, West Publishing Co., 1994.

［26］ Lin Justin Yifu & Tan Guofu, *Policy Burdens, Accountability and the Soft Budget Constraint*, 89 The American Economic Review 426, (1999).

［27］ Marc. V. E., Jordan O. & E. J. Carberry, *Assessing Managerial Power Theory: A Meta-Analytic Approach to Understanding the Determinants of CEO Compensation*, 41 Journal of Management 164, (2015).

［28］ Maxim Boycko, Andrei Shleifer & Robert W. Vishny, *A Theory of Privatization*, 106 The Economic Journal 309, 1996.

［29］ OECD, *State-Owned Enterprises as Global Competitors: A Challenge or an Opportunity*, OECD iLibrary (Dec. 8, 2016), https://www.oecd-ilibrary.org/docserver/9789264262096-en.pdf?expires=1727933158&id=id&accname=guest&checksum=C9FC93B88CA0C328FA85 B3782F3FE489.

［30］ Phan Phillip H. & Yoshikawa Toru, *Corporate Governance in Singapore: Development and Prognosis*, the Academy of International Business Annual Meeting, 12 July 2004.

［31］ Rees R. Inefficiency, *Public Enterprise and Privatization.* European Economic Review, 1988, Vol. 32.

［32］ Rufus J. Baldwin and another v. Thomas H. Canfield., 1 N. W. 261, 26 Minn. 43 (1879).

［33］ Sappington David E. M. & Stiglitz Joseph E., *Privatization, Information and Incentives*, 6 Journal of Policy Analysis and Management 567, (1987).

［34］ Sara Webb & Trish Saywell, *Untangling Temasek*, 165 Far Eastern Economic Review 42, (2002).

［35］ Shirley Mary M. & Walsh Patrick, *Public vs. Private Ownership: The Current State of the Debate*, World Bank, Policy Research Working Paper No. WPS 2420, 2001.

［36］ Shleifer A. & Vishny R. W., *Politicians and Firms*, 109 The

Quarterly Journal of Economics 995, (1994).

[37] Stephen M. Bainbridge, T*he New Corporate Governance in Theory and Practice*, Oxford University Press, 2008.

[38] Taylor D. W. & Warrack A., *Privatization of State Enterprise: Policy Drivers and Lessons Learned*, 11 International Journal of Public Sector Management 524, (1998).

[39] *Temasek: First Singapore, Next the World*, Economist, Aug. 14, 2004.

[40] Vagliasindi M., *Governance Arrangements for State – owned Enterprises*, World Bank, Policy Research Working Paper No. WPS 4542, 2008.

[41] World Bank, *Bureaucrats in Business: The Economics and Politics of Government Ownership*, Oxford University Press, 1995.

[42] Zheng Jianghuai & Xie Zhibin, *Integrating the Separated Control Rights: An Analysis of the Change of the State – Owned Asset Administration System*, Corporate Finance: Governance, (2006).

